"This publication was sponsored by China-EU School of Law (CESL) at the China University of Political Science and Law (CUPL) www.cesl.edu.cn. The activities of CESL at CUPL are supported by the European Union and the P.R. of China".

本书的出版得到在中国政法大学（CUPL）的中欧法学院（CESL）的资助。中欧法学院的活动得到欧盟和中国政府的支持。

  China-EU School of Law 中欧法学院
At the China University of Political Science and Law 中国政法大学

公共利益视野下的国际投资协定新发展

New Development of International Investment Agreements in perspective of Public Interests

—— 张庆麟 ◎ 主编 ——

中国社会科学出版社

图书在版编目(CIP)数据

公共利益视野下国际投资协定新发展／张庆麟主编.—北京：中国社会科学出版社，2014.11
ISBN 978-7-5161-5101-3

Ⅰ.①公… Ⅱ.①张… Ⅲ.①国际投资法学-研究 Ⅳ.①D996.4

中国版本图书馆 CIP 数据核字(2014)第 272561 号

出 版 人	赵剑英
责任编辑	任 明 梁剑琴
责任校对	季 静
责任印制	何 艳

出 版	中国社会科学出版社
社 址	北京鼓楼西大街甲 158 号（邮编 100720）
网 址	http：//www.csspw.cn
	中文域名：中国社科网　010-64070619
发 行 部	010-84083685
门 市 部	010-84029450
经 销	新华书店及其他书店

印刷装订	北京市兴怀印刷厂
版 次	2014 年 11 月第 1 版
印 次	2014 年 11 月第 1 次印刷

开 本	710×1000 1/16
印 张	14.75
插 页	2
字 数	240 千字
定 价	55.00 元

凡购买中国社会科学出版社图书，如有质量问题请与本社联系调换
电话：010-64009791
版权所有　侵权必究

前　言

国际投资协定不仅已成为国际投资法的重要及主要渊源，联合国贸易与发展会议（UNCTAD）统计，截至2012年末，全球共签订国际投资协定3196项，其中包括2857项双边投资协定（BIT）和7339项含自由贸易协定（FTA）在内的"其他国际投资协定"。[①] 并且，国际投资协定中的价值取向和相关制度的设计还代表着国际投资法的发展趋势。

晚近，国际投资协定在价值取向及条款的设计上逐渐从单向保护投资者利益向追求投资者利益与公共利益之间的平衡发展。[②] 之所以如此，是因为如何处理公共利益与私人利益间的关系是现代法治的基本内容，凡法治国家均会在国内相关立法中予以涉及。并且，习惯国际法一直以来也承认"治安权（police power）"[③] 是国家固有的权力，在考量国家的管理措施是否构成征收时，仲裁庭也会将治安权的因素纳入其考量范畴。但是，随着国际投资协定的发展，这类问题的处理也逐渐出现于国际投资协定之中。正如联合国贸易与发展会议（UNCTAD）在其文件中指出的：更密集的条约体系可能意味着更高的风险，也就是说，国家将无法灵活地管理外国投资，这就提出了适当平衡国际投资协定中的公私利益的新问题。[④] 有鉴如此，本书从几个角度考察了国际投资协定晚近以来平衡投资者利益与

---

① UNCTAD, *World Investment Report 2013—Global Value Chains: Investment and Trade for Development*, p. 101.

② 这种追求投资者利益与公共利益间的平衡，并非简单地是保护东道国利益。参见本书第一章。

③ 也有翻译为"警察权"的。为了行文的统一，本文采用"治安权"，包括所引文是警察权的也一律改为治安权。

④ UNCTAD, "International Investment Rule-Making: Stocking, Challenges and the Way Forward", *UNCTAD Series on International Investment Policies for Development*, United Nations, New York and Geneva, 2008.

公共利益的实践，并给予评述。

其中，第一章对国际投资协定中涉及公共利益的条款进行了梳理，从法理的角度分析了国际投资协定中出现公共利益事项的缘由，并力图厘清国际投资协定中公共利益的本质含义及其实现途径。第二章着重考察了国际投资协定中的重大安全例外条款。虽然重大安全例外相对于其他例外而言，在国际投资协定中已是一项被普遍设定的条款，但是，重大安全的范围从早期的军事领域扩展到包括环境、经济、人道主义的广泛内容，其中的措辞、范围和内容还有一定的争议。同时，重大安全例外条款与习惯国际法中危急情况的关系也是在投资仲裁实践中经常引发争议的问题，如两者的适用条件是否相同，是否都受到非常严苛的限制等。最后，重大安全例外条款的性质，国家受到安全威胁的判断权属于仲裁庭还是东道国自己，也是重大安全例外需要澄清的法律问题。该章对这些问题予以了深入的探讨与厘清。第三章对国际投资协定中的一般例外条款进行了探讨，特别是结合 GATT/WTO 中的一般例外条款进行了比较分析，着重分析了一般例外条款在国际投资协定中应如何界定，该条款的性质及其适用标准应如何判定，以及一般例外条款能否如同其在国际贸易法中发挥的作用一样，承担起保护国际投资协定缔约国公共利益的重任等问题。第四章则专门就国际投资协定中的环境保护与责任问题进行了研究，从可持续发展原则、公共利益保护的角度探讨了国际投资协定中环境保护与投资保护之间的冲突与协调，并提出了今后国际投资协定中环境保护条款设计与安排的设想。第五章就国际投资协定新近体现出的"社会责任投资"理念与实践进行了分析与探讨，着重分析了国际投资协定及其相关的国际投资仲裁实践中对社会责任投资理念的践行，并探讨了今后国际投资协定促进社会责任投资发展的路径。第六章探讨了《里斯本条约》对欧盟国际投资法制的影响。2009 年 12 月 1 日《里斯本条约》的生效使共同商业政策取得了实质性的进展，其中将外国直接投资（FDI）纳入共同商业政策框架可能是"幅度最大但却讨论最少"的一个变化。[①] 作为当今世界经济舞台上最重要的角色之一，欧盟在投资领域权限的变化势必会影响整个国际投资

[①] Bungenberg, "Going Global? The EU Common Commercial Policy After Lisbon", in C. Hermannand and J. P. Terhechte (eds.), *European Yearbook of International Economic Law 2010*, 123, 2010, p. 151.

法律制度，给第三国的投资活动带来日益繁多和复杂的法律问题。但《里斯本条约》这把"快刀"，是否可以"立斩"乱麻，并非一目了然；对欧盟及其成员国的国际投资协定又会产生怎样的影响等问题尚需予以深入研究，本章以法律文本为基础，结合条约实践予以了考察。

本书是中欧法学院项目"国际投资法的发展——全球化视角下的欧盟与中国"（Development of International Investment Law: EU and China in a Global Perspective）的最终成果，也是司法部项目"国际投资法的新发展与中国应对"（12SFB2052）的阶段性成果。各章的具体分工如下：

第一章　国际投资协定中的公共利益：张庆麟（武汉大学国际法研究所教授，博士生导师）

第二章　国际投资协定中的重大安全例外条款：刘艳（上海自贸区综合研究院博士后研究人员）

第三章　国际投资协定中的一般例外条款：李成娇（国际经济法学硕士，广东华商律师事务所）

第四章　国际投资协定中的环境保护规制：张庆麟、刘艳

第五章　社会责任投资理念在国际投资法中的兴起与发展：张庆麟、余海鸥（武汉大学国际法研究所博士研究生，浙江导司律师事务所）

第六章　《里斯本条约》对欧盟国际投资法制的影响：张惟威（国际经济法学硕士，天津市滨海新区人民法院塘沽审判管理委员会）

目 录

第一章 国际投资协定中的公共利益 …………………………… (1)
  第一节 国际投资协定中涉及公共利益的条款 ………………… (2)
    一 序言条款 ……………………………………………………… (3)
    二 征收条款 ……………………………………………………… (4)
    三 例外条款 ……………………………………………………… (4)
    四 其他条款 ……………………………………………………… (6)
  第二节 国际投资协定中的公共利益的实质 …………………… (7)
    一 保护私人财产权是现代法治的核心价值 ………………… (11)
    二 保护外国投资者财产权是国际投资协定的核心任务 …… (17)
    三 尊重东道国的治安权是现代法治的正当追求 …………… (20)
  第三节 国际投资协定中公共利益实现的途径 ………………… (23)
    一 比例原则是实现国际投资协定中公共利益的合适途径 … (24)
    二 正当程序原则是实现国际投资协定中公共利益的有效
       保障 ………………………………………………………… (27)
    三 给予补偿原则是实现国际投资协定中公共利益的有力
       制衡 ………………………………………………………… (29)

第二章 国际投资协定中的重大安全例外条款 ………………… (33)
  第一节 重大安全例外条款适用范围的政策选择 ……………… (36)
    一 适用于投资准入阶段 ……………………………………… (36)
    二 适用于营运（准入后）阶段 ……………………………… (41)
    三 排除对某些核心义务的适用 ……………………………… (42)
  第二节 重大安全例外条款的适用条件 ………………………… (43)
    一 "重大安全"的界定 ……………………………………… (43)

二　重大安全例外与习惯国际法中的"危急情况"……………(53)
　　三　援引重大安全例外的措施要非武断和非歧视地实施………(60)
　第三节　重大安全例外条款的性质：自裁决的选择……………(63)
　　一　自裁决的含义及效力…………………………………………(64)
　　二　重大安全例外的自裁决性质…………………………………(68)
　　三　对自裁决性质重大安全例外条款的限制：善意的履行
　　　　要求…………………………………………………………(69)
　结论……………………………………………………………………(71)

第三章　国际投资协定中的一般例外条款…………………………(74)
　引言……………………………………………………………………(74)
　第一节　一般例外条款概述……………………………………………(75)
　　一　一般例外条款的界定…………………………………………(75)
　　二　一般例外条款的条约规定及其特点…………………………(78)
　　三　一般例外条款的发展新动向…………………………………(82)
　第二节　一般例外条款的解释…………………………………………(84)
　　一　一般例外条款的解释方法……………………………………(84)
　　二　一般例外条款关键词的解释…………………………………(88)
　第三节　一般例外条款的性质与适用范围……………………………(93)
　　一　一般例外条款的性质…………………………………………(93)
　　二　一般例外条款的适用范围……………………………………(98)
　第四节　一般例外条款的价值平衡功能………………………………(101)
　　一　一般例外条款价值平衡功能的争议…………………………(102)
　　二　一般例外条款实现价值平衡的路径…………………………(105)
　第五节　中外投资条约中的一般例外条款……………………………(107)
　　一　中外投资条约中的一般例外条款及其存在的问题…………(107)
　　二　完善中外投资条约一般例外条款的建议……………………(110)
　结语……………………………………………………………………(114)

第四章　国际投资协定中的环境保护规制…………………………(116)
　第一节　国际投资中保护环境的理论基础……………………………(116)
　　一　可持续发展原则的指引………………………………………(116)

二　作为人权的环境权的要求 …………………………………… (117)
　　三　东道国和母国环境保护的国家责任 …………………… (119)
　　四　投资者保护环境的社会责任 …………………………… (120)
　第二节　环境保护与国际投资的法律冲突 ………………………… (121)
　　一　外部冲突的表现 ………………………………………… (122)
　　二　环境保护在国际投资条约体制中的内部冲突 ………… (125)
　　三　对法律冲突的认识 ……………………………………… (127)
　第三节　环境保护与国际投资的协调 ……………………………… (129)
　　一　国际投资协定中的环境保护条款 ……………………… (129)
　　二　国际投资协定中对环境政策空间的确认 ……………… (137)
　　三　国际投资协定中以国家管理权为中心的环境规制 …… (140)
　余论　国际投资协定中增加投资者环境责任的意义 …………… (148)

第五章　社会责任投资理念在国际投资法中的兴起与发展 ……… (154)
　第一节　社会责任投资理念的演变及发展现状 …………………… (154)
　　一　社会责任投资理念及其含义 …………………………… (154)
　　二　社会责任投资与企业社会责任 ………………………… (157)
　　三　社会责任投资理念在国际直接投资中的运用 ………… (159)
　第二节　国际投资法中的社会责任投资理念 ……………………… (161)
　　一　涉及 SRI 的国内立法 …………………………………… (162)
　　二　促进和倡导 SRI 理念的国际投资软法 ………………… (162)
　　三　国际投资条约中体现 SRI 理念的实践 ………………… (166)
　　四　国际投资仲裁中社会责任投资理念的践行 …………… (170)
　第三节　国际投资法完善社会责任投资的发展之路 ……………… (172)
　　一　国际投资法倡导和鼓励社会责任投资理念的必要性 …… (172)
　　二　国际投资法促进 SRI 的路径——国际投资条约中规定社会
　　　　责任投资条款 ……………………………………………… (175)

第六章　《里斯本条约》对欧盟国际投资法制的影响 ……………… (179)
　第一节　欧盟国际投资法律制度的演进 …………………………… (179)
　　一　欧盟在国际投资领域的法律基础 ……………………… (179)
　　二　欧盟在国际投资领域的法律实践 ……………………… (182)

三　欧盟国际投资法制的新发展 …………………………… (185)
第二节　欧盟国际直接投资权能的适用范围 …………………… (188)
　　一　关于外国直接投资的含义 …………………………… (188)
　　二　关于欧盟国际直接投资权能的范围 ………………… (191)
第三节　《里斯本条约》对成员国投资条约的法律影响 ……… (196)
　　一　欧盟内部 BITs ………………………………………… (196)
　　二　欧盟外部 BITs ………………………………………… (201)
第四节　后里斯本时代欧盟共同投资政策的探索 ……………… (208)
　　一　欧盟国际投资条约的谈判与缔结 …………………… (208)
　　二　中欧国际投资法律框架 ……………………………… (218)

主要参考文献 ……………………………………………………… (222)

第一章

国际投资协定中的公共利益

公共利益与私人利益的关系是现代法治必须面对的基本问题。国际投资协定①以往很少或几乎不涉及这个问题，而是留待东道国国内法处理。因为，如何处理公共利益与私人利益间的关系是现代法治的基本内容，凡法治国家均会在国内相关立法中予以涉及。并且，习惯国际法一直以来也承认"治安权"（police power）是国家固有的权力，在考量国家的管理措施是否构成征收时，仲裁庭也会将治安权的因素纳入其考量范畴。如，1961年《国家对外国人造成损害的国际责任公约哈佛草案》第10条第5款规定："因税收法律的执行，货币价值的一般变动，合法政府为保护公共秩序、健康或道德而实施的行为，或战争权利的有效行使及执行其他法律，而导致对外国人财产的使用或收益的剥夺，国家不需支付补偿，也不构成国际不法行为。"《美国对外关系法重述第三次》第712节规定："一国无须为由于善意（bona fide）②的普遍性的税收、管制、没收犯罪财产或其他被普遍接受为属于国家的治安权（police power）范围之内的政府行为所引起的财产损失或其他经济损失负责。"伊朗—美国求偿争端Too v. Greater Modesto Insurance Associates案的仲裁庭指出，只要国家的行为属于"善意的（bona fide）一般税收或其他属于治安权范围内的行为"，且该行为的实施是非歧视的或者没有迫使投资者放弃财产的意图，那么即使该行为给投资者造成了财产的减少或价值上的减损，国家也不需要负责。在Sedco, Inc. v. National Iranian Oil Co.案中，仲裁庭也承认"国家对在承认的治安权范围内行使真正的管理行为而造成的经济损失不需要承

---

① 本书所论及的国际投资协定是指双边投资协定（BIT）和包含投资事项的区域贸易协定（RTA）或者自由贸易协定（FTA）。

② 文中所引外文文献中的"善意"，除非特别标注，均为bona fide，不再一一予以标注。

担责任"①。

但是，随着国际投资协定的发展，这类问题的处理也逐渐出现在国际投资协定之中。正如联合国贸易与发展会议（UNCTAD）在其文件中指出的：更密集的条约体系可能意味着更高的风险，也就是说，国家将无法灵活地管理外国投资，这就提出了适当平衡国际投资协定中的公私利益的新问题。为此，某些国家已经开始阐明各项国际投资协定条款的条约表述方式，并且在国际投资协定中订立更多例外条款，以解决关乎公共利益的问题，如国家安全、健康或环境保护。② 本章将对国际投资协定中涉及公共利益的条款进行梳理，从法理的角度分析国际投资协定中出现公共利益事项的缘由，并力图厘清国际投资协定中公共利益的本质含义及其实现途径。

第一节　国际投资协定中涉及公共利益的条款

如何在保护和促进外国投资与保护本国社会和公共利益之间取得平衡是国际投资协定体系面临的重要挑战。③ 尽管传统国际投资协定自身已经包含有利益平衡机制，如征收条款、公平与公正待遇条款等，但这些条款的核心在于从保护投资者权益的角度，要求东道国承担维护公共利益的义务。在国际投资协定的发展过程中，其条款体系也确实在逐渐发展着关涉公共利益的事项，但是，国际社会对于其中的公共利益问题日益给予关注却是晚近以来的事情。从当前的实践来看，国际投资协定中涉及公共利益事项的条款主要体现于其序言、征收、一般例外、重大安全例外和若干新发展起来的专项条款之中，如环境条款和劳工条款等。

---

① "Decision of the Iran-United States Claims Tribunal", *The American Journal of International Law*, Vol. 80, No. 4, 1986, pp. 969–972.

② UNCTAD, "International Investment Rule-Making: Stocking, Challenges and the Way Forward", *UNCTAD Series on International Investment Policies for Development*, United Nations, New York and Geneva, 2008.

③ Suzanne A. Spears, "The Quest for Policy Space in a New Generation of International Investment Agreements", *13 J. Int'l Econ. L*, p. 1037.

一 序言条款

除了在协定中设置各种例外条款之外，有一些国际投资协定还在其序言中用正面表述的语言，以强化缔约国对维护某些重要价值观念的承诺，它们主要涉及保证国民健康、维护国家安全、保护环境生态以及国际公认的劳工权利等。这方面较典型的例子如《北美自由贸易协定》（NAFTA）序言中的规定："为了促进稳定增长，加强环境法律规章的完善和实施，各国应该：（1）从事与环境保护相关的目标；（2）保持在维护公众福利上的灵活性；（3）坚持可持续发展；（4）加强环境法律法规的完善和实施。"加拿大—秘鲁 BIT 序言中规定"承认促进和保护投资应有利于促进可持续发展"；[1] 美国—乌拉圭 BIT 序言中规定"期望以与保护健康、安全和环境相一致的方式来达到这些目标"；中国—智利 FTA 中序言规定"承认本协定的实施应以与保护环境相一致的方式促进可持续发展这一目标"；等等[2]。

尽管序言只有宣誓性的效力而不具有实质效力，但作为整个协定的目标，序言对协定条款的解释具有重要的辅助和指引作用，增加公共利益保护目标能够为仲裁庭解释一般例外条款提供正确的方向。尽管在法律效力上序言不同于（投资）条约的一般例外条款，但它也发出了同样的政治信号，表明缔约国各方不愿对投资的保护凌驾于本国其他重大的公共政策目标之上。[3] 通过解释性语句、一般例外条款和新的序言用语，国际投资协定正在经历意义重大的重新定位。解释性语句和一般例外条款将推动仲裁员朝着平衡而努力，通过给予仲裁员更多灵活性，将会使其作出的裁决与具体案件的事实更相符合，将鼓励他们更加开放和系统地考虑公共利益。[4]

---

[1] 本书所引双边投资条约（BIT）均来自联合国贸发会议（UNCTAD）BIT 数据库；中国的 BIT 来自商务部条法司文本投资条约数据库，而相关国家的范本一般来自相关国家的网站，否则将特别注明来自相关著作和论文。所以书中不再就 BIT 特定引文加注。

[2] 美国 BIT 范本（2004，2012）、美国—新加坡、2008 年加拿大—哥伦比亚 FTA、2005 年印度—新加坡 FTA 等协定的序言中也有类似规定。

[3] UNCTAD, *Bilateral Investment Treaties 1995—2006：Trends in Rulemaking*, United Nations, New York and Geneva, 2007, p. 142. 文中括弧内容为本书作者加。

[4] Santiago Montt, *State Liability in Investment Treaty Arbitration：Global Constitutional and Administrative Law in the BIT Generation*, Hart Publishing, 2009, pp. 172 – 173.

二 征收条款

典型的征收条款如中国—芬兰 BIT 第 4 条第 1 款规定：缔约任何一方对缔约另一方的投资者在其领土内的投资不得采取征收、国有化或其他类似措施（以下称"征收"），除非符合下列条件。征收的作出是：（1）为了公共利益；（2）依照国内法律程序；（3）非歧视性的；（4）给予补偿。① 新近的发展是在征收条款中考虑东道国的治安权例外原则，如美国 2012 年 BIT 范本，其关于间接征收的附件 B 第 4 条（b）款的表述为："除非在极少数情况下，一方设计并适用于保护合法的公共福利目标，诸如公共健康、安全和环境的非歧视性措施不构成间接征收。" 2008 年美国—乌干达 BIT，根据附录 B，缔约一国如果以公共福利保护为目的，采取措施保护本国的"公共健康、安全和环境"，不构成间接征收，无须对投资者进行赔偿。

三 例外条款

联合国贸发会议在一份报告中指出：近期以来"有关直接投资是否可能发生负面作用的争论正在进行之中，在此种背景之下，愈来愈多的国家在其缔结的 BIT 中强调，实行既定的投资保护不能以牺牲东道国合法的公共关切（legitimate public concerns）作为代价。为此，多数国家采取在条约中设定各种例外的做法，以维护东道国制定各种条例的权利，即便所制定的条例与 BIT 不相一致。除了'传统'（作为 BIT 的共同特征而实施了较长时间）的税收和经济一体化例外领域外，如今越来越多的国际投资协定将保证东道国的重大安全与公共秩序、保护国民健康与安全、保护自然资源、保护文化多样性以及东道国在金融服务方面采取慎重措施等，全部或部分列入东道国义务的豁免范围。这些例外豁免规定表明了缔约各方在决策考虑方面的价值观念和衡量标准，并且把对投资的保护从属于缔约各方所追求的其他关键性的政策目标"②。

实践中，若干国家受 GATT 一般例外条款的启发，在国际投资协定中

---

① 绝大多数的欧式 BIT 中征收事项的规定均与此类似。

② UNCTAD, *Bilateral Investment Treaties 1995—2006*: *Trends in Rulemaking*, United Nations, New York and Geneva, 2007, p. 142.

逐渐发展出一般例外条款和重大安全例外条款试图实现这种平衡。如1998年毛里求斯—瑞士BIT第11条第3款规定:"本协议中的任何规定都不得解释为妨碍任一缔约方为公共健康或者动植物疾病预防而采取必要的措施。"有些协定则与GATT第20条要求类似,规定了非歧视、不得作为伪装的投资限制等要求,但针对的公共目的较为单一。例如,1999年阿根廷—新西兰BIT第5条规定:"本协定不得限制缔约一方采取任何为保护自然资源和实体资源或者人类健康所必要的措施的权力,此种措施包括对动植物的破坏、财产没收或者对股票转移的强制限制等,但此种措施的采取不得构成随意的或者不公平的歧视。"①

　　国际投资协定中参照GATT第20条制作的一般例外条款较为典型的当属2009年新修订的《东盟综合投资协定》(ASEAN Comprehensive Investment Agreement)第17条的规定:"如果下列措施的实施不会在情形相同的国家及其投资者之间构成任意的或者不合理的歧视,或者不会形成伪装起来的对国际投资流动的限制,本协定中的任何条款不得解释为妨碍缔约一方采取或者实行这些措施:(1)为保护公共道德或者维持公共秩序所必需的;(2)为保护人类和动植物的生命健康所必需的;(3)为保证与本协定相符的法律法规的实施而必需的;(4)旨在保证对任何一方的投资或投资者公平或有效的课征或收取直接税;(5)为保护具有艺术、历史或者考古价值的国家财产所必需的;(6)与保护可用尽的自然资源相关的,并且该措施必须与限制国内生产或消费同步实施。"② 2007年《东南部非洲共同市场(简称COMESA)投资合作协定》第21条的规定则略有不同:"如果不会在同类投资者间构成随意的、不合理的歧视或导致变相的限制投资流动,本协定不能被解释为妨碍缔约国制定或实施以下措施:(1)保护国家安全和公共道德所必需的;(2)保护人类和动植物

---

　　① 类似的还有:1999年澳大利亚—印度BIT第15条规定:"本协议不得排除缔约一方依据其可正当适用的法律,在不歧视的基础上采取的为疾病或者虫害的预防而采取任何措施。"
　　② 与此类例外条款类似的还有:加拿大2004年FIPT范本第10条规定:"如果下列措施的实施不会构成任意的或者不公平的歧视,或者不会形成伪装的对国际贸易或者投资的限制,本协定中的任何条款不得解释为妨碍缔约一方采取或者实行这些措施:(1)为保护人类、动植物生命健康;(2)确保与本协定条款不冲突的法律法规的实施;(3)保护可用尽的或者不可用尽的自然资源。"2005年美国—乌拉圭BIT第12条规定:"本协定中的任何条款不得解释为妨碍任一缔约方采取、保持或者实施其认为适当的、为确保其境内的投资活动与其环境关切保持一致的措施,该措施不得违反本协定规定。"

的生命健康所必需的；（3）保护环境所必需的；（4）经共同投资区委员会同意，缔约国随时可以决定采取的任何其他措施。"

除上述所谓一般例外条款外，一些国际投资协定中还从国家安全、国际和平的角度设置了所谓重大安全例外条款，如，1998年德国—墨西哥BIT议定书第3条规定："为了国家安全、公共利益、公共健康或公共道德目的而采取的措施不应给予外国投资者更为不利的待遇。"2008年美国—乌干达BIT第18条规定："本条约的任何部分不得被解释为阻止一国采取其认为必需的措施，履行职责以维护或恢复国际和平与安全，或者保护本国的根本安全利益。"① 此外，一些BITs中以"一般例外"作为标题的条款除了规定保护公共利益的例外情形，还规定了保护国家根本安全利益的例外情形。如日本—越南投资自由化与促进和保护协定第15条的一般例外，就同时包含了重大安全例外的内容和一般例外的内容。

从前述可见，一般例外条款的表现形式和范围纷繁多样。就范围而言，不同投资协定中的一般例外条款涵盖的范围各有差异，有的只规定单一公共目的的例外，如文化利益例外、环境保护例外、自然资源保护例外等，有的则规定了从公共道德、动植物生命及健康到自然资源保护的综合例外。而这些条款中公共目的的表述如公共道德、公共秩序等也缺乏明确的内涵范围界定，这就使得一般例外条款的范围宽泛而多样。

四 其他条款

这类条款是新近在少数几个国家的BIT或FTA中出现的涉及特定领域的专项条款，其意义在于要求东道国不能为了吸引外资而有损本国相关领域的公共利益，如环境、劳工、人权等。如，美国2012年BIT范本第12条第2款规定："缔约方认识到通过削弱或减少国内环境法授予的保护来鼓励投资是不适当的。因此，缔约各方须尽力保证不放弃或其他的减损方式，或者试图放弃或其他的减损方式削弱或减少国内环境法授予的保护，或者通过持续或反复的作为与不作为未能有效实施其环境法，而以此

---

① 另如，1998年美国—玻利维亚BIT第14条规定："本条约不得阻止缔约国采取必要的措施，履行职责以维护或恢复国际和平与安全，或者保护本国的根本安全利益。"2000年墨西哥—瑞典BIT第18条规定："争端解决条款不适用于缔约一国因为国家安全原因，根据本国法律作出禁止或者限制缔约另一国投资者并购本国国民拥有或控制的在本国境内的投资的决定。"2003年越南—日本BIT，1998年美国—莫桑比克BIT等也有类似规定。

作为对投资者在其领土内进行的设立、收购、扩大或维持投资的鼓励。"其第3款规定："缔约各方承认每一缔约方有权实施与规制、服从、调查和公诉事项相关的裁量权，以及为实施具有较高优先权的其他环境事项而配置资源的决定权。因此，缔约各方推断一缔约方通过一系列作为或不作为合理实施这些裁量权，或者与资源配置相关的善意决定的结果，是与第2款相一致的。"该范本第13条第2款规定："缔约方认识到通过削弱或减损国内劳工法授予的保护来鼓励投资是不适当的。因此，缔约各方须确保在其劳工法中不采取放弃或其他的减损方式，或者试图放弃或其他减损方式以违背第3款（a）到（e）项所列劳工权，或者通过持续或反复的作为与不作为未能有效实施其劳工法，而以此作为对投资者在其领土内进行的设立、收购、扩大或维持投资的鼓励。"加拿大2004年范本第11条也为东道国设置了类似的义务："缔约双方认识到通过放松国内的健康、安全和环境措施来鼓励投资是不适当的。因此，缔约一方不应以取消或减损，或者试图取消或减损此类措施作为对投资者在其领土内设立、收购、扩大或保持投资的鼓励。如果缔约一方认为缔约另一方已经提供了此种鼓励，可要求与其协商，缔约双方应协商一种办法以避免此种鼓励。"

第二节 国际投资协定中的公共利益的实质

尽管公共利益和私人利益①的区别是复杂细微的，② 对公共利益的理解与认识也有着不同，但也存在着一些的共识：公共利益是私人利益在社会状态下的有机组合；公共利益是私人利益的让渡与分享；某些性质的私人利益就等同于公共利益，如个人的生命、健康方面的私人利益就是公共利益，国家有义务排除对其的危害；公共利益服务于私人利益。正如罗尔斯所言：制度是按照它们如何有效地保障那些对所有人平等地接近他们的目的所必需的条件，或者是如何有效地推进那些将同样有益于每个人的共同目的来排出高下的。这样，维护公共秩序和安全的合理规则、维护有利

---

① 本书中的私人利益与个人利益是等同的，因语境的表达即引文的缘故，它们在文中均有出现。
② ［美］约翰·罗尔斯：《正义论》，何怀宏等译，中国社会科学出版社1988年版，第257页。

于公众健康和卫生的有效措施就在此意义上推进了公共利益。由于公共利益的不可分性、公共性以及所产生的外差因素①和吸引力,使得有必要由国家来组织和推行集体协议。国家必须负责管理并从财政上支持公共利益,就必须强制实行某些要求纳税的有约束性的规则。②

在现代社会,个人利益与公共利益在本质上是一致的。没有公共利益的保护,个人利益的保护终将难以实现;同时,公共利益又是以个人利益为基础的,公共利益的确立和保障的最终目的是实现和增进个人利益。公共利益绝不是凌驾于个人利益之上或游离于个人利益之外的特殊利益,它源于个人利益,又以个人利益为依归。能够还原为个人利益的公共利益才是真实的,不存在与个人利益无涉的公共利益。正如罗尔斯所言:"对社会体系的忠诚可能要求某些人为了整体的较大利益而放弃自己的利益。这样,这一体系就不会是稳定的,除非那些必须作出牺牲的人把比他们自己利益宽泛的利益视为根本的利益。但这不是容易发生的。"③ 因为,那些认为他们都是平等的、都同样有资格相互提出要求的人们绝不会同意这样一个原则:只是为了使某些人享受较大的利益就损害另一些人的生活前景。因为每个人都希望保护他的利益,保护他提出他自己的善的观念的权利,没有理由认为为了达到一个较大的满意的净余额就可以默认对自己的不断伤害。④ 在绝大多数情况下,人们追求个人正当利益的行为往往都有利于公共利益的增加,而人们促进公共利益的行为也能导致个人利益的稳步实现。公共利益究其实质就是对公民权利的保护与改善。诚如施瓦茨所主张的:"财产在法律的变化不是目的,而是手段——维护法律所要促进的不同社会利益的手段。同样,也不可忽视,作为我们制度的根基的社会利益正是个人生活中的利益。"⑤

当然,权利是有边界的,个人在行使其权利时,也应承担维护他人拥

---

① 外差因素:当利益是公共的、不可分的时候,这些利益的产生将引起其他利益,特别是私人利益的得失。这些得失可能未得到那些安排这些利益或决定产生这些利益的人的考虑。参见[美]罗尔斯《正义论》,何怀宏等译,中国社会科学出版社1988年版,第259及以后页。

② [美]约翰·罗尔斯:《正义论》,何怀宏等译,中国社会科学出版社1988年版,第92、258、259页。

③ 同上书,第170页。

④ 同上书,第12页。

⑤ [美]施瓦茨:《美国法律史》,王军译,中国政法大学出版社2007年版,第307页。

有同样权利的义务。现实社会的实际需要,也要求社会在对个人财产①进行保护的同时兼顾社会利益,比如环境保护、公共健康、历史遗迹的保护等。如瑞士宪法第 31 条规定:"在宪法权限范围内,联邦将采取措施以促进公民的一般福利和经济保障。"② 在世界 142 个国家的宪法中有类似涉及促进公共福利规定的有 85 个,达 59.9%,而涉及与私人财产权相关的公共利益的国家有 96 个,达 67.6%。③ 由此得知,对公共利益的关注与考量,是现代法治的基本要求。当然,公共利益限制财产权的界限不应局限在公共利益的界定上,而应在保护财产权的私权性的基础上协调与公共利益的平衡。所谓平衡是私有权利的保护与公共利益至少应维持在同等的地位上,不存在谁压倒谁的问题。无论公共利益多么重要,相对于个人的权利和利益,它终究是手段、工具,只有个人的权利和利益才是目的。确认这一点极为重要,它有助于防止将公共利益异化成目的,从而压制、损害乃至剥夺社会成员的个人权利和利益。当然,正因为公共利益是保障和促进个人权利的手段和工具,社会中的任何个人和组织同样也不能够出于一己之私,把个人利益或集团利益凌驾于公共利益之上,损害、侵蚀公共利益,确认这一点同样极为重要。④

国际投资协定中关于公共利益的规定,是现代法治的本来要求在国际投资协定中的具体体现,其核心是为了协调公共利益与私人利益之间的矛盾与冲突,并非是为了凸显追求所谓公共利益与私人利益的平衡。在协调这对矛盾与冲突中,对私人利益的保护永远是法治的根本,而对公共利益的保护只是"例外"。不论是财产权的理论,还是人类社会发展的历史经验均表明,人类社会的任何制度设计均逃脱不了以私权为目的,公权是手段这一公理,否则,将会不具有生命力而走向衰败。⑤ 正如罗尔斯所言,每个人都拥有一种基于正义的不可侵犯性,这种不可侵犯性即使以社会整

---

① 通常而言,所谓私人利益集中体现于私人财产权利。
② [荷]亨克·范·马尔塞文、格尔·范·德·唐:《成文宪法:通过计算机进行的比较研究》,陈云生译,北京大学出版社 2007 年版,第 111 页。
③ 同上书,第 111—112 页。
④ 刘仁春:《公民权利:公共利益的根源和归宿》,《内蒙古社会科学》(汉文版) 2007 年第 5 期。
⑤ 参见唐清利、何真《财产权与宪法的演进》,法律出版社 2010 年修订版,第 169—170 页,以及后续章节的相关内容。

体利益之名也不能逾越。因此,正义否认为了一些人分享更大的利益而剥夺另一些人的自由是正当的,不承认许多人享有的较大利益能绰绰有余地补偿强加于少数人的牺牲。所以在一个正义的社会里,平等的公民自由是确定不移的,由正义所保障的权利绝不受制于政治的交易或社会利益的权衡。① 也正如欧洲法院在一判决中所声明的,所有权保护属于共同体法的一般原则。② 所以,公共利益的真正实现必须依赖于不特定个人利益的落实,这样才能保障公共利益的正当性,才能打消人们对公共利益的合理怀疑。公共利益不是凌驾于个人利益之上的、不能分解的和还原的终极利益,而是存在于个人利益之中,由个人利益组成的某种派生性的复合利益,这种利益,只有当它能够有利于绝大多数人的生存和发展时,才具有实际的意义,才是一种真实的利益。社会利益或公共利益的正当性,必须通过它对所有个人利益和个人幸福的促进来证明。③

总之,公共利益与私人利益不是对立、不可调和的,公共利益在一定程度上包含有私人利益,私人利益在一定程度上体现着公共利益。只不过从制度安排而言,确实需要在一定情形下对私人利益予以一定的限制而符合公共利益,从而实现全社会每个人的私人利益。因此,在现代法治中,就存在有的情况下对私人利益的"限制"需要给予补偿——为了公益(获得该公益的人共同承担费用);有的情况下则不需要补偿——如消除公害(由制造公害的人承担费用)的制度安排。

而且,公共利益本身之含义,除了是应予认可和保护的公众普遍利益④之外;其还有"与作为整体的公众休戚相关的事项,尤其是证明政府管制正当性的利益"⑤ 之含义。所以,公共利益在一定意义上是用来限定政府"专断"权力的。因而就有了如加拿大 BIT 范本第 11 条这样的规定:"缔约双方认识到通过放松国内的健康、安全和环境措施来鼓励投资

---

① [美] 约翰·罗尔斯:《正义论》,何怀宏等译,中国社会科学出版社 1988 年版,第 1—2 页。

② [德] 罗尔夫·斯特博:《德国经济行政法》,苏颖霞、陈少康译,中国政法大学出版社 1999 年版,第 177 页。

③ 参见杨通进《爱尔维修与霍尔巴赫论个人利益与社会利益》,《中国青年政治学院学报》1998 年第 4 期。

④ Bryan A. Garner (ed.), *Black's law Dictionary*, 9th ed., West Publishing Co., 2009, p. 1266.

⑤ Ibid.

是不适当的。相应地，缔约一方不应以取消或减损或试图取消或减损此类措施作为对投资者在其领土内设立、收购、扩大或保持投资的鼓励。"所以，国际投资协定中关涉公共利益的内容，仍然是现代法治中关于公共利益与个人利益的具体反映，其本质内涵是追寻保护私人财产权与维护东道国治安权之间的平衡。

一 保护私人财产权是现代法治的核心价值

一般认为，私人财产权是人的基本权利，与生命、自由一样是人与生俱来的自然权利。正如洛克所言：生命、自由和财产权是人与生俱来、不可剥夺的权利。[①] 这种绝对的基本权利是现代法治的核心。尽管随着社会的发展，个人的利益特别是其财产权利受到一定的限制，但是，现代法治所需保护的人的最基本的权利仍然是：生命、自由与财产。这不仅表现于各国宪法，也同样广泛体现于人权公约以及与私人财产权相关的国际制度之中。

（一）保护私人财产权是国家的基本职责

财产权应该被看作是一项政治权利，这项权利可以减少个人对国家的依赖，并创造一种安全感，这对民主社会中纯正的公民身份是必不可少的。[②] 所以，财产权是整个宪政制度的基石。[③] 在自由宪政秩序中，财产、自由和正义是不可分割的：如果私人财产权受到侵犯，个人的自由和正义就会受到妨害。经济自由，从根本上有赖于私人财产权的执行，包括排他性地使用自己正当地（自由地）获得财产的权利，及出售财产或分割该权利束的权利。[④] 从而，国家对私人财产权利保护的职责已成为人类普世的文明理念与法治核心。

人类发展史清晰地表明，对财产权的承认与保护标志着人类文明的开

---

① 洛克认为："自然状态有一种为人人所应遵守的自然法对它起着支配作用；而理性，也就是自然法，教导着有意遵从理性的全人类：人们既然都是平等和独立的，任何人就不得侵害他人的生命、健康、自由和财产。"[英] 洛克：《政府论》（下篇），叶启芳、瞿菊农译，商务印书馆1996年版，第6页。

② 赵世义：《经济宪法学基本问题》，《法学研究》2001年第4期。

③ [美] 路易·亨金、阿尔伯特·罗森塔尔编：《宪政与权利》，生活·读书·新知三联书店1996年版，第154页。

④ Charles A. Reich, The New property, *The Yale Law Journal*, Vol. 73, No. 5, Apr. 1964, 转引自唐清利、何真《财产权与宪法的演进》，法律出版社2010年修订版，第18—19页。

始。"分立的财产得到承认,标志着文明的开始。规范产权①的规则是一切道德的关键之所在。"② 私有财产权所保障的创造财富的自由是人类一切自由的前提,财产权所体现的是自由的人采取行动、改造生存条件、追求幸福的权利。从这个意义上说,财产是自由的基本要素,从而对于作为道德存在的人的自我表现也是必不可少的。它是一种不可剥夺的"自然"权利,从洛克到诺齐克的政治哲学都将其奉为神圣。③ 在洛克看来,国家作为主权者,它本身并没有提供新的或者独立的权利来对抗那些从属于其控制的人们。④ "最高权力不能从任何人那里获取他的财产的任何部分,除非已经得到了本人的同意。因为保护财产是国家的目的,也是人类进入社会的目的,这就必然假定和要求人民应该享有财产权,否则就必然假定他们因参加社会而丧失了作为他们加入社会目的的东西,这种十分悖理的事是无论任何人都不会承认的。"⑤ 所以,政府之被创制,正是为了保护财产权。⑥ 著名的思想家潘恩就宣称:"一切政治结合的目的都在于保护人的天赋的和不可侵犯的权利;这些权利是:自由、财产、安全以及反抗压迫。"⑦ 施瓦茨也认为:"建立共和国便是为了确立财产权的最高地位,因为如果个人不享有财产权,人身权便没有实际的内容。"⑧ 这是因为,个人权利的存在独立于协议,并且先于国家的形成。国家的出现,是因为纯粹自我救济制度的谬误和弊端已经变得难以容忍。单一主权者的出现,只是为了满足维护秩序的需要。国家是一种道德命令,仅仅因为我们需要保护某种价值免受那种不受控制的强力的侵犯。它通过消除人们被迫或自

---

① 产权,即财产权。其英文为 property right。只是在这一概念引入中国时,当时的中国正处于改革开放的早期,当时对财产权基本没有什么认识,加上一些经济学者大量地采用产权这一提法,所以产权这一概念在中国比较盛行。目前在法学界则主要使用财产权这一概念。下文因引文的缘故,仍会出现产权,其意等同财产权,不再解释。

② [英]哈耶克:《致命的自负》,冯克利等译,中国社会科学出版社2000年版,第34页。

③ [美]亨金等:《宪政与权利》,郑戈等译,生活·读书·新知三联书店1996年版,第154页。

④ [美]理查德·A.艾珀斯坦:《征收——私人财产和征用权》,李昊等译,中国人民大学出版社2011年版,第13页。

⑤ [英]洛克:《政府论》,第138段,转引自[美]理查德·A.艾珀斯坦《征收——私人财产和征用权》,李昊等译,中国人民大学出版社2011年版,第14页。

⑥ [英]洛克:《政府论》(下篇),叶启芳、瞿菊银译,商务印书馆1996年版,第77页。

⑦ [美]潘恩:《潘恩选集》,马清槐等译,商务印书馆1981年版,第183页。

⑧ [美]施瓦茨:《美国法律史》,王军译,中国政法大学出版社1997年版,第24页。

愿地做警察的需要,由此保护了共同体的文化和意义。国家并不是个人权利或社会共同体的来源,它假定这些本来就是存在的,是值得保护的。①法国经济学家让·巴蒂斯特·萨伊提出,"在政府所能使用以鼓励生产的一切方法中,最有效的是保证人身和财产的安全,特别是保证不受专横权力蹂躏的安全"②。诚如麦克库洛赫指出:"财产安全是劳动能力得以成功发挥作用所不可或缺的。在没有财产安全的地方而希望富有或文明,是徒然的。"③ 财产权保障不只是个人获得自由、追求幸福不可缺少的手段,也是社会公共秩序赖以建立的基础。法国1795年《人和公民权利与义务宣言》正确地指出:"维护财产权是整个社会秩序的基础。"财产得到了保护,自由、秩序以及其他一些基本宪法价值的实现也就有了保障。④ 洛克也说:"政治权利就是为了规定和保护财产而制定法律的权利……而这一切都只是为了公共福利。"⑤

财产权既是市场经济自发秩序的前提,而且也是社会自律的条件,并且还是法治国家的基石。财产权是划定我们免于压迫的私人领域的第一步。⑥ 从而,保护私有财产和私有财产权是各国宪法重要的中心内容,在各国宪法中处于首要位置。⑦ "自宪法秩序产生以来,私有财产就是宪法秩序的核心。一旦放弃了私有财产权,宪政本身就受到威胁。没有财产,公民权利和政治之间的'必要张力'也会受到威胁。因此私有财产权具有一种重要的有序化功能,它制约着民主,并确认宪政的要求。"⑧ 如美国,在其历史上,自由与财产所有权、财产与权力之间的紧密联系在美国

---

① [美] 理查德·A. 艾珀斯坦:《征收——私人财产和征用权》,李昊等译,中国人民大学出版社2011年版,第356页。
② [法] 萨伊:《政治经济学概论》,陈福生、陈振骅译,商务印书馆1982年版,第221页。
③ [英] 约·雷·麦克库洛赫:《政治经济学原理》,郭家麟译,商务印书馆1997年版,第40页。
④ 赵世义:《经济宪法学基本问题》,《法学研究》2001年第4期。
⑤ [英] 洛克:《政府论》(下篇),叶启芳、瞿菊银译,商务印书馆1996年版,第4页。
⑥ [美] 路易·亨金、阿尔伯特·罗森塔尔编:《宪政与权利》,生活·读书·新知三联书店1996年版,第154页。
⑦ 李曙光:《论宪法与私有财产权保护》,《比较法研究》2002年第1期。
⑧ [美] 埃尔斯特:《宪政与民主——理性与社会变迁研究》,潘勤、谢鹏程译,生活·读书·新知三联书店1997年版,第389页。

政治思想和政治制度中一向受到重视。美国宪法制定者的主要目的，就是要建立一个足够强大的政府，保护人们使用和享受他们财产的权利，与此同时，制宪者希望限制政府使其不能危害这种权利。因此，制宪者们就在宪法中拟定了各式各样的条文来对财产权进行保护。① 美国宪法第五修正案和第十四修正案所例示的对财产的保护，是所有法律制度的共同特点，美国宪法条文并不是什么明显的灵感源泉。保护财产的根基比宪法缔造者们的个人主义、理性主义理想还要深远，而与更为古老的社会秩序的基本要求紧密相连。② 世界绝大多数国家的宪法在宪法条文中明确宣示私有财产权"神圣不可侵犯"或"不可侵犯"。荷兰著名学者亨克·范·马尔塞文等对142个国家的宪法涉及私有财产权的条文统计发现：其中118个国家作了上述规定，占83.1%；另24个国家虽然不是用专门条款作类似规定，但也在规定立法权限时涉及保护私人财产权。③ 另如，中国学者曹思源统计分析了全球110个国家的宪法，其中仅对私有财产权作出保护规定的国家有44个，对公私财产权都予以保护的国家有51个，这两类国家（宪法中都保护私有财产权）加在一起，占考察总数的86%。由此可见，在宪法中明确规定保护财产权及对公私财产权实行平等保护，是世界立宪的主流。并依此得出结论：世界各国宪法大都高度重视对私有财产权的保护。许多国家宪法规定了对公私财产都加以保护，在强调平等保护的同时，对保护私有财产往往条文更多，更为详尽。④

（二）国家保护私人财产权是市场经济的基本要求

市场经济理论的一个基本逻辑是，人们要有保护自己合法财产的权利和能力，而不能被他人掠夺。只有当人们有权利也有能力维护自己的合法财产权时，人们才会有追求和创造财富的积极性。如果企业或个人的合法财产随时可以被政府征用，或是被强盗抢劫、被盗贼偷盗，人们就会失去

---

① ［美］伯恩斯等：《民治政府：美国政府与政治》（第二十版），吴爱明等译，中国人民大学出版社2007年版，第497页。
② ［美］亨金等：《宪政与权利》，郑戈等译，生活·读书·新知三联书店1996年版，第179页。
③ ［荷］亨克·范·马尔塞文、格尔·范·德·唐：《成文宪法：通过计算机进行的比较研究》，陈云生译，北京大学出版社2007年版，第132—133页。
④ 曹思源：《直选与财产权的保护》，http://blog.caijing.com.cn/expert_article-151585-33819.shtml，2012年5月16日访问。

创造财富的欲望,所谓"无恒产者无恒心"。对此,曼瑟·奥尔森在其《权力与繁荣》中作了非常系统的阐述:"人们比较一致的看法就是:当存在激励因素促使人们去攫取而不是创造,也就是从掠夺而不是从生产或者互为有利的行为中获得更多收益的时候,那么社会就会陷入低谷。"①市场经济的这一逻辑是建立市场经济体制的基石,也是市场制度设计时必须遵循的基本原则。只有符合市场逻辑的制度,才可能真正起到维护市场秩序,提高市场效率的作用。因此,政府必须建立相关的制度以充分有效地对私人财产权利予以保护,这是在市场逻辑下政府的基本职能。

经济理论说明,并且经济历史也确认:通过分工将个人和社会福利予以最大化这一经济政策目标,与在法治下将民众的平等自由和财产权利予以最大化这一自由主义的法治思想是同一的而不是矛盾的。② 所谓市场经济从根本上而言,就是将社会有限的资源在全社会(如果是在国际社会,就是全球范围)的总体维度上合理、高效地配置。德国著名的经济学家欧根(W. Eucken)就认为,经济秩序的任务是把所有劳动者的每一工时和无数的物质生产资料不断地加以合理配置,以尽可能消除经济短缺。③这种对资源的合理配置的市场经济必须满足个人在平等基础上以自愿交换、公平竞争的方式开展经济活动。正如著名的国际经济法学者彼德斯曼所言,经济市场——它产生于财产权利的自愿交易——不仅促进了有效率的资源配置和顺应市场的收入分配,私人需求与供应的分散结构,以及市场竞争这只"看不见的手"的分散化结构,还趋向于把权力予以分散化,并由此趋向于加强对各项自由和财产权利的保护。④

所以,所谓市场逻辑就是个人权利的自由交易,⑤ 并且这种自由交易既需要国家权力的保护,又要排除国家权力的侵害。而这一切的前提是个人能够合法地取得与拥有财产,并能够不受外力干涉地自由处置其财产从

---

① [美]曼瑟·奥尔森:《权利与繁荣》,苏长和、嵇飞译,上海人民出版社2005年版,第1页。

② [德]E.-U.彼德斯曼:《国际经济法的宪法功能与宪法问题》,何志鹏等译,高等教育出版社2004年版,第188页。

③ 同上书,第103页。

④ 同上书,第181页。

⑤ 张曙光:《个人权利和国家权力》,载《市场逻辑与国家观念》,生活·读书·新知三联书店1995年版,第2页。

中受益。也就是说,个人的财产权利及其法律保护制度是市场经济的前提条件,离开了个人的财产权利及其法律保护制度是谈不上市场经济的。因为,离开了个人的财产权利,或者得不到法律保护的财产权利,市场经济无从开始,更无法进行。经济主体能够拥有完全的财产权利是其从事交易的前提,也是其从事市场活动的原动力。首先,没有财产的主体无法从事交易,自然也就不能成为市场经济的合格主体;其次,主体对于其自身利益最大化追求的满足也有赖于有效的产权制度的保障,并特别有赖于产权的排他性属性及其主体本己利益最大化的内部化功能。① 亚当·斯密就曾强调,市场的适当运作取决于个人自由与财产权利的适当转让,后者不仅被看作是私人生产性活动的一种激励,而且也被看作是防止武断地对个人自由的重商主义政府限制的一种保障。② 可以说,私有财产权是市场经济的基础,个人拥有财产权并受到法律的完备保护是市场经济的逻辑起点与归属。

在市场经济条件下,由政府施加给个人生产者、贸易者和消费者的那些规则必须尊重并符合个人经济主体的内在权利和行动本能,只有这样,经济与社会过程才会平稳地进行。假如政府的各项贸易法规专断地干预了国内公民的平等自由和财产权利,则他们便有可能产生出无序状态并减少经济福利。③ 正如中国著名经济学家樊纲所言,政府的一个重要职能,并且可以说是首要职能,就是向社会上一切合法利益集团与个人,提供财产权的保障。这种对财产权的保障,是政府所能提供的一种能为全体公民共同享有的重要的"公共物品"。④ 凯利教授从西方思想史的发展脉络同样得出"共同体的政府一旦组成就只有一个功能:那就是保护其成员的财产"⑤ 的结论。并且这种基本职能构成宪政制度的重要内容之一。而对私人财产权利的保护正是宪法中人权规范的核心内容。这是因为人是物质的

---

① 参见李晓明《私法的制度价值》,法律出版社 2007 年版,第 370—371 页。

② [德] E. -U. 彼德斯曼:《国际经济法的宪法功能与宪法问题》,何志鹏等译,高等教育出版社 2004 年版,第 101 页。

③ 同上书,第 189 页。

④ 樊纲:《作为公共机构的政府职能》,载《市场逻辑与国家观念》,生活·读书·新知三联书店 1995 年版,第 14 页。

⑤ [爱尔兰] J. M. 凯利:《西方法律思想简史》,王笑红译,法律出版社 2002 年版,第 207 页。

存在，同时又是精神的存在，这种双重性的存在都与财产权不可分离。作为物质的存在，人不能在没有占有必要的生活资料的情况下维持个体生命的存在；而作为精神的存在，人同样不能在没有占有相当的物质资料的情况下保持独立自尊的人格。因此，财产权与人类社会产生和发展密切联系。"财产权为个人创造了一个不受国家控制的领域，限制了政府的行动范围以及统治者的专横意志"，它"是市民社会和民间的政治力量赖以发育的温床"。①

二 保护外国投资者财产权是国际投资协定的核心任务

要求政府对私人财产权利予以充分、有效保护的市场逻辑反映到国际投资协定的实践中，就必然要求国际投资协定必须给予外国投资者的投资充分与有效的保护，东道国政府不得肆意地予以侵犯与剥夺。

外国投资者在东道国进行投资，因其所投入的资产数额大，时间长，东道国能否给予其投资以充分的保护与安全显得相当的重要，这也是外国投资者在与东道国签订的协议中往往会设定一系列的特殊条款（如稳定条款，这些条款通常在私人间的国际合同中不会出现），甚至要求这种合同争议适用国际法、由国际仲裁机构管辖，以保护其投资的原因。所以，外国投资者与东道国之间关系的核心体现为对外国投资者的投资资产的保护问题。由此，也使得国际投资协定的核心价值追求呈现为如何保护外国投资者的财产，以此来实现法的价值。同时，这种对外国投资者投资财产权利的保护与前述的对个人财产权利保护的法的基本价值追求是一脉相承的。是在市场经济制度下国家必须对个人财产权利予以充分、有效保护的价值观在国际投资法中的具体反映。自由市场要求国家和市场之间存在一种特定的关系，这种关系可以被如下三项原则所描述：（1）国家必须建立与保护财产和合同等私权利有效交易的法律制度，保证私权利的获得和市场交易得以执行；（2）国家必须服从市场对资源的分配，确立市场的主导地位；（3）在有必要纠正市场失灵时，国家可以干预市场。相应地，自由的国际投资体制就是与该三项原则保持一致的国家和市场间的关系。具体来说，第一，投资安全原则——国家保护投资免受公共和私人侵犯；

---

① ［奥］米塞斯：《自由与繁荣的国度》，韩光明等译，中国社会科学出版社1994年版，第104—105页。

第二，投资中立——国家允许市场决定外国投资的方向和种类；第三，市场便利化——国家确保市场正常运行。①

在国际投资关系中，特别是国际直接投资中，外国投资者与东道国之间的关系最为突出，传统的国内法与国际法中均没有完善的相应制度予以规范与调整，而国际投资实践中这类纠纷层出不穷，如何妥善解决，不使其演变为政治纠纷、国家间冲突，成为摆在国际社会面前亟待解决的问题。因而，国际投资协定的发展也就沿着如何避免外国投资者的投资免遭东道国政府的侵犯、如何充分保护外国投资者的利益的这条轨道发展。在1840年之后，成立了约60个混合求偿委员会，以便解决因侵害外国人利益而产生的争议。特别是大约1890年之后，越来越多的著述从投资国的立场来论述外国人的保护问题。② 大多数国际投资协议主要是保护性的，不过它们只是适度放宽对投资的管理。也就是说，绝大多数义务的目的是限制东道国的监管裁量权，保护投资流动。③ 过去几十年国际投资规则的制定已经促使投资保护的核心原则形成相当大程度的共同基础。④ 就外资保护的一般性实体和程序条款而言，现今BITs的内容呈现出很高的一致性。⑤

外国投资者与东道国之间的关系，其实质仍然是传统国际法中外国人法的内容。对外国人的财产保护是国际法中的传统内容，是关于外国人保护及其待遇制度的核心内容。一个国家必须尊重外国人的财产，至于外国人方面，他们则有权和平使用和享受他们的财产，这个规则已经清楚无疑地确定下来。⑥ 由于每一个国家享有保护国外侨民的权力，和每一个国家有给予其领土内的外国人以某种照顾的相应义务的结果，一个外国人如果具有某一国籍，就不能在外国被排除于法律之外，而必须对他的人身和财

---

① Kenneth J. Vandevelde, "Investment Liberalization and Economic Development: The Role of Bilateral Investment Treaties", *Columbia Journal of Transnational Law*, Vol. 36, 1998, pp. 504–506.

② [英]伊恩·布朗利：《国际公法原理》，曾令良等译，法律出版社2003年版，第579页。

③ UNCTAD, "International Investment Rule-Making: Stocktaking, Challenges and the Way Forward", *UNCTAD Series on International Investment Policies for Development*, United Nations, New York and Geneva, 2008, p. 38.

④ Ibid., p. 76.

⑤ [德]阿克塞尔·伯杰：《中国双边投资协定新纲领：实体内容、合理性及其对国际投资法创制的影响》，杨小强译，载陈安主编《国际经济法学刊》第16卷第4期，法律出版社2010年版。

⑥ [英]詹宁斯、瓦茨修订：《奥本海国际法》（第一卷第二分册），王铁崖等译，中国大百科全书出版社1998年版，第323—324页。

产加以保护。① 每个国家必须对其领土内居住的外国人的人身和财产至少给予足以到达国际法所规定的最低限度国际标准的那种水平的保护，并且，就人身和财产的安全而言，必须给予至少与其本国国民在法律上平等的地位。外国人的人身和财产尤其一定不能受到国家官员或法院的侵害。② 国家机关或国家官员对外国人的侵害或对其财产的损害一直被视为是初步违反了国际法。③

国际法制度中这种对外国人人身和财产保护的要求，反映到国际投资法中就集中体现为为外国投资者及其投资提供充分与完善的保护。"在有关外国投资的法律中，同样也发展了一些新概念。主要是涉及投资者在东道国的权利，特别是保护投资者的投资免于被该主权国国有化和征收，这里又产生的问题是把资本和利润自发展中国家汇入本国，以及在发生争议时提供适当仲裁的便利。投资法的关键问题是私人投资者与东道国政府之间的关系，主权国家与外国国民之间的传统关系。"④ 如果缺少对外国资产以及外国投资的保护，那么，有效的国际经济合作将是不可能的。因此，在国际经济法以及国际法中，对外国投资以及所有权的保护起着关键的作用。⑤ 这体现在传统的习惯法上的外国人法，尤其在剥夺所有权的有关规则中。此外，国家之间也缔结双边或多边条约，以提高保护程度。⑥ 这些双边的、多边的国际投资条约，就是将国际法中关于保护外国人及其财产的有关内容，尤其是相关的习惯法的内容予以明确化和制度化。同时，将各国宪法和相关法律中的保护私人财产权（包括外国人的财产权）的内容在国际条约中予以进一步的肯定与明确，以期使国内法中的保护上升到国际层面，获得国际法的保障。这种对外国投资（包括投资者及其投资资产和投资活动）的保护，既体现于传统习惯国际法上关于外国人法，尤其表现在关于外国人财

---

① ［英］劳特派特修订：《奥本海国际法》（上卷第二分册），石蒂等译，商务印书馆1972年版，第173—174页。

② ［英］詹宁斯、瓦茨修订：《奥本海国际法》（第一卷第二分册），王铁崖等译，中国大百科全书出版社1998年版，第322—323页。

③ ［英］蒂莫西·希利尔：《国际公法原理》，曲波译，中国人民大学出版社2006年版，第305页。

④ ［英］施米托夫：《国际贸易法文选》，赵秀文译，中国大百科全书出版社1993年版，第40页。

⑤ ［德］沃尔夫冈·格拉夫·魏智通主编：《国际法》，吴越、毛晓飞译，法律出版社2002年版，第633页。

⑥ 同上书，第634页。

产的征收和待遇方面；也体现于现代的双边、区域和全球性投资条约中（包括含有投资方面规定的所有条约），还体现于各国的外资法中。①

三 尊重东道国的治安权是现代法治的正当追求

治安权（police power）最早是美国法中的一个概念：（1）指一个主权国家所享有的，为维持公共安全、公共秩序、公共卫生、公德和社会正义而制定所有必需和正当法律的内在和绝对的权力。它是政府所必需的一项基本权力，不能为立法机关所放弃或从政府中转移。（2）指根据美国宪法第10修正案授予州的权力，以此权力，州有权制定和实施保障公共卫生、公共安全和社会福利的法律，或将此权委托给地方政府。不过州行使此项权力应受正当程序和其他规定的限制。（3）泛指政府对私有财产使用的干预，如将该财产予以征用（eminent domain）。② 现在，治安权已被广泛接受为国家固有的一项管理国家公共利益的权力，特别是在评断一项管制措施是否是间接征收时往往会考量国家的治安权力，这已成为国际法上的治安权原则（the police powers doctrine）：习惯国际法承认东道国在特定情况下有权规制或者采取其他显著的影响外国人财产利益的措施而不构成需要给予补偿的征收。但是，该等措施必须致力于合法目的，其目标是为了普遍福利，且是非歧视性的，完全在该国一般规制或行政权的限度内实施。③ 对于在一国享有的治安权范围内、由于善意的非歧视管制所导致的经济损失不予赔偿，这是习惯国际法上公认的原则。④ 从第一次世界大战

---

① 外资法通常是指资本输入国（东道国）关于外国投资方面的立法。从东道国的角度看，尽管外资法的内容往往是以规范外资为主，但是，其中仍然有对外资的保护规定。如，中国《宪法》第18条规定："在中国境内的外国企业和其他外国经济组织以及中外合资经营的企业，都必须遵守中华人民共和国的法律。它们的合法的权利和利益受中华人民共和国法律的保护。"中国《外资企业法》第4条规定："外国投资者在中国境内的投资、获得的利润和其他合法权益，受中国法律保护。"第5条规定："国家对外资企业不实行国有化和征收；在特殊情况下，根据社会公共利益的需要，对外资企业可以依照法律程序实行征收，并给予相应的补偿。"从资本输出国的角度看，对私人海外直接投资保护程度最高的，当属一些国家设立的"海外投资保险制度"。

② Brayan A. Garner (ed.), *Black's law Dictionary*, 9th ed., West Publishing Co., 2009, p. 1276.

③ Caroline Henckels, "Indirect Expropriation and the Right to Regulate: Revisiting Proportionality Analysis and the Standard of Review in Investor-State Arbitration", *Journal of International Economic Law* 15 (1), pp. 223 – 255.

④ OECD, "'Indirect Expropriation' and the 'Right to Regulate' in International Investment Law", *OECD Working Papers on International Investment*, Number 2004/4.

前以来的一长串事例表明，立法机关可以在不违反财产保护的情况下，制定一般性的法律，以保护公共健康、安全和秩序。这一结论的理论依据是财产权的享有本来就要受制于一个隐含的前提，那就是它不能损害到公共的健康、安全和秩序。① 因此，尽管表述不一定一致，具体的含义也会有一定的偏差，但是，治安权却是现代法治赋予一国政府维护公共福利的正当权力。

在国际投资协定和投资仲裁实践中，治安权原则得到了广泛的认可。如《美国对外关系法重述（第三次）》第712节规定了治安权例外原则："因为非歧视的税收、管制或者其他被普遍认为是在国家治安权范围内的行为而导致财产损失或其他经济负面影响，国家不承担责任。"《欧洲人权公约第一议定书》第1条规定："（1）每一自然人或法人有权和平享有其财产。除出于公共利益并按法律和国际法普遍原则规定的条件外，任何人不得剥夺其财产。（2）但上述规定无论如何不得损害国家行使它认为为了依据普遍利益控制财产之使用或为了确保税款或其他特别税或罚款之支付必须施行之法律之权利。"此外，1967年OECD起草的《外国人财产保护公约》第3条、1961年《国家对外国人造成损害的国际责任公约哈佛草案》第10条第5款也都肯定了国家正当的管理和规制行为。美国2012年BIT范本附件B第4条（b）款规定："除极个别情况外，缔约一方为保护合法的公共福利目标，如公共健康、安全和环境等，而采取的非歧视管理措施不构成间接征收。"加拿大2004年BIT范本附件B第13.1条也作出了相同的规定。欧盟与非洲、加勒比、太平洋国家中的太平洋成员国2006年达成的投资协定草案第8条第8款第1项规定：考虑到国家有权实施管制和治安权的习惯国际法原则，一方为了保护或增进合法公共福祉为目的而规划与采取的善意且非歧视的管制措施，如公共健康、安全与环境措施，不构成本条规定的征收。② 国际仲裁实践也承认国家正当的治安权管理措施不构成间接征收。例如Saluka v. Czech案的仲裁庭主张，国际法已确立的原则是：当其正常实施管制权，并且是为了公共利益的需要，以非歧视的方式

---

① ［美］亨金等：《宪政与权利》，郑戈等译，生活·读书·新知三联书店1996年版，第162页。

② Draft Art. 8.8 (1) of the Investment Chapter in the Context of the EU/PACP EPA Negotiation, in Surya P. Subedi, *International Investment Law: Reconciling policy and Principle*, Oxford and Portland Oregon, 2008, p. 167.

善意实施，国家就无须承担支付外国投资者补偿的义务。① Methanex v. USA 案的仲裁庭也认为，以治安权而善意管制所带来的经济损害，国家无补偿义务，这是习惯国际法的一项原则。② 所以，尽管大多数国际投资协定并没有明确包括对财产保护的例外条款，但是仲裁庭承认国家在追求合法目的时只要合理地平衡了该目的与监管措施对投资的影响便有权限制私人财产权利且无须补偿。③ 在 Tecmed v. Mexico 案中，仲裁庭陈述道："国家在其治安权框架里行使主权权力可能给应服从其权力者造成经济损失，但作为管理者的国家完全无需给予任何赔偿，这一原则是没有疑问的。"④ 除非 BIT 或 FTA 中有明确的禁止，东道国依一般国际法有权实施合法的管制措施而因此引起的征收无须予以补偿。⑤ 现在一些国际投资协定也承认国家采取旨在保护环境等公共利益的管制措施的权力。例如，2003 年 6 月美国和智利签订的自由贸易协定的附件 10 – D（4）（b）规定："除了在极少情况下（except in rare circumstances），一缔约方实施的旨在并且适用于保护合法的公共福利（public welfare）目标，如公共健康、安全和环境的非歧视管制行为，不构成间接征收。"⑥ 现在这种做法有扩大的趋势。

从前引证可以看出，虽然治安权是国家固有的管理公共利益的权力，其也为国际社会公认为一项基本的法治原则，但是，它的实施也必须满足一定的条件，即须由国家善意为之。由此，我们不能把治安权解释成代表公共利益而行使的不受限制的国家权力，否则，作为例外情况的治安权就将压倒征收条款本身。⑦ 尽管承认治安权或管制权是一国固有的权力，但

---

① Surya P. Subedi, *International Investment Law: Reconciling policy and Principle*, Oxford and Portland Oregon, 2008, pp. 162 – 163.

② Ibid., p. 163.

③ Benedict Kingsbury & Stephan Schill：《作为治理形式的国际投资仲裁：公平与公正待遇、比例原则与新兴的全球行政法》，李书健、袁岐峰译，《国际经济法学刊》2011 年第 18 卷第 2 期。

④ Tecmed v. Mexico, ARB（AF）/00/2 Award, 29 May, 2003.

⑤ Surya P. Subedi, *International Investment Law: Reconciling policy and Principle*, Oxford and Portland Oregon, 2008, p. 162.

⑥ United States-Chile Free Trade Agreement, Chapter Ten: Investment [EB/OL], http://www.ustr.gov/sites/default/files/uploads/agreements/fta/chile/asset_upload_file1_4004.pdf., 2010 – 04 – 10 访问。

⑦ ［美］理查德·A. 艾珀斯坦：《征收——私人财产和征用权》，李昊等译，中国人民大学出版社 2011 年版，第 118 页。

是，国家签订双边投资条约（BIT）或自由贸易协定（FTA）时也会承诺对其适当的限制。因此，东道国对外国投资者保证其实施治安权应依照特定条约的条款并满足一定的条件。①

总之，国际法既认可国家的"治安权"，承认国家有权采取管制措施，国际法也承认间接征收的存在，承认投资者的权利。因此，我们不能因"治安权"而罔顾投资者权利，也不能因保护投资者利益而否定"治安权例外"。国际法承认国家的"治安权"，如调整管制措施（regulatory measures）的权利、外资法中的管制性征收，如此，对仲裁庭而言，就需要面对平衡若干处理管制性征收相互抵触的国际法原则的挑战。② 因而，必须寻求这些冲突的国际法原则之间的平衡、投资者利益和公共利益的平衡、经济价值和非经济价值的平衡。新一代投资协定为东道国的管制寻求更多的空间。保护人类健康、安全和环境，促进国际公认的劳工权利是新一代投资协定关注的领域。这些努力旨在阐明投资协定对于投资保护和投资自由化目标的追求不能以牺牲这些重要的公共政策目标为代价。③ 但是，这些新一代的国际投资协定中所增加的东道国对外资的管理权（应该说是"治安权"）并非为了平衡所谓的公共利益与私人利益，同时，也并不意味着在国际投资协定中将东道国管理外资的事项增加得越多，东道国所获得的权力越多。因为，东道国所有的权力的实施必须遵循以公共利益为目的，必须依照比例原则考量其合理性，必须依照正当程序原则实施。所以，我们必须清醒地认识到，国际投资协定的作用仍然是以保护投资者私人利益为核心，同时兼顾东道国的治安权，在法治的轨道内寻求二者的平衡，这才是国际投资协定中真正所要追求的公共利益。

第三节　国际投资协定中公共利益实现的途径

诚如前述，私人财产权具有排他性，财产权人在实现自己的个人利益

---

① Surya P. Subedi, *International Investment Law: Reconciling policy and Principle*, Oxford and Portland Oregon, 2008, p. 161.

② Ibid.

③ UNCTAD, "Recent Developments in International Investment Agreements", *IIA Monitor*, No. 2, 2005; *International Investment Agreements*, UNCTAD/WEB/ITE/IIT/2005/1, United Nations, New York and Geneva, 2005, p. 5.

时可能与公共利益相违背，国家在实现公共利益时也有可能减损或者限制私人财产权的占有、使用或处分，从而导致私人利益与治安权的冲突。尽管公共利益作为人们对共同福祉的追求，公共利益的需求要求对私人财产权施加一定的限制甚至剥夺；但是，现代法治同时也要求政府在限制私人财产权时必须遵循比例原则、经过正当的法律程序，并给予公正的补偿。透明度、法治、非歧视、比例原则、正当程序、对个人权利的司法保护、国内主权等各项宪法原则反映于法治发达国家内的宪法之中，也同样体现于国际经济法律制度之中，如 GATT/WTO、国际投资协定及相关投资仲裁等。① 这种精神在 1961 年《国家对外国人造成损害的国际责任公约哈佛草案》中得以很好地体现，其在规定不需补偿的"治安权例外"的同时，也规定了"治安权例外"的条件。该草案第 10 条第 5 款后段规定，"治安权例外"的行使如果符合下列条件，就不会认为是不合法的：(a) 没有清楚、明确地违反了该国的法律；(b) 不是违反公约草案第 6 条至第 8 条任何规定②的结果；(c) 没有不合理地违背世界主要法律体系承认的公正的法律原则；(d) 不是为了剥夺外国人财产的目的滥用本段规定的权力。③ 完全纯粹意义上的社会本位或强调社会公共利益是市场经济本身所无法接受的，也是违背市场经济规律的，④ 从而也是和现代法治精神相违背的。

一 比例原则是实现国际投资协定中公共利益的合适途径

尽管比例原则最早是国内行政法上的一个基本原则，它同样也在国际法的许多领域有所运用。在欧盟法中，比例原则已经变成了欧洲的一条宪法性原则，它通常被用来平衡个人在货物、服务、劳工及资本自由流通中

---

① 参见［德］E. -U. 彼德斯曼《国际经济法的宪法功能与宪法问题》，何志鹏等译，高等教育出版社 2004 年版，第 516—517 页。

② 《国家对外国人造成损害的国际责任公约哈佛草案》第 6 条规定不得拒绝司法或行政救济；第 7 条规定不得拒绝公正的申诉；第 8 条规定行政决定或司法判决不得违法。See Louis B. Sohn & R. R. Baxter, "Responsibility of States for Injuries to the Economic Interests of Aliens: II. Draft Convention on the International Responsibility of States for Injuries to Aliens", *The American Journal of International Law*, Vol. 55, No. 3, Jul., 1961, pp. 548 - 584.

③ Louis B. Sohn & R. R. Baxter, "Responsibility of States for Injuries to the Economic Interests of Aliens: II. Draft Convention on the International Responsibility of States for Injuries to Aliens", *The American Journal of International Law*, Vol. 55, No. 3, Jul., 1961, pp. 548 - 584.

④ 孙笑侠：《法的观念与现象》，山东人民出版社 2001 年版，第 83 页。

的权利和成员国的公共利益。① 在 WTO 法律制度下，比例分析在平衡国际贸易制度的目标（尤其是贸易自由化、贸易方面的非歧视以及对非贸易壁垒的限制和审慎评价）与相冲突的政府合理目标（诸如对公共健康、公共道德与环境的保护等大多列举在《关税与贸易总协定》第 20 条中的目标）时发挥着日益重要的作用。② 在国际人道主义和人权法领域中，比例原则已经变成了习惯国际法的基本原则。③ 比例分析正日益得到投资仲裁庭的适用，其适用方法与许多国内法律秩序和其他国际争端解决制度（如欧共体/欧盟、欧洲人权法院或者 WTO）相类似。④ 2003 年，ICSID 在 Tecmed v. Mexico 案中首次适用了比例原则。后在 LG&E v. Argentina 案、Aucoven v. Venezuela 案、CMS v. Argentine 案、Azurix v. Argentina 案和 Siemens AG v. Argentina 案中，仲裁庭或者直接适用比例原则或者在相关问题的分析中提及比例原则。如 Tecmed v. Mexico 案的裁决意见指出："对外国投资者施加的费用和负担应与任何运用征收措施实现的目标保持一个合理的比例关系。"⑤ 诚如 LG&E 诉阿根廷案的仲裁庭认为国际投资协定通常并不排除东道国在公共利益方面的监管权力。相反，它强调国家有权采取具有社会或公共福利目的的措施。这一主张与一些国际法院和仲裁庭的观点是一致的，即一般而言，一国对其善意的监管行为无须承担国际责任。然而仲裁庭同时认为：在特殊情况下，如果一项措施明显有违比例，即使其是为了公共利益而实施的普遍监管也需要给予补偿。⑥ 近来的国际条约实践中也体现了类似的做法，例如美国近期的投资协定在对间接征收概念解释时就包含比例原则："如果缔约一方计划并实施的非歧视监管行为是为了保护合法的公共福利目标，如公共健康、安全与环境等，则不构成间接征收，除非其属于少数例外情况。"⑦ 这实质上是在间接征收概念的运用中引入了比例原则，

---

① Evelyn Ellis (ed.), *The Principle of Proportionality*, the Laws of Europe, 1999.

② Benedict Kingsbury 和 Stephan Schill：《作为治理形式的国际投资仲裁：公平与公正待遇、比例原则与新兴的全球行政法》，李书健、袁岐峰译，《国际经济法学刊》2011 年第 2 期。

③ "Military and Paramilitary Activities in and against Nicaragua, Judgment of 27 June 1986", *I. C. J. Reports 1986*, p. 14, paras. 176 – 194.

④ Benedict Kingsbury 和 Stephan Schill：《作为治理形式的国际投资仲裁：公平与公正待遇、比例原则与新兴的全球行政法》，李书健、袁岐峰译，《国际经济法学刊》2011 年第 2 期。

⑤ 同上。

⑥ 同上。

⑦ 学者普遍认为其包含的"少数例外情况"指的就是违背比例原则的情况。

因而有助于平衡投资保护与相抵触的公共政策目的。① 比例原则由此来平衡外国投资者的利益、一般的财产权利以及相互冲突的公共利益。②

比例原则（principle of proportionality），一般是指行政机关实施行政行为时：一是要考虑目的和手段之间的关系，不能为达目的不择手段；二是要在公共利益的实现和私人利益的保护之间进行合理权衡，不能过分强调某一方面；三是在必须限制私人权益时，要注重手段的必要性和伤害的最小性。它已成为许多国家行政法上一项重要的基本原则。比例原则不仅在许多大陆法系国家得到较为广泛的运用，而且许多英美法系国家也对比例原则进行了移植。③ 它已成为法治社会的一项最为重要的原则。学界通说认为，比例原则包含适当性原则、必要性原则和狭义比例原则三个子原则。④ 其基本理念在于：（1）限制政府机关过度的自由裁量权；（2）降低行政权对私权益的不当侵害，即要求行政机关在作出行为时，应当全面衡量有关的公共利益和个人利益，采取对公民权益造成最小限制或最小损害的行政行为；⑤（3）遏制行政权力的滥用。对比例原则来说，维护和发展公民权益是其最终归宿，利益衡量始终是其考虑的中心，经济分析是其最基本

---

① Benedict Kingsbury 和 Stephan Schill：《作为治理形式的国际投资仲裁：公平与公正待遇、比例原则与新兴的全球行政法》，李书健、袁岐峰译，《国际经济法学刊》2011 年第 2 期。

② 同上书，第 76 页。

③ 参见陈新民《行政法总论》，《行政法学研究》1998 年第 1 期；石佑启《私有财产权公法保护研究——宪法与行政法的视角》，北京大学出版社 2007 年版，第 132 页。

④ 1. 适当性原则，是指所采行的措施必须能够实现行政目的或至少有助于行政目的达成并且是正确的手段。也就是说，在目的—手段的关系上，必须是适当的。这个原则是一个"目的导向"的要求。2. 必要性原则，是指在前述"适当性"原则已获肯定后，在能达成法律目的诸方式中，应选择对公民权利最小侵害的方式。这里实际包含两层意思：其一，存在多个能够实现法律目的的行为方式，否则必要性原则将没有适用的余地；其二，在能够实现法律目的的诸方式中，选择对公民权利自由侵害最轻的一种。可见，必要性原则是从"法律后果"上来规范行政权力与其所采取的措施之间的比例关系的。3. 狭义比例原则，即行政权力所采取的措施与其所达到的目的之间必须合比例或相称。具体讲，要求行政主体执行职务时，面对多数可能选择之处置，应就方法与目的的关系权衡更有利者而为之。狭义比例性原则是从"价值取向"上来规范行政权力与其所采取的措施之间的比例关系的。但其所要求的目的与手段之间关系的考量，仍需要根据具体个案来决定。也就是说，狭义的比例原则并非一种精确无误的法则。它仍是一个抽象而非具体的概念。当然，狭义的比例原则也不是毫无标准，至少有三项重要的因素需要考虑：人性尊严不可侵犯的基本准则；公益的重要性；手段的适合性程度。

⑤ 王名扬、冯俊波：《论比例原则》，《时代法学》2005 年第 4 期。

的特点，追求公益和私益间合比例的最大化是其存在的关键。①

总之，比例原则所要求的是公益的维护与私权的保护之间要讲究平衡，唯其如此，才得以维持公共利益实现中的正义。同时，它也限制政府打着实现公共利益的旗号滥用权力，因为权力的滥用往往是对私权的漠视甚至是过度的伤害，显然难以达到此种平衡。因此，比例原则应该成为实现国际投资协定中公共利益的合适途径。比例分析为平衡不同利益提供了一个理性的程序，这本身也是对投资条约的合理解释。②

二 正当程序原则是实现国际投资协定中公共利益的有效保障

正当程序（due process 或 due process of law）原则虽然源自英美法系国家，但其已为世界绝大多数国家所接受，是现代法治的一项基本原则。"正当法律程序"经美国宪法修正案确立以后，该条款作为人权保障的基石，成为现代西方立宪主义的核心。③它意味着政府只能按照法律确立的方式和法律为保护个人权利对政府施加的限制进行活动。④

正当法律程序的含义在于防止公权力不依法定程序而恣意侵害人身自由等公民权利，确保政府权力的行使过程必须满足某种最低限度的公平。它建立在政府不得专横、任性地行事的原则之上，专注于政府政策执行的方法和程序，保证政府施加管制或惩罚的过程的公正性与合法性。这是因为，程序具有抑制行为随意性的特点。也就是说，通过程序的时间和空间要素来克服和防止行为的人格化。⑤正如罗尔斯所主张，公正的法治秩序是正义的基本要求，而法治取决于一定形式的正当过程，正当过程又主要通过程序来体现。⑥美国最高法院大法官威廉·道格拉斯也认为：正是程序决定了法治与恣意的人治之间的基本区别。⑦缺乏程序原则的法制是难

---

① 何景春：《行政比例与合理性原则的比较研究》，《行政法学研究》2004 年第 2 期。

② Benedict Kingsbury 和 Stephan Schill：《作为治理形式的国际投资仲裁：公平与公正待遇、比例原则与新兴的全球行政法》，李书健、袁岐峰译，《国际经济法学刊》2011 年第 2 期。

③ 季卫东：《法律程序的意义》，《中国社会科学》1993 年第 1 期。

④ [美] 彼得·G. 伦斯特洛姆编：《美国法律辞典》，贺卫方等译，中国政法大学出版社 1998 年版，第 15 页。

⑤ 孙笑侠主编：《法理学》，中国政法大学出版社 1998 年版，第 150 页。

⑥ John Rawls, *A Theory of Justice*, The Belknap Press of Harvard University Press, 1971, p. 239. 转引自季卫东《程序比较论》，《比较法研究》1993 年第 1 期。

⑦ 转引自季卫东《法治秩序的建构》，中国政法大学出版社 1999 年版，第 3 页。

以协调存在的，硬要推行之，则极易与古代法家的严刑峻法同构化。其结果，往往是"'治法'存、法治亡"①。

正当法律程序的本质就是限制政府权力和保护公民权利。它拥有两个基本功能：一是防止公权力滥用，遏制腐败；二是保障人权，保护公民、法人和其他组织的合法权益不受公权力主体滥权、恣意行为侵犯。正如《不列颠百科全书》所言：正当程序指按照各个法律制度中制定的规则和原则保护个人权利的行使的诉讼程序。在各个案件中，正当程序要求政府按照公认的保护个人权利的保护条款，根据法律的允许和授权行使其权利。② 所以，正当程序原则本身就是对财产权重要的实质性保护，它包括了所有对政府干预财产权的行为所作的来自宪法的明示与默示的限制。③ 征收中大概最明确无疑的条件是征收绝不能是专断的，必须根据正当通过的法律。④ 所以，大多数国家的宪法都明白无误地规定了，征收必须依照正当程序原则。如，美国宪法第 5 条修正案规定：不经正当法律程序，不得剥夺任何人的生命、自由或财产；不给予公平补偿，私有财产不得充作公用；其第 14 条修正案第 1 款规定：不经正当法律程序，不得剥夺任何人的生命、自由或财产；在州管辖范围内，也不得拒绝给任何人以平等法律保护。在美国受正当程序保护的财产包括：可能由州法律所给予的各种权利，诸如领取某些执照的权利，保障某些职业不被解雇的权利——除非有正当理由（如不能胜任本职工作），并按一定程序处理某些特定养老金不被剥夺的权利。⑤ 随着自由和财产含义的扩大，自由权与财产权之间的区别模糊了，权利与特权之间的差别缩小了。如今，公共福利、住房、教育、就业、专业执照等越来越成为应得权利事宜，剥夺这些权利就需要某种形式的正当程序。⑥

另外，绝大多数国际投资协定的征收条款中都包含了正当程序的要

---

① 季卫东：《法治秩序的建构》，中国政法大学出版社 1999 年版，第 10 页。
② 《不列颠百科全书》（第五卷），中国大百科全书出版社 1999 年版，第 430 页。
③ ［美］施瓦茨：《美国法律史》，王军等译，中国政法大学出版 1990 年版，第 117 页。
④ 詹宁斯、瓦茨修订：《奥本海国际法》（第一卷第二分册），王铁崖等译，中国大百科全书出版社 1998 年版，第 325 页。
⑤ ［美］伯恩斯等：《民治政府：美国政府与政治》（第二十版），吴爱明等译，中国人民大学出版社 2007 年版，第 498 页。
⑥ ［美］伯恩斯等：《民治政府：美国政府与政治》（第十四版），陆震纶等译，中国社会科学出版社 1996 年版，第 210 页。

求，要求征收符合法律的正当程序。例如 1988 年丹麦—匈牙利的 BIT 规定："根据实施征收行为的缔约国的法律，投资者应当享有由司法或者其他独立的部门进行快速审查的权利。"1990 年美国—突尼斯的 BIT 规定："任何缔约方的自然人或者法人若声称所有或者部分的投资被对方征收，则应当就该项征收是否发生，以及该项征收及其补偿是否符合国际法的原则事宜享有由适当的司法或者行政机构进行迅速的审查的权利。"中国—西班牙 BIT 第 4 条第 1 款规定："缔约任何一方不得对缔约另一方投资者在其领土内的投资征收、国有化或采取其他效果相同的类似措施，除非满足下述条件：（1）为公共利益；（2）依照国内法律程序；（3）该征收是非歧视性的；（4）并且给予补偿。"

所有这些都充分地说明现代法治的基本理念之一就是"法律行为需要按照为保护与执行私人权利所已确立起来的规则与原则进行"[1]。随着政府权力持续不断地急剧增长，只有依靠程序公正，权力才可能变得让人容忍。[2] 在对各种可能的选择谨慎地加以权衡之后精雕细刻出的程序，是保证一个文明社会认为值得保护的所有不同权利最大限度的实现的唯一方法。[3] 正当程序原则是法治的一项基本原则，它不仅包含于各国的宪法之中，并且，不论是国内法还是国际法，在论及对私人财产予以征收时无不规定"经过正当法律程序"这一限制性条件。它可以较好地遏制政府的恣意，是防止政府权力滥用的有力屏障，从而成为公共利益实现，特别是本书论及的国际投资协定中公共利益实现的有力保障。

三 给予补偿原则是实现国际投资协定中公共利益的有力制衡

对征收范围的限定和对征收补偿合理性的认定，是征收权和财产权得以平衡的两个支点，二者缺一不可。征收条款似乎把国家局限在两种选择

---

[1] Bryan A. Garner (ed.), *Black's law Dictionary*, 9th ed., West Publishing Co., 2004, p. 538.

[2] [英] 威廉·韦德：《行政法》，徐炳译，中国大百科全书出版社 1997 年版，第 93 页。

[3] [美] 卡尔·弗里德里希：《超验主义：宪法的宗教之维》，周勇、王丽芝译，生活·读书·新知三联书店 1997 年版，第 107 页。

当中：要么不去征收；要么为所征收的财产支付补偿。① 此所谓有信赖，有损害，必有补偿，这是法治社会对社会成员的基本承诺。② 征收的另一个普遍接受的必要条件是，必须为被征收的财产付给补偿。③

尽管财产权具有社会义务性，其受到一定的限制，但并不意味着财产权不受保障。根据林来梵先生的研究，现代宪法对财产权的保障，就其规范的内容来说蕴含了三重结构：不可侵犯条款（或保障条款）、制约条款（或限制条款）和征收补偿条款（或损失补偿条款）。而其中的补偿条款又进而对财产权的制约进行制衡，从而既维护了不可侵犯条款所确立的前提规范，又为制约条款在整个规范内部提供了恰到好处的缓冲机制。④ 所以，征收补偿是财产权保障的必然要求和应有之义。从来没有哪个制度否认过政府的征用权，重要的是征用的法律限制。⑤

诚如奥托·迈耶所言，任何财产权的行使都要受到一定内在的、社会的限制，当财产的征收或限制超出这个内在限制时，即产生补偿问题。也就是说，对行使所有权的内在社会限制是所有公民都平等承受的一定负担，不需要赔偿。然而，当这种负担落到某个个别公民头上，它就变成了一种特殊的牺牲，就必须进行补偿。⑥ 至于是否能称为特别牺牲，则应综合考虑以下两个要件：一是形式要件，即侵害行为的对象是广泛的一般人还是特定的个人或集团；二是实质要件，即侵害行为是在财产权内在的社会性制约所应忍受的限度之内，还是超出了该限度，达到了几乎侵害财产权之本质内容的强度。⑦

---

① ［美］理查德·A. 艾珀斯坦：《征收——私人财产和征用权》，李昊等译，中国人民大学出版社2011年版，第119页。

② 石佑启：《私有财产权公法保护研究——宪法与行政法的视角》，北京大学出版社2007年版，第109页。

③ 詹宁斯、瓦茨修订：《奥本海国际法》，王铁崖等译，中国大百科全书出版社1998年版，第325页。

④ 林来梵：《论私人财产权的宪法保障》，《法学》1999年第3期。

⑤ ［美］亨金等：《宪政与权利》，郑戈等译，生活·读书·新知三联书店1996年版，第156页。

⑥ 转引自周汉华、何峻编《外国国家赔偿制度比较》，警官教育出版社1992年版，第189页。

⑦ ［日］芦部信喜：《宪法》（第三版），林来梵等译，北京大学出版社2006年版，第207页。

当财产权人因征收而遭受"特别牺牲"时，根据公法征收征用理论，从保障公民财产权不受侵犯以及社会成员共同负担社会责任原则出发，国家应代表整个社会对作出"特别牺牲"的社会成员予以补偿。① 补偿的"充分"、"公正"、"合理"，是司法或准司法机关判定的事，现在也写进了大多数工业化国家的宪法。② 从经济学角度分析，个人对财产损失要求补偿并不是政府给予补偿的原因，而是因为"补偿金支付有利于让政府对过度征收买单，从而控制过度征收"③。征收权只有受到"公共使用"与"合理补偿"的双重约束，征收权的运用才可能创造出社会净福利，也只有这样才能保证公民对财产权利的有效运用。④ 所以，公正补偿的主要功用一方面在于给予在财产权方面作出特别牺牲的私人以补偿。正如奥托·迈耶（Otto Mayer）所主张的，这种牺牲不应该由作出特别牺牲的个人来负担，而必须由公众平均负担。办法是通过国家从公众的税收——国库中支付，给作出特别牺牲者一定的补偿。即以国家负担的形式，有组织地予以平均化，即经由损害补偿而转嫁给国民全体。唯有如此方才符合自然法上的公平正义精神，并求得国家公益与个人利益之间的协调。⑤ 另一方面则是通过政府在财政方面的支出而制衡政府对治安权的行使，防止其肆意侵犯私人财产权。正如波斯纳在分析政府支付补偿义务为何具有威慑作用时所言："从经济学的角度来看，公正补偿最简单的理由就是它能避免政府滥用手中的征用权。"⑥ 如果政府能随意地获取资源而不用支付相应代价，那么它将不会感受到因价格体系所产生的充分利用这种资源的激励。由此产生的后果是：各种社会资源将会从高效使用流向低效使用。而补偿的义务将会警示政府慎用手中的政治权力。⑦ 诚如詹姆斯·肯特

---

① 陈新民：《宪法基本权利之基本理论（上）》，三民书局1996年版，第285页。

② [美]亨金等：《宪政与权利》，郑戈等译，生活·读书·新知三联书店1996年版，第158页。

③ Steven Shavell, *Foundations of Economic Analysis of Law*, Harvard University Press, 2004, pp. 127–134.

④ Robert Cooter and Thomas Ulen, *Law and Economics*, sixth edition, Prentice Hall, 2011, p. 287.

⑤ 城仲模：《行政法之基础理论》，三民书局1994年版，第664页。

⑥ See Michael A. Heller & James E. Krier, "Deterrence and Distribution in the Law of Takings", *Harvard Law Review*, Vol. 112, 1999, p. 999.

⑦ Ibid.

(James Kent)所言,它是对政府权力的"遏制"。① 在私人财产权"针对国家"的格局下,财产权处于"防御国家的不正当侵犯"与"国家可予正当侵犯"的二律背反之中,而消解这一现代性的矛盾,则有赖于各国近代宪法中已经预备的征用补偿条款。征用补偿条款规定国家根据公共需要对私人财产进行征用时必须予以适当补偿,这协调了私人财产权与国家权力之间的冲突。②

---

① See Michael A. Heller & James E. Krier, "Deterrence and Distribution in the Law of Takings", *Harvard Law Review*, Vol. 112, 1999, p. 999.

② 林来梵:《针对国家享有的财产权——从比较法角度的一个考察》,《法商研究》2003年第1期。

第二章

国际投资协定中的重大安全例外条款

重大安全例外又称为根本安全例外①,是例外条款的一种。重大安全例外条款以维护国家利益为出发点,对保护一国的根本利益至关重要,发挥着"安全阀"的作用。

例外条款也称为"逃避条款"、"免责条款",是指在一定条件下排除缔约国行为违约性的条款,即协议允许各成员国在协议的正常实施过程中,当出现协议规定的特定情形时,暂停施行其根据协议所承担的义务,在暂停实施期间,各成员履行协议的特定义务被暂时解除,但协议在此期间仍有效,处于"休眠状态"。一旦特定情形消失或暂停实施期间届满,协议将自动恢复履行。② 重大安全例外条款,在国际贸易协定和国际投资协定中是较为普遍的一项条款,出现历史也较早,在 18 世纪的友好通商航海条约中就已见雏形,WTO、EU、NAFTA 等多边协定中也包含此条款。不论是 GATT,还是各项乌拉圭回合协议,其中有一项非常重要的特征是,几乎各项法律文件中都包括了关于安全利益例外的条款规定,其数量和种类之多,在别的国际协定中是难以看到的,而这其中的根本安全利益例外条款就是一个很重要的组成因素。③ 鉴于在贸易自由化与缔约方公共政策目标的比较关系中,对于一个主权国家,国家安全利益仍然是首要

---

① 在多数设有安全例外的国际投资协定中,对这一条款的称谓有"重大安全"(Essential Security, United States and Uruguay 2005, Article 18),有的使用"一般与安全例外"(General and Security Exceptions),还有的使用"国家安全"(National security clause, Economic Partnership, Political Coordination and Cooperation Agreement concluded between the EU and Mexico, 2000, Article 52; NAFTA, Article 2102),本书对于维护国家安全利益而设定的例外条款统一称为"重大安全例外条款"。

② 陈卫东:《WTO 例外条款解读》,对外经济贸易大学出版社 2002 年版,第 3 页。

③ 参见李广辉、李红《世贸组织例外规则的法律分析》,《云南大学学报》2005 年第 3 期。

的、最根本的内容，因此不仅仅在 WTO 协定中，还是在投资协定乃至其他经济类国际协定中，总会见到重大安全例外的相关规定。不论是发达国家还是发展中国家的 BIT 范本中，通常都规定了此条款。根据联合国贸发委会议（UNCTAD）的统计，截至 2008 年年底，世界各国签订的 BITs 数量约为 2676 个，其中包含重大安全例外条款的有 200 个。①

重大安全例外条款在偏重保护投资者利益的国际投资协定结构中，对平衡东道国利益和投资者利益发挥着作用。国际投资协定以保护外国投资者的利益为宗旨，很少设置维护东道国利益的法律机制，而且"近来的投资仲裁也过于强调投资者的保护，进一步导致投资者与东道国权益保护的失衡，加剧了东道国与投资者之间的矛盾和冲突"②。在保护投资者私人经济利益的同时，也不应该忽视公共利益的目标，例如国家安全、公共秩序、公共健康道德等具有关乎国家和国际共同体全局的利益。国际投资协定中的例外条款就是缔约国设置的"安全阀"，当缔约国面临严重的经济、社会，甚至政治危机或者危及其经济的可持续发展和人民福祉时，可采用此条款采取措施而免责。③

各国在外资的准入阶段依据本国的国情，采取强度不同的审查措施，实践中，对外国投资者的管理不仅限于准入时甄别哪些投资者是东道国排斥的，而且在外资进入一国后的持续运营阶段，外国投资者的运营活动也要受东道国监管。近些年兴起的外资并购中的国家安全审查制度是发达国家针对战略性产业已经大量采用的措施④，国家在外资准入时通过国家安全审查制度对外国投资进行审查，以确保进入东道国的投资没有国家安全威胁，能够促进东道国经济、社会的发展。但是，这无法确保准入时没有安全威胁的投资在运营阶段，由于国际国内形势变化不会对东道国带来安

---

① *Bilateral Investment Treaties 1995—2006: Trends in Investment Rulemaking*, United Nations, New York and Geneva, 2007, p. 87.

② 余劲松：《国际投资条约中的投资者与东道国权益保护平衡问题研究》，《中国法学》2011 年第 2 期。

③ 同上。

④ 近年如雨后春笋般发展的外资并购国家安全审查制度就是针对外资进入时的排除措施，2007 年以美国为代表的外资并购国家安全审查相关法律的修订，提高审查标准，收紧了外资进入的安全阀，随后澳大利亚、德国、加拿大都相继修订了外资并购国家安全审查法，中国在 2011 年 2 月也发布了《关于建立外国投资者并购境内企业安全审查制度的通知》，建立了中国外资并购国家安全审查制度。

全威胁，东道国基于维护国家根本安全利益的目的，要求已经建立的外资企业强行关闭或者卖给国内企业，提出重新协商投资许可协议，重大安全例外条款允许国家在符合条款规定的事由出现的任何时候，暂时背离准入阶段对投资者的承诺而不承担国家责任。对于发展中国家，国家应对风险的能力较发达国家薄弱很多，当遇到经济危机时会大规模采取维护稳定经济、国家安全利益的措施。东道国在经济危机中采取的措施往往具有极端性和普遍性，对外国投资者的权益往往带来巨大的侵蚀，例如，在2000—2003年阿根廷经济危机中，阿根廷政府发布《紧急措施法》[①]等冻结存款、延长债券期限、调整汇率制度的一系列措施，对外国投资者的经济利益和发展战略带来了巨大的损害，而很容易被认定为征收。因此，准入前的国家安全审查制度具有局限性，重大安全例外条款在准入的后续阶段为东道国提供了相对灵活的机制。在国际投资领域，不论是发达国家还是发展中国家作为东道国，谁都不能断言不断发展的国内外情况不会威胁到自身的安全利益，国家安全考虑是国际投资领域具有普遍性、重要性意义的课题。国家在签订国际投资协定时，都期望将国家安全利益作为保护外国投资者利益之上的更高利益予以优先保护，希望在援引重大安全例外条款方面有广阔的自由空间。

虽然重大安全例外相对于其他例外而言，在国际投资协定中已是一项被普遍设定的条款，但是对其中的措辞、范围和内容还有一定的争议。重大安全的范围从早期的军事领域扩展到包括环境、经济、人道主义的广泛内容，在争端解决中，安全例外的范围界定为安全例外条款的解释奠定了基础，"争端发生时，所要的不是抽象的清楚，而是对特定情况的清楚，而很少条约中的重大安全例外的规定被认为是清楚没有问题的"[②]。其次，重大安全例外条款与习惯国际法中危急情况的关系也是在投资仲裁实践中经常引发争议的问题，如两者的适用条件是否相同，是否都受到非常严苛的限制等。最后是重大安全例外条款的性质，国家受到安全威胁的判断权属于仲裁庭还是东道国自己，也是重大安全例外需要澄清的法律问题。

---

① See ICSID Case No. ARB/03/9（Award）：Continental Casualty Company（Claimant）v. Argentine Republic（Respondent），September 5 2008，paras. 111 – 120.

② 李小霞：《国际投资条约中的根本安全例外条款研究》，法律出版社2012年版，第34页。

第一节　重大安全例外条款适用范围的政策选择

在国际投资协定中设置重大安全例外条款，首要考虑的问题是此条款的适用范围，一般而言，这一条款在国际投资协定中的设计有三种可能选择：（1）重大安全例外适用于投资建立前；（2）重大安全例外适用于投资建立后；（3）仅排除某些条款的适用。不同的选择决定了安全例外条款的适用范围，产生不同的法律效果，决定了对投资保护的程度。

一　适用于投资准入阶段

在国际投资协定中很少有将安全例外条款适用于投资建立前的情况，因为到目前为止，大多数国家尚没有将国民待遇、最惠国待遇适用于准入阶段，把适用于国内投资者的待遇无差别地适用于所有的外国投资者，这样做不现实也没有必要。从国家安全的考虑出发，"东道国会有很多替代性措施，例如可以把安全敏感部门和战略性产业在准入阶段从获准的投资范围内排除掉"[1]，东道国在投资进入时用国家安全审查制度就能实现限制具有安全威胁的外国投资的目标。对于国民待遇等实体权利义务适用于准入前的东道国，就需要考虑是否将重大安全例外条款适用于建立前的阶段，在投资设立前援引例外条款可以实现投资准入阶段的重大安全的维护。

近些年来[2]各国利用外资并购审查来加强国家安全审查。在 OECD 的研究报告中，目前已有 11 个国家建立了国家安全审查制度[3]，这些

---

[1] See UNCTAD Series on International Investment Policies for Development, United Nations, New York and Geneva, 2009, p. 120, available at http：//www.unctad.org/en/docs/diaeia20085_ en. pdf.

[2] See more governments invoke national security to restrict foreign investment, available at http：//www.oecd.org/document/22/0,3746,en_ 2649_ 34887_ 43384662_ 1_ 1_ 1_ 1,00. html, visited on June 16, 2011.

[3] OECD, Identification of foreign investors: a fact finding survey of investment review procedures, p. 3, available at www.oecd.org/daf/investment.

国家①通过国家安全审查法律机制，有效地实现了投资建立前排除具有国家安全威胁的资本流入，这使重大安全例外条款在一般情况下不需要适用于投资建立前。不同国家依据不同的法律体制，在国家安全审查问题上呈现出不同的立法特征，但是这些带有国别差异的国家安全审查制度都围绕以下三个核心问题展开：(1) 申报制度；(2) 审查标准；(3) 审查机构在投资准入时，依据本国的投资政策和国家安全计划否决具有国家安全威胁的投资进入本国建立投资实体，最大限度地促进有益投资流入。

（一）申报制度

申报制度是行政机关在对行政相对人进行某种资质的审核时，通过政府主动调查或者要求行政相对人提交相关材料以便于被审核的制度。申报制度有两种形式，一种是由投资者自己向行政机关提供相关信息，或是自愿申报，或是强制申报；另一种是政府负有对相关信息进行收集和审查的义务，如德国。一般而言，各国采取自愿申报和强制申报相结合的申报制度。自愿申报是指投资交易各方，主动向主管部门进行申报接受审查，将投资交易的不确定性提前落实的申报制度。毫无疑问，这样大大节省了由于交易的不确定性所带来的一系列交易成本，同时审查机构也因此而节约了很大一部分收集资料等管理资源。与自愿申报相对应的强制申报也是不可或缺的，从本质上而言，这是政府管理的一种强制措施，这样的强制措施是针对国家认为必要而当事方未主动申报的交易进行的，强制申报保障了国家安全审查制度更全面地启动。包括美国、中国在内的大部分国家采取的都是这种强制申报和自愿申报相结合的制度。

通过对已经建立国家安全审查制度国家的申报制度进行的研究，能够得知政府是如何审查和澄清投资者身份的，而第二阶段的进一步深入审查所要求的信息和方式就不大容易得知。② 各国政府在申报制度中对投资者提供信息所要求的程度和标准有差异，但首要目标都是对投资者身份进行

---

① 这些国家包括澳大利亚、加拿大、中国、法国、德国、日本、韩国、墨西哥、新西兰、俄罗斯、印度等，其中 2007 年美国开始修订国家安全审查的相关法律，提高了审查标准，扩大了安全审查的范围，加强了国家安全在国际投资中的考虑。随之德国、加拿大、澳大利亚、英国、中国等国家都不同程度地对国内的国家安全审查制度进行了修订，国内外也相继出现了很多研究此类新发展问题的学术论文。

② See OECD, *Identification of foreign investors: a fact finding survey of investment review procedures*, p. 8, available at www.oecd.org/dataoecd/4/3/45425060.pdf.

识别，"因为要理解投资者投资的性质、目的和动机，例如，获得了可靠的投资者身份信息，就有助于接受国阻止敌对国的外资进入，恐怖主义、有组织犯罪等有安全威胁的投资也能尽早被发现，同时政府也希望能够设计一种程序，便于不对合法有益的投资带来不必要的申报负担"①。各国每年要面对十分繁重的审查任务，申报制度的合理设计能提高行政效率、减轻行政负担。对于自愿申报，有申报义务的外国投资者也在进行一种公共—私人之间的风险权衡，在为审查机构准备审查带来的相关成本与当审查机构发现投资不会带来安全风险的法律确信两者之间进行权衡，投资者扮演了希望引起审查机构关注其有利的投资计划的角色。② 这种机制越有效运行，强制申报的范围就越小，政府实现行政目标的负担也越小、行政效率越高。

（二）审查标准

审查标准是一国政府在投资准入阶段进行安全审查的关键内容。审查标准的高低直接决定相关投资能否顺利进入东道国。审查标准的两个门槛有效阻止了具有安全威胁的投资流入东道国：第一个标准是部门清单，第二个标准是投资规模。

行政机关在投资准入阶段进行国家安全审查，很多国家列举了部门清单，依据国家的外资政策和发展战略计划，将国家的产业部门分为一般准入领域和敏感领域。当然，也不是所有的国家都通过部门清单来限制外国投资的进入，如表1所示，澳大利亚、加拿大、德国、新西兰等国家均无部门清单列表，这些国家采取更开放的投资政策。对于有部门清单的国家，若外国投资计划属于部门清单的一般领域或者清单之外的领域，投资将免于申报或者经过初审就批准投资的设立。如果投资属于该部门清单中的重点审查部门或者敏感领域，此种投资会进入更深入的审查——调查阶段，要求申请者提供进一步的信息或者展开协商谈判，最终决定这样的投资计划能否通过。

规模标准基于投资价值的大小或者控制权来划分，在这些规模之下的投资被视为安全威胁很低，一般免于审查或仅经过初步审核就能通过。各

---

① See OECD, *Identification of foreign investors: a fact finding survey of investment review procedures*, p. 9, available at www.oecd.org/dataoecd/4/3/45425060.pdf.

② Ibid., pp. 7 - 8.

国除了设定规模标准之外，还有较为原则、抽象的审查标准作为以上两个标准的补充，也为以上两个标准提供了更大的自由裁量空间，增强了两个标准的灵活性。在特定情况下，即便是符合以上两个标准之下的投资，也可以援用这些抽象标准否决看起来安全威胁较低的投资。如澳大利亚的核心标准是"与国家利益相违背"，加拿大的核心标准是"净利益标准"和"对国家安全损害标准"，还有的国家确立了相对明确的核心标准，如新西兰（见表1）。这三个标准的有机结合，有助于提高行政效率，为投资者提供可预见的参考标准，在准入阶段排除具有国家安全威胁的外国投资。

表 1　　　　　　　　　相关国家审查标准对比表

国家	是否有部门列表	控股规模	审查标准
澳大利亚	无（除了美一澳自由贸易协定）	非居民土地，居民不动产，城市土地公司，信托资产，外国政府进行的直接投资：没有门槛要求 美国投资者：敏感部门是2.19亿澳元，非居民商业不动产外，如果没有列入遗产名录的是5000万澳元，列入的是500万澳元	与国家利益相违背
加拿大	无	国家安全审查没有门槛限制	一项投资是需要审查的，当与公共安全与能源预备部进行咨询后，如果工业部部长认为对国家安全将会造成损害，理事会主管人员在工业部部长的推荐下，就会在规定的时间内对投资进行审查
中国	有	并购的自然控制	投资已经或者将要对国家安全产生影响，引起对民族企业所有的驰名商标，或者拥有悠久历史的自然权利的转移。如果一个人认为不提交报告，其并购就会严重影响到民族经济安全
法国	有	33%（非欧盟投资者）或者50%（欧盟投资者）并购的表决权、份额或者事实上的控制权	与公共秩序、公共安全和国防利益（部门）相违背
德国	无	由实体控制超过25%德国的商业控制权，当25%或者更多的份额有非欧盟投资者的个人或者联合控制	与公共秩序或者国家安全相违背
日本	有	原则上10%或者更多的份额	损害国家安全，扰乱公共秩序的维持，或者阻碍了公共安全的维护

续表

国家	是否有部门列表	控股规模	审查标准
韩国	有	对于非特定部门没有限制，但是对其他部门要有效地进行控制	对保持国家安全和公共秩序带来了威胁，已经或者将要对公共卫生或者环境的保护带来危害，或者与韩国的道德和习俗相矛盾
墨西哥	有	多余49%的并购控制权利或者份额	与国家安全相违背
新西兰	无	并购或者在已经存在的新西兰25%以上的资产又进行增加	投资将有可能策略性地控制新西兰的重要资产和土地
俄罗斯	有	取决于部门和投资者的身份来决定控制门槛	国家安全

资料来源：OECD, Identification of foreign investors: a fact finding survey of investment review procedures 的附件表二整理。

（三）审查机构的成员关系

审查机构由一国政府的哪些部门构成，不同的国家也有不同的选择。审查机构的部门构成形成了审查机构的成员关系，这反映了东道国要求外国投资者申报信息的内容与信息来源。从调查来看，这些机构的组成部门呈现出越来越广泛化的趋势，几乎覆盖了一国部级以上的所有部门，审查机构成了"整个政府的论坛"，[1] 这一论坛中的所有信息，各机构部门之间能够实现共享。在已建立国家安全审查制度的国家中，加拿大依据《投资加拿大法案》规定了19个合格的审查和调查实体。[2] 韩国由金融、经济部长在内的12个部长联合审查，中国在2011年2月国务院发布的《关于建立外国投资者并购境内企业安全审查制度的通知》中，也确立了由商务部牵头，国家发展和改革委员会及地方政府的商务厅（取决于投资规模）根据外资并购所涉及的行业和领域，会同相关部门开展并购安全审查的成员关系。这种联席会议的审查方式也反映了国家安全审查制度的国际发展趋向。

---

[1] See OECD, *Identification of foreign investors: a fact finding survey of investment review procedures*, p. 3 and p. 11, available at www.oecd.org/dataoecd/4/3/45425060.pdf.

[2] 参见表2。

表2　　相关国家审查机构的成员关系

澳大利亚	投资专家来自公共和私人部门，财政部的外国投资审查委员会（FIRB）运行此程序。FIRB的相关单位与其他政府部门核查信息
加拿大	《投资加拿大法案》规定19个合格的调查实体和调查实体分类：工业部，加拿大遗产部，公共安全与紧急预备部，加拿大安全情报服务部，皇家加拿大武装警察部，加拿大边境服务机构，通信安全设施部，国防部，国防、外国事务与国际贸易部，司法部，国家能源部，交通部，加拿大税收机构，枢密院，公共事业与政府服务部，加拿大公共卫生机构，健康部，公民关系与移民部，财政部，区域与市政警察力量
中国	国务院（>5亿美元），国家发展和改革委员会，商务部（国家或者当地的，取决于投资规模）+有胜任能力的部门（取决于投资部门）
法国	经济、工业、劳动部，包括国防部在内的其他部核实
德国	经济事务部的行政组
日本	经济、贸易、工业部+胜任的投资部门，从顾客、关税、外汇与其他交易部的理事会征求意见
韩国	由委员会牵头的包括其他12个金融和经济部长（外务贸易部，政府行政与国内事务，文化旅游，农林业，商业，工业与能源，信息通信，环境，劳工，交通建设，海洋渔业事务，计划与预算）
墨西哥	包括国内事务，对外事务，财政与公共信贷，社会福利，生态与自然资源，能源经济，通信交通，工作事务，旅游部。经济主席部长，外国投资综合管理办公室（经济部长的一部分）是对外国投资法有责任的调查分支机构
新西兰	财政部长命名的管理者，海外投资办公室可以与其认为合适的人咨询，包括其他政府部门
俄国	有16人联席组成的委员会，由主要部长，包括一些公共机构的首长组成（例如联邦安全服务与联邦反垄断委员会）
美国	美国外国投资审查委员会（CFIUS）由财政部秘书为主席。成员包括司法部，国土安全部，商务部，州，能源部，美国贸易代表办公室，科学技术政策办公室。作为观察员的：管理与预算办公室；经济顾问理事会；国家安全理事会；国家经济理事会；国土安全理事会；国家知识产权部主任；劳工秘书，这些是没有投票权，行使由法律和规则规定的角色CFIUS的官方外的权力

资料来源：OECD, Identification of foreign investors: a fact finding survey of investment review procedures 的附件表三整理。

二　适用于营运（准入后）阶段

当前大多数国际投资协定不将东道国的约束性义务扩展到准入前的阶段，也就是说在准入阶段不需要适用非歧视待遇原则，东道国可以对外国投资者依据国家重大安全利益的需要否决某些领域的投资和商业活动。但是，也有一些推行自由化的国家将非歧视待遇适用于投资准入前，若因国家安全的原因拒绝外国投资者的某些投资，将敏感性和战略性产业留给国内投资者，而与非歧视待遇相违背，就有必要援引重大安全例外免责。

在投资准入阶段，排除那些具有国家安全威胁的外国资本进入东道国之后，运营阶段发生东道国重大安全受到威胁的情势时，大多数国际投资协定选择的方法是通过重大安全例外条款允许东道国采取违反约束缔约方实体义务的措施。特别是，在准入阶段允许外资进入的部门和投资活动，在投资建立后，相关的部门逐渐具有了战略重要性，国家需要重新谈判投资合同或者强行要求外国投资者卖给国内企业，依据投资协定就要产生补偿的国家责任，重大安全例外此时可以发挥安全阀的作用，免除国家责任。

重大安全例外为东道国因经济危机采取措施提供了正当性理由。随着全球化的扩展，金融经济危机的传染性愈加明显，不论是发达国家还是发展中国家，面临经济危机，为了稳定国内经济而采取紧急措施，对所有已经建立的投资者都会产生影响，如果投资者的利益遭到了损失，按照国际投资协定的义务应当进行补偿，但是这样对危难之中的东道国显示公正，也违反国家经济主权原则。因此，国家因经济危机采取紧急措施应当具有免除国家责任的正当性，而重大安全例外正是维护国家安全利益的免责条款。

除了实体义务方面适用重大例外之外，也可以延伸到程序性事项。一些国际投资协定要求东道国面临国家安全威胁时限制透明度，外国投资者不得获取某些信息，因为某些信息的公开会对东道国造成安全威胁。特别是在投资者—国家间争端解决中，限制公众参与争端解决程序，这也是考虑到公众参与会使国家利益受到安全威胁。

三 排除对某些核心义务的适用

一般而言，重大安全例外条款的规定对国际投资协定中的所有实体权利和义务都适用，但是有的国际投资协定排除了如征收补偿条款的适用，以确保一些重大的投资利益不受减损。《欧洲能源宪章》第 24 条例外条款的第 1 款排除了依据第 12 条（对损失的补偿）、第 13 条（征收）和第 29 条（TRIMs 的中止措施的规定）的适用，同样的，第 24 条第 2 款（i）项的一般例外保护人类、动植物生命健康的要求也不适用于条约第三部分的规定。① 这样东道国在任何情况下都对外国投资者的投资利益给予基本保障。这种排除某些条款适用的选择，在寻求东道国安全利益和投资保护的协调中，仍然是倚重对外国投资的保护，认为受到安全威胁时采取措施给予外国投资者补偿是值得的。因为，"相对于广义和开放的安全例外，这种约束就不存在，短期的优势对长期来说是代价较高的，因为减少了东道国对外国投资的吸引力，其实，当经济危机到来时，很难确保安全例外条款是不适用国际投资协定的核心条款的"②。产生安全威胁的情况毕竟不是常态，东道国对外国投资者的损失赔偿远小于具有吸引力的投资环境带来的收益，从这个角度来看，排除核心条款适用重大安全例外的政策选择也具有吸引力。

第二节　重大安全例外条款的适用条件

一　"重大安全"的界定

重大安全范围的大小决定了国家采取的什么措施可以援引重大安全例外条款而免责，因此，其范围的大小决定了该条款门槛的高低。如果采取广义的方法来界定，国家安全的范围很宽，一国就可以在较大的范围内选择应对国家安全威胁的措施，由此产生的免责情形也就越多，东道国的自由裁量空间就大，这样对投资者而言，降低了投资条约条款的约束力和预见性，削弱了对外国投资的保护。相反，国家安全采取狭义的方法界定，东道国采取应对措施的范围就受到限制，援引重大安全例外条款免责的自由度降低，东道国维护国家主权利益的权利就受到限制，提高了对外国投资的保护。然而，"重大安全"这一术语从纳入国家利益的范围时起，就

---

① 第三部分：促进及保护投资。第10条促进、保护投资及其待遇；第11条主要职员；第12条损失赔偿；第13条征用；第14条相关投资的转移；第15条权利转移；第16条与其他条约的关系；第17条某些条件下第三部分不适用。See OECD, *Negotiating Group on the Multilateral Agreement on Investment (MAI): national security measures*, 1995, p.4, available at http://www.oecd.org/daf/mai/pdf/ng/ng957e.pdf.

② UNCTALD series on International Investment Policies for Development, *the Protection of National Security in IIAs*, UN, New York and Geneva, 2009, p.132, available at http://www.unctad.org/en/docs/diaeia20085_en.pdf.

没有明确的定义,即便是国内的相关立法中涉及此术语时也均没有作出解释,有些是以非穷尽的方式予以列举。虽然随着时代的发展,国家安全的内涵和外延不断丰富,但还是要对国际投资协定中重大安全的范围进行界定,相对明确的范围有助于限制重大安全例外条款被滥用。

(一) 广义和狭义的重大安全

在国际投资协定中,涉及国家安全的表述不一,有的使用"重大安全",有的使用"国家安全",还有的使用"公共秩序"等,也伴随着"保护国际和平与安全"、"保护公共健康与道德"、"紧急情况",这些与国家安全利益相关的表述使重大安全的内涵、外延具有迷惑性,下文将国家安全分为广义和狭义两类来探讨①,旨在为国际投资协定中重大安全范围的认定提供指引。

广义的重大安全包括这些表述:"国家安全"、"公共秩序"、"重大安全利益"。② 不论在国际经济法还是国内法中,这些表述都具有相似的内涵,均出现在对公共利益维护的目的条款中。从起源来看,这三个词起源于"公共秩序"一词。公共秩序产生于国内法律中,大陆法系国家以法国民法体系为蓝本不断发展,ordre public 一词最早出现在《1789 年宪法》中,在之后的几部宪法及《拿破仑民法典》等众多法律中都是非常重要的法律主题,成了"每个人都知晓而不需要给出准确定义的概念"③,法国宪法法院在解释此术语时表述为:ordre public 的核心内涵可以在 1789 年宣言确定下来的"安全原则"中找到:"如果个人还为他们的安全而担忧的话,生活是没有自由可言的。"④ 在德国,公共秩序和公共安全一起

---

① UNCTAD Series on International Investment Policies for Development, *The Protection of National Security in IIAs*, United Nations, New York and Geneva, 2009, p. 122, available at http://www.unctad.org/en/docs/diaeia20085_en.pdf.

② The most frequent used three terms are "essential security interests", "public order" and "national security" in international investment agreement, see Annex of Yannaca-Small, Katia, "Essential Security Interests under International Investment Law", in *International Investment Perspectives 2007*, OECD, Paris France, available at www.oecd.org/daf/investmet/foi.

③ Pierre Mazeaud, "Libertés et ordre public", *member of the French Constitutional Council*; undated monograph, available at http://www.conseil-constitutionnel.fr/conseil-constitutionnel/root/bank_mm/pdf/Conseil/libpub.pdf.

④ OECD, *Security-related terms in international investment law and in national security strategies*, p. 8, May 2009, available at http://www.oecd.org/dataoecd/50/33/42701587.pdf.

使用，公共安全被定义为法律中不可违反之规则。"公共安全"包括对基本法律权益的保护，如生命、健康、自由、荣誉、个人的财产以及国家机构和法制的统一，对公共安全的威胁通常被视为对这些受保护的法律权益的侵犯。这些概念的内涵通常被认为是构成社会生活的基本内容。①

在以美国为代表的英美法系中与 ordre public 最接近的表述是"公共政策"②，是用来证明对个人自由的权利限制具有合法性的法律工具，同时也是刑法重罪、轻罪的划分的标准，是行政法中政策权利与责任的基础。在美国法理学中，这种指令性规则可以排除约束性义务而具有合法性。③ 公共秩序是一种全国范围内公共道德、健康、福利等利益中所包含的"共同体的共同意识"。在大陆法系和英美法系的国内法体系中，公共秩序、公共安全是一种对抗公民个体自由的正当化事由，终极目标仍然是维护公民个体基本利益，是维护个体权利的一种外部环境。发展到国际法层面，公共秩序、国家安全就成为维护国家这一国际法主体重大利益的强制性规范，因此在国际交往中，与公共秩序具有替代性作用的术语"重大安全利益"也具有不可减损的特征，国际投资协定中的例外条款正是对这种不可减损基本利益的确认。在国际机构如国际法院、国际法委员会等的国际性的法律文件和判决中都对国家重大安全利益给予最高地位的确认。④

由于公共秩序与国内法相联系，在解释时会因国而异，相比较而言，国家安全在国际范围内逐渐达成了共识，通常用来指保护国家及其国民免受一系列广泛的威胁。⑤ 尽管各国在国内法中没有明确国家安全的具体内容，但是大多数国家都有国家安全战略计划。本书将从这些战略计划安排切入，探寻世界范围内可能达成一致的国家安全的内容，这有助于在条约没有对"重大安全"明确列举的情况下，增强对此条款的确定性和预见性。

---

① See Brokdrof Judgment, *Bundesverfassungricht* [*B VerfG*], May 14, 1985.

② Public policy, 在《布莱克法律大辞典》中，公共政策广义地指，由立法机构或者法院为国家或整个社会的根本考虑的一项原则和标准。法院有时用这个术语证明在判决中证明合同无效是因为"与公共政策相违背"。也表述为法律政策或者公共政策，是用来评价合同有效性的术语。其历史很模糊，但是更可能是为了控制贸易或者促进诉讼的协议最早引用这一原则的，法院考察公共利益来赋予合同有效性。从更狭义的角度讲，一个人不能被允许做任何损害公众的事情。

③ OECD, *Security-related terms in international investment law and in national security strategies*, p. 14, May 2009, available at http://www.oecd.org/dataoecd/50/33/42701587.pdf.

④ Ibid., p. 6.

⑤ Ibid., p. 15.

狭义的重大安全包括"国际和平与安全"、"公共健康与道德"、"紧急状况"。这三者的表述被界定为狭义的重大安全，相对于广义的重大安全而言，其范围缩小了很多，但是也覆盖了丰富的内容，只不过每个术语的内涵和外延相对明确。如果采用这三个术语来定义重大安全，就有可能将当前由于国家内在发展产生的威胁排除在外了，比如关键性基础设施建设、策略性产业和在一些国家仍然存在的经济、金融危机等，在晚近出现的这些威胁国家安全的情形，在国内投资实践中日益引起关注，也需要纳入国际法律的规制之中。

保护国际和平与安全是重大安全例外条款中保障国家安全利益的首要内容。保护国际和平与安全最早在《联合国宪章》中得到了国际法确认，这是针对战后面临不稳定的外部环境而提出的。国际社会期望战争不要再次威胁人类的发展，这种期望成为国际法主体的法律共识，在国际法中由"国际和平与安全"还发展出一系列基本原则，如禁止非法使用武力，和平解决国际争端等。作为联合国的成员国，有遵守宪章第七章规定，并为了国际和平采取军事行动的义务。从这个意义上讲，即使国际投资协定没有规定安全例外条款，一国也有权违反投资协定的条约义务而采取必要的国家安全措施，因为依据宪章第 103 条[①]的规定，宪章义务属上位法，其效力位阶高于普通的条约义务。《欧盟—埃及联盟协定》第 83 条采用列举的方法对重大安全的内容进行阐释，规定"（b）军火交易；（c）当出现严重的内部骚乱，影响其法律和秩序的情况下，或者构成战争威胁国际和平的紧张局势，为了履行维护国际和平与安全义务而采取必要的措施"[②]。《日本—菲律宾经济伙伴关系协定》第 99 条"一般与安全例外"，（c）款是为了保护重大安全利益，紧接着对重大安全利益进行了列举：（1）缔约方或在国际关系中出现战争，武装冲突或其他紧急情况时；（2）实施关于非武器扩散的国内政策和国际协定时。[③] 为了保护国际和平与安全，国家可以对与军事相关物资、设备、武器的生产交易采取措施，此时安全利益已经突破了一个国家的政策范围，除了履行联合国安理会的

---

① 《联合国宪章》第 103 条规定，如果联合国会员国在本宪章下之义务与其任何其他国际协定所负之义务有冲突时，其在本宪章下之义务应居优先。

② The Association Agreement between the EU and Egypt (2001), Article 83.

③ The Economic Partnership Agreement between Japan and the Philippines (2006), Article 99, General and Security Exceptions.

决议外，还会出于维护国际整体和平局势与国际联盟关系的政治利益来采取行动。

公共健康与道德也属于狭义的重大安全，较广义的重大安全而言，在内容上和检测方法上都相对确定。公共道德是国内法中不断得到发展和诠释的概念，公共道德例外在国际法实践中也起着重要的安全阀作用，由于其内容具有抽象性和国别特色，要结合具体的情况来解释，在此就不深入探讨。

公共健康威胁在国家安全范围内容易获得客观的科学证据。在 WTO 规则中，公共健康被明确规定为例外条款的一项。GATT 第 20 条（b）项授权各国采取和执行"保护人类、动物或植物生命和健康所必需"的措施，《动植物检验检疫卫生的措施》（SPS）第 2 条第 2 款规定"成员国应当确保其采取的任何卫生或植物卫生措施应当是保护人类、动物或植物生命和健康所必需，必须基于科学原则所采取，在没有充分科学依据时不能继续采用，除非符合第 5 条第 7 项的规定"。SPS 第 3 条第 1 款要求成员国必须给予国际标准和指导或者建议实施。在 WTO 争端解决机构上诉专家组报告中对公共健康采取的措施给出了三条标准，[①] 这些标准不断将风险评估的科学依据与采取的措施之间的客观联系放宽，允许国家在采取措施防范安全风险时具有更大的裁量空间。

紧急情况（extreme emergency）的范围看来很广，但是援用的门槛很高，这种情况必须达到极端的状态才能使用，这一术语在印度 BITs 和宪法中使用频繁。[②] 但是印度的国内法又没有该法律术语的相关解释和判例学说，高等法院在对宪法条文的阐释中为紧急情况的解释留下了宽松的空间。在 2006 年 Rameshwar 诉印度案[③]中，印度高等法院参考了联邦制政府委

[①] 第一，要遵循 WTO 争端解决谅解协定第 11 条的"事实的客观评估"；第二，"没有充分科学证据则不能采取此类措施"，"在 SPS 措施和科学证据之间要存在着合理或客观的联系"；第三，"采取的措施不一定要得到相关科学领域的大部分认同，只要在风险评估和采取的措施之间存在合理的联系即可"。

[②] 印度 1965 年《内陆国的边境贸易公约》第 12 条规定了紧急情况。印度宪法第 18 篇是对紧急状态的专门规定，其中第 352 条第 1 款规定："如果总统认为存在严重的紧急情况，或因战争、外敌入侵、武装叛乱等威胁到印度全部或者部分领土的安全，可以宣布全国或国家某一部分进入紧急状态。"此外，还规定了宽松的紧急情况，在出现政府机构失灵时也可以宣布进入紧急状态。

[③] Rameshiwar Prassad and Ors. V. Union of India and Anr. （January 24. 2006）, Writ Petition（civit）257 of 2005，[Sup. Ct. India] 20.

会认为不存在统一的判定方法的意见后,指出:紧急情况必须是在出现了真实和迫切的要求采取极端行为的情况时才得以援引。紧急情况作为习惯国际法中的一项免责事由,引用此种情况免责有严格的条件限制,严格限制了国家采取必要措施的自由,其具体的法律要件在下文探讨。

(二)重大安全从外生性的威胁扩大到包含内在发展威胁

1. 国家安全战略计划中达成一致认识的国家安全内容

国家安全较公共秩序在内容上更容易确定,虽然各国没有在国内法中对国家安全作出明确的界定,但是大多数国家按照《国家安全战略计划》确认本国认可的国家安全事项。OECD 对主要经济体国家以事实为基础的研究报告,其中对部分国家的《国家安全战略计划》中的安全事项进行了梳理,如表 3 所示,为审视国家安全的内容和发展趋向提供了参考。

表 3　　　　　　　　　国家安全计划中涉及的威胁问题

国家	恐怖主义	大规模杀伤性武器	受到外国袭击	流行性疾病	自然灾害	紧急情况	其他考虑
澳大利亚	*	*		*	*		技术可能的犯罪(如网络犯罪)、关键性基础设施
加拿大	*	*	*	*		*	关键性基础设施、网络犯罪、战败国、有组织犯罪、非法交易毒品、人类气候变化
法国	*	*	*	*		*	关键性基础设施、有组织犯罪、贩卖人口、非法交易毒品
德国	*	*		*	*	*	关键性基础设施、移民、区域冲突、战败国
意大利	*	*	*	*			区域冲突、战败国、有组织的犯罪
墨西哥	*		*	*		*	区域冲突
英国	*	*	*	*			区域冲突、能源、战败国、气候变化
美国	*	*	*	*		*	关键性基础设施、能源、贩卖人口、非法交易毒品
欧盟	*	*	*	*			区域冲突、战败国、有组织的犯罪

资料来源:根据 OECD 文件整理。①

---

① OECD, *Security-related terms in international investment law and in national security strategies*, United Nations, New York and Geneva, 2009, p. 14, available at http://www.unctad.org/en/docs/diaeia20085_ en. pdf, visited on 22 December, 2011.

国家安全战略是从国家和国际的全局高度筹划和指导维护国家安全利益的方略，它是维护国家根本利益的集中体现，国家政治军事、经济、外交科技、社会发展等方面的战略决策都会受其指导并与之协调。尽管国家根据国内外环境制定的国家安全战略是存在着差异的，但是从表3中欧美地区国家安全战略计划的内容来看，国家安全所包含的内容在国际范围内基本形成一致。恐怖主义、大规模杀伤性武器、受到外国袭击是几种传统的外部威胁，保障一国领土安全自古以来就是国家安全的基本内容。在两次世界大战、冷战对峙、恐怖主义猖獗这些社会重大事件的影响下，各国将军事安全置于首位。对战败国、敌对国家的提防构成国家安全战略的主要方面，这些政治利益的维护在经济交往中也有所体现，除了利益否决条款可以排除敌对国的投资利益外，经济活动中的安全审查和重大安全例外也是策略性地实现此种目标的手段。相对于国家安全的"外患"，流行病、自然灾害以及国内紧急情况这些"内忧"，不论在过去还是未来都仍然是国家安全内涵中稳定的内容，任何一个国家都会把这些方面列入战略安全计划的行列。科技发展带来的信息安全、网络犯罪也不断受到各国重视，也已经纳入国家安全的范围。

在和平与发展为主题的今天，区域冲突局部不断升级，有组织的犯罪、毒品非法交易、跨境贩卖人口等构成国际刑事犯罪，也需要通过加强国际合作实现国际整体安全。气候变化带来的社会威胁在加拿大被作为重点列出，能源问题是墨西哥、美国列为安全考虑的问题，表3中关键性基础设施建设是该分析中具有启发性意义的事项，超出了传统国家安全考虑的范围。关键性基础设施已经作为大多数国家的战略性安全事项，这反映出传统威胁之外的国家内生发展事项已成为重大安全利益考察的侧重点。

2. 国家安全日益以内生性经济安全威胁为重心

伴随国际资本流动，国家以主权财富基金的方式在外国投资，这些投资具有资本雄厚、集中度高、聚集在东道国重要的产业部门等特征，东道国很担心这些产业部门被拥有控制权的外国投资者私有化。这些非营利性的、关乎公共利益的公用性产业部门，若被外国资本控制是对东道国社会安定和持续发展的最严重威胁，如果不严格控制外国资本的注入，特别是在发展中国家，对这些重要而国内资本脆弱的部门政府更不可掉以轻心。除了战略性产业部门受到关注外，经济、金融危机也逐渐纳入国际投资法的视域当中。2000—2003年，阿根廷社会爆发经济金融危机后，阿根廷政府采取一系列的措施稳定本国经济，这些措施同时也限制外国投资者的投资，给外国投资者带来巨大损失，一系列诉至 ICSID 的仲裁案对经济危机是否属于威胁国家安全利益范围展开论争，对能否援引重大安全例外免除国际责任意见不一。这不仅仅是阿根廷一国需要关注的问题，所有发展中国家，乃至发达国家，为应对经济、金融危机都要面对采取稳定经济的管理措施，都有被外资视为损害而被诉的风险。

（三）经济危机与重大安全

在探讨经济危机带来的威胁是否属于国家的安全利益之前，先要探讨经济利益是否属于国际社会认同的重大安全利益。事实上，将经济利益受到威胁纳入国家重大安全利益的范围已在国际司法实践中得到了证实。在国际法院的判决中，美国—伊朗石油平台案[1]对"重大安全利益"作了一定的解释，承认美国提出的安全利益不仅包括一国领土和军事利益，还包括该国的经济利益。美国在诉讼中主张国家重大安全利益包括"海湾不受干扰的贸易利益"，国家的经济安全是国家基本安全的内容之一。[2] 国际法院完全赞同美国这一观点，认可"美国船只和船员的利益"以及"美国在海湾不受干扰的贸易利益"均属于美国的安全利益。

自阿根廷经济危机以来，外国投资者诉至 ICSID 仲裁庭的五个裁决，在涉及重大安全例外条款的适用问题时，投资者都以"经济危机"不属于国家安全的范围作为对阿根廷采取措施的正当性抗辩。2008 年美国 Continental Casualty 公司诉阿根廷案[3]中，双方针对美国—阿根廷 BIT 第 11 条能否适用产生争辩。美国公司作为原告认为阿根廷 2000—2003 年遭遇的经济危机不符合第 11 条的要求，"传统意义的安全是来自外部的威胁，'基本'指的是'必不可少'的，一国的基本安全利益是保持一国免受外部威胁的利益，阿根廷没有处于这种外部威胁当中"[4]。美国公司又从公共秩序切入提出反对经济危机属于重大安全利益的意见，认为公共秩序指向的是"为保护一国国内社会定义的公共政策、法律和道德而采取

---

[1] See ICJ. Case Concerning Oil Platforms (Islamic Republic of Iran v. United States of America), Judgment of 6 November, 2003, pp. 161–183.

[2] Ibid., p. 196.

[3] ICISID Case No. ARB/03/9 (Award), Continental Casualty Company (Claimant) v. Argentinean Republic (Respondent), 5 September, 2008.

[4] Ibid., para. 170.

的必要的措施",阿根廷采取的措施并不是意在保护这些价值,这些价值并没有受到经济危机的威胁。阿根廷则辩称"保护公共秩序必要的措施包括确保内部安全的措施,面对例如由于国家内部暴力产生的剧变、混乱、刑事抢劫等引起社会的不安,会引起根本的社会秩序全面崩溃,导致政府失去对整个领土的控制"①。仲裁庭针对国家安全是广义还是狭义解释基本安全利益的困境,认为原告美国公司将国家安全威胁限于外部威胁的解释过于狭窄,国内紧急情势一般而言是符合依据 BIT 第 11 条的重大安全要求的,并且这种威胁包含了潜在威胁的内容。国际法并不区分为了保护其国民免受安全、和平的威胁,是来自外部还是内部,也不禁止国家为此而采取的维护主权利益的措施。"在战后国际秩序中,国家安全的概念不仅包括政治和军事安全,而且也包括国家及其国民的经济安全。更大范围的利益还包含环境、国家及国民的紧急情况的安全。"② 在阿根廷案的一系列裁决中,仲裁庭对国家安全也作了广义的解释,认为经济危机带来的危难属于国家安全利益受到威胁的范畴。

(四) 特定部门或者行业与重大安全

第一,战略性产业部门。其范围是随着国家发展的状况和阶段而变化的。在投资建立的准入阶段,东道国已经通过国家安全审查行政方式排除了某些战略性产业、敏感领域的投资,但是在外国投资进入后,东道国随着经济、社会发展的新情势,原先不予禁止的某些产业部门日后成为战略性部门,或者划入敏感领域的范围内以满足保障国家安全利益的需要,要求外国投资者撤回投资或者重新谈判许可协议的期限。在投资建立后,东道国战略性产业部门为维护国家安全利益的目的,重大安全例外在此情况下就发挥了安全阀的作用,使相关措施具有了正当性。

第二,关键性基础设施。在国家安全的外延扩大到国内经济发展带来的安全威胁后,关键性基础设施也成为一国在国际投资领域控制国家安全风险的重要方面。关键性基础设施属于一国关系整个社会公共利益的领域,不仅仅是国家经济发展的基础,更关乎国计民生的发展。"近来 OECD 成员国和非成员国的政策变化表明,关键性基础设施成为基本安全

---

① ICISID Case No. ARB/03/9(Award)Continental Casualty Company(Claimant)v. Argentinean Republic(Respondent),5 September,2008.

② Ibid.,para. 175.

利益的考虑重点。"① 以澳大利亚对关键性基础设施的定义为例,"关键性基础设施"被定义为:物理设施、供应链、信息技术和交流网络系统,这些设施一旦遭到破坏,或者一段时间内不能良好实施,就会严重影响国民的社会经济福利,影响澳大利亚进行国家范围防御以确保国家安全的能力。② "关键性"是指这些设施如果被损坏就会引起灾难性的、巨大的不可估量的损害;"基础设施"是指这些具有生产能力的体系,而且这一体系带来的收入占国民收入就业很大部分。③ 而且关键性基础设施具有关联性的特征,一旦一个方面产生了安全障碍,体系内其他设施以及体系外的社会经济部门都会受到影响,当前一国将关键性基础设施列入国家安全考虑范围也是必要的。

这种具有"全局危险性"的网络设施,各个国家都注重各层级政府机构间、国际组织间、私人运营商之间的合作。若外国投资者在关键性基础设施领域是重要的参与者,各国都对这些投资领域的外国投资者实施歧视待遇。④ 此外,各国已经开展了关键性基础设施领域的防护体系,⑤ 国家很容易根据关键性基础设施这一敏感领域的状况采取国家安全防护措施。

综上所述,国际投资领域中国家安全在外延上不断扩大,国家安全的内涵至少包括以下三个方面:(1)国家安全是国家没有外部威胁与侵害

---

① OECD: *Protection of "critical infrastructure" and the role of investment policies relating to national security*, p. 3, available at http://www.oecd.org/dataoecd/2/41/40700392.pdf, visited on December 12, 2011.

② Austrailia, *What is critical infrastructure*? Australia National Security accessed May 2007, available at www.ag.gov.au/, visited on December 20, 2011.

③ See OECD, *Protection of "critical infrastructure" and the role of investment policies relating to national security*, p. 3, available at http://www.oecd.org/dataoecd/2/41/40700392.pdf, visited on December 12, 2011.

④ 一般包括三种形式:全部限制、特殊部门限制、包括投资准入程序的跨部门措施。See OECD, *Protection of "critical infrastructure" and the role of investment policies relating to national security*, p. 7, available at http://www.oecd.org/dataoecd/2/41/40700392.pdf, visited on December 12, 2011.

⑤ 目前美国和澳大利亚都有综合性的国家基础设施保护清单。如澳大利亚采取不同领域专门技术性的专家型保护体系。包括防止刑事犯罪的法律保护,反恐与国家防卫,紧急情况管理(包括信息传播),使商业延续的计划,物理、人员和程序性措施在内的防护性安全措施,电子安全,职业性网络维护,市场监管,基础设施的开发和计划。

的客观状态；（2）国家安全是国家没有内部的混乱与疾病的客观状态；（3）只有在没有内外两方面的危害的条件下，国家才是安全的，因此这两方面的统一才是国家安全的特有属性。① 从外延来看，当今至少包括了以下十个方面的内容："国民安全、国土安全、主权安全、经济安全、政治安全、军事安全、文化安全、科技安全、信息安全、生态安全。"② 在这样一个开放的社会系统，相互联系、相互作用共同影响着整个国家安全系统。在不同的法律领域，判断国家安全的内容要结合当时的国内外形势进行。在国际投资法领域，国家安全的内涵与外延已经将国家内部经济发展需要的安全因素纳入其中，经济危机、战略性产业、关键性基础设施成为当前各国经济发展应对国家安全威胁的主要考虑。

二 重大安全例外与习惯国际法中的"危急情况"

（一）重大安全例外与习惯国际法中危急情况的区别

习惯国际法为国家排除不法行为提供了一些灵活性原则。《国家责任条文草案》将危急情况作为免除国家不法行为的情形之一，但是作为抗辩理由，习惯国际法与重大安全例外存在诸多不同。从来源上看，重大安全例外产生于条约的规定而不是习惯国际法，对其内容的规定包含于条约当中，而危急情况是习惯国际法的一部分，不需要在条约中表述也可以援引免责。从适用范围上来讲，重大安全例外适用于包含此条款的特定缔约方，而紧急情况抗辩作为习惯法的一部分，适用于所有的国家。因此，习惯法抗辩是单方法律行为，对抗辩时采用的解释也有比较确定的内容，而重大安全例外在缔约方谈判中可以赋予其特定的含义和不同的理解。

（二）重大安全例外中的经济紧急情况③与危急情况的关系辨析

国家安全例外最早是针对危急情况而言的。危急情况与自保权（self-preservation）联系在一起，认为当出现威胁一国自保的情形时，各国可以采取任何必要的措施来维护本国的生存，尽管在不存在自保的情形下采取

---

① 参见杨智勇《跨国并购中的国家安全法律问题研究》，中国商务出版社 2011 年版，第 166—167 页。

② 同上书，第 169 页。

③ 在国际投资协定中经济紧急情况通常的表述是：emergency situations in times of economic crisis, emergency situations such as severe economic crisis。而《国家责任条文草案》中"危急情况"的英文是：state of necessity。

这些措施是非法的。① 早期的危急情况通常被认为造成了两个国家权利之间的冲突，而援引危急情况的一国由于其代表的权利比较重要，从而优先于另一方的权利。国际法委员会澄清了这一看法，认为危急情况并没有造成两种权利之间的冲突，它实际上只涉及一种权利，而采取措施的另一国只是援引危急情况作为理由不遵守此权利而已。

20 世纪以来，危急情况更是逐渐被适用在军事、经济、环境、反恐、公共健康等各个领域。危急情况得以发展的案件是 1997 年 Gabcikovo-Nagymaros 案②，国际法院虽然承认了危急情况规则，但不接受在本案中援引此规则。法院认为，危急情况的援引有诸多严格的限制条件，必须以累积方式满足这些条件；而不能只由有关国家自己判断是否满足了这些条件。③ 法院认为，以下条件非常重要：（1）一国同其承担的国际义务相抵触的行为必须是由该国的根本利益引发的；（2）该利益必须受到严重而紧迫的危险的威胁；（3）受到质疑的行为必须是保护该利益的唯一方法；（4）该行为绝不能严重损害该义务所针对国家的根本安全利益；（5）行为国家绝不能促成危急情况的发生。④ 这是国际法院首次对危急情况作出的界定，此后，这一界定被国际法委员会和国际法学者不断引用，并得到了国际法委员会 2001 年通过的《国家责任条文草案》的认可。从国家安全范围的发展趋向来看，从外生性的威胁扩大到包括内在发展需求的威胁在内，在发生金融风险或经济危机时，东道国将此种威胁视为危害国家安全的情况是合理的。但是，阿根廷在 2000—2002 年金融危机期间，阿根廷所采取的《经济紧急法案》、比索汇率调整给诸多外国投资带来利益的重大减少，阿根廷政府采取了一系列稳定经济的紧急措施，这些措施不仅对受经济危机影响的公司发生效力，而且影响了全国的投资者，当阿根廷政府被指控这些措施违反了 BIT 义务，被投资者以"间接征收"提请 ICSID 仲裁，阿根廷抗辩称这些措施是由于经济面临了紧急情况而采取的。与此相关的 44 个经济危机时期产生的投资者—国家争端均涉及经济危机是否适用于危急情况的认定。仲裁庭对重大安全例外能否免责，在几个案件中意见不一，争论的焦点在

---

① See Roman Boed, "State of Necessity as a Justification for Internationally Wrongful Conduct", *Yale Human Rights and Development Law Journal*, Vol. 3, No. 1, 2001, p. 4.

② Case concerning the Gabcikovo-Nagymoros Project (Hungary/Slovakia), *ICJ Report*, 1997.

③ Ibid., para. 51.

④ Ibid., para. 52.

于经济紧急情况和危急情况的关系以及适用的条件。

针对危急情况的条件问题，ICSID 的仲裁庭裁决采取了不同的观点。Enron 案①和 Sempra 案②用了相当大的篇幅讨论紧急情况问题，CMS 案的撤销仲裁中对这些未达成一致的问题也进行了讨论，Enron 案和 Sempra 案赞同 CMS 案的观点，认为阿根廷的情势没有满足《国家责任条文草案》第 25 条的要求。而 Continental Casualty 案③认为双边投资协定中的例外条款属于双方可以诉诸的"保留条款"，不同于习惯国际法紧急情况的情形，认为阿根廷的国内危机已经达到了紧急情况免责的要求，免除了阿根廷对 Continental Casualty 公司的赔偿义务。在国际经济法领域，经济紧急情况尚没有形成独立的判断标准，习惯国际法形成的判断标准仍然起到主要参考作用。《国家责任条文草案》第 25 条的表述如下：

第 25 条危急情况

1. 一国不得援引危急情况作为理由解除不遵守该国某项国际义务的行为的不法性，除非：

（a）该行为是该国保护基本利益，对抗某项严重迫切危险的唯一办法；而且

（b）该行为并不严重损害作为所负义务对象的一国或数国或整个国际社会的基本利益。

2. 一国不得在以下情况下援引危急情况作为解除其行为不法性的理由：

（a）有关国际义务排除援引危急情况的可能性；或

（b）该国促成了该危急情况。

该条是基于国际习惯形成的免除国家责任的条约表述，对免除责任有非常严格的限制，这样高的标准门槛对于国际经济领域是否适用是值得探

---

① ICSID Case No. ARB/01/3（Award），Enron Corporation & Ponderosa Assets, L. P.（Claimants）v. Argentine Republic（Respondent），22 May 2007.

② ICSID Case No. ARB/02/16（Award），Sempra Energy International（Claimant）v. The Argentine Republic（Respondent），28 September 2007.

③ See ICSID Case No. ARB/03/9（Award），Continental Casualty Company（Claimant）v. Argentine Republic（Respondent），5 September 2008.

讨的。下面就从使用危机情况免责的基本条件逐一分析习惯国际法和国际经济法领域的经济紧急情况的差异。

1. 唯一方法

唯一方法是指是否存在替代性措施，以及措施对东道国的救济效果和对投资者利益造成的损害的比例关系如何。关于替代性措施，阿根廷声称其所采取的措施是在严重、迫切的情况下维护国家安全利益的唯一方法，"如果不采取这些被质疑的措施，在 2001 年前半年，储蓄的加速外流，阿根廷的金融体系储备的损失就会引发阿根廷经济陷入全面崩溃，这可能会比实际经历的还要严重"①。国际法委员会在对第 25 条的解释中认为，如果存在其他方法，即使是代价可能更大或者较不方便的方法，则不能援引危急情况。② Continental Casualty 公司提出了一系列经济危机解决方案以证明是阿根廷可采用的替代措施。此案仲裁庭没有采用 Enron 案"提到危机情况适用的条件，条约是习惯法标准不可缺少的一部分"的推理方法，仲裁庭用了另一种视角来考察危急情况，"参考已往对危急情况的概念和要求做过深入研究的 GATT/WTO 案例法更加合适，这个概念在经济措施语境中减损 GATT 的条约义务，而不是依据习惯国际法中危急情况的条件做出要求"③。某种绝对必要或者不可避免的措施当然履行了第 22 条（d）项的要求，但是此处"必要的"指的是一个紧急范围内的措施。④ 仲裁庭用了基于条约的推理，而不是基于习惯国际法的推理方法，认定两者对必要性要求的严格程度有很大差异。

对国际投资法中判定措施必要性的标准，该仲裁庭的建议是"依据一些平衡要素而定，通常包括以下三个要素：（1）由被指控的措施增加的利益或者价值的相对值；（2）措施对追求结果的贡献大小；（3）这些措施对国际性商业活动带来的消极影响"⑤。在替代措施的适当性问题上

---

① See ICSID Case No. ARB/03/9（Award），Continental Casualty Company（Claimant）v. Argentine Republic（Respondent），5 September 2008.

② Draft articles on Responsibility of States for Internationally Wrongful Acts, with commentaries, para. 15.

③ See ICSID Case No. ARB/03/9（Award），Continental Casualty Company（Claimant）v. Argentine Republic（Respondent），5 September 2008, para. 192.

④ Ibid., para. 193.

⑤ Ibid., para. 194.

还要考虑：此种措施能够被合情合理地获得，不带来更大的困难和负担，还要有能实现目标的可能性，而不仅仅是理论上具有可行性。

Continental 案仲裁庭出于两方面的考虑作出了裁决：第一，对从 2001 年 10 月以来采取的替代性经济危机应对措施在当时也是可行的，同时也不会违反 BIT，也会产生等价的效果；第二，是否阿根廷早些时候采取了不同的政策，就会避免因采取这些被质疑的措施而发生的情况出现呢？如果这些替代性措施不能够被合理地获得，或者仅仅是对理论效果的推测，由此可以证明采取那些被质疑的措施就是必要的，是符合 BIT 第 11 条要求具有正当性的。[1] 仲裁庭没有僵化地适用国际法委员会对第 25 条解释中的"代价更大或者较不方便的"解释，而是用现实可行性的标准来权衡替代性措施和已采取措施的合理性，放宽了适用经济紧急情况对"必要性"的适用条件。通过对习惯国际法的解释推进了一般国际法理论在国际经济法领域的适用性。

2. 严重和迫切

严重和迫切指的是这种危险是客观存在的，不能仅仅担心有存在的可能，要求除了严重之外还必须是迫近的，也就是近在眼前，严重和迫切两者兼备。尽管要求是迫切的，但不是必然马上就发生。如同国际法院在加布奇科沃—大毛罗斯工程案所指出的，"它不排除那种看来是长远的危险，但是一旦在某一时刻加以确立，则是迫在眉睫的，不论还要过多少时间，但总是必然无疑的，不可避免的危险"[2]。对于国家的发展而言，面对安全风险要采取预防原则，任何一个国家都不愿意等到危机到来，给整个社会带来不可挽回的灾难时再采取措施。因此，在国际投资法中，国家在管理经济社会发展方面，安全威胁的严重性、迫近性标准不能采用习惯国际法中采取军事或者别的行动应对外来威胁那样严格的标准，此标准需要放宽。

3. 促成

这是参考习惯国际法第 25 条适用于国家安全例外条款最不适合的、应当排除的条件。《国家责任条文草案》第 25 条要求采取措施的国家不

---

[1] ICSID Case No. ARB/03/9（Award），Continental Casualty Company（Claimant）v. Argentine Republic（Respondent），5 September 2008，para. 198.

[2] 转引自贺其治《国家责任法及案例浅析》，法律出版社 2003 年版，第 191 页。

能促成此危急情况的发生,因而外国投资者认为"政府的政策和已有的缺点严重促成了危急,外生性的因素也助长了危急,在这一点上就不能免除被告的责任"①。让投资者证明东道国的政策意在促成危急的发生,这也给投资者带来了不合理的证明负担。巧妙的是,Continental Casualty 案中,仲裁庭绕开阿根廷本国政策促成危急,而是认为经济政策是 IMF 的建议安排,阿根廷采取这些措施是为了获得大量的借款缓解国内危机,而且也得到了美国的政治支持,这样就绕开了阿根廷作为东道国由于政府政策失误陷入危机而采取措施的不正当性。即使在考虑促成因素时,也要对这些要素进行区分。根据《国家责任条文草案》的解释:对某种危急情况的促成必须是充分的、实质性的,而不仅仅是偶然的、表面上的。这一点在评价促成因素时要给予特别的重视。因为任何经济危机都是内部和外部因素共同促成的结果,应对达到起到实质性促成作用程度的要素做出要求,以排除其他次要因素的影响。②

不论 Continental 案推理方法是否合理,考虑何种因素来证明达到紧急情况条件的合法性,促成条件适用于国际投资实践已经不再有正当性。国家安全扩大到国家内在发展安全威胁后,国家面对安全威胁采取措施,不能以由于本国政府的错误政策促成了本国的危机为借口来否定政府采取措施应对危机保持本国经济和社会稳定的权利。如果是由于外来威胁,国家采取必要措施排除不法行为责任时,促成条件就应当是要严格遵守的。促成条件在危急情况下的适用针对的安全威胁是由于国内发展所需面对危机而采取应对措施,则用促成条件排除一国引用例外条款自我救济,就不恰当了。

(三)国际投资中的经济紧急情况适用放宽的标准

国际投资领域发生的危急情况除了上述在《国家责任条文草案》第 25 条每项援引条件上的差异外,在下述两个方面我们仍能看到国际投资协定中的经济紧急情况不同于习惯国际法中的危急情况,不适合采用危急情况中极其严苛的适用标准。

首先,关于两者的适用顺序。在 Enron 案、Sempra 案以及 CMS 案中,

---

① ICSID Case No. ARB/01/8 (Award), CMS Gas Transmission Company (Claimant) v. The Argentine Republic (Respondent), 25 April, 2005, para. 329.

② See August Reinisch, "Necessity in Investment Arbitration", in I. F. Dekker and E. Hey (eds.), *Netherlands Yearbook of International Law*, Vol. 41, 2010, p. 155.

仲裁庭都优先适用了习惯国际法，以《国家责任条文草案》第 25 条危急情况的标准来判定东道国采取的措施的适当性，以此标准，阿根廷采取应对经济危机的措施就没有完全满足必要性的要求。CMS 案撤销委员会和 Continental 案的仲裁庭均认为应当在没有条约的情况下才能引用习惯国际法，该二案中应依据美国—阿根廷 BIT 第 11 条进行判断才是合理的。在关于阿根廷的一系列裁决中，对习惯国际法规则和条约规则的关系也存在争议，有的仲裁庭把条约条款看作是习惯国际法的"法典化"，有的仲裁庭对二者的功能进行了区分，条约的条款是原始规则，习惯国际法是由条约规则发展来的，基于条约规则，如果前提条件满足就不违反条约，危急情况就排除了不法性。[1] 笔者认为，在缔约国之间存在投资协定的条件下，应当优先探求投资协定条款的条件，习惯国际法规则只是补充，从条约条款优先于习惯国际法规则的角度来看，引用重大安全例外条款并不必然采用第 25 条严格的危急情况条件要求。即使是从习惯国际法规则与条约规则属于同一效力位阶的角度审视，条约规则也是特别法应当优先适用，这样也应当尊重国际投资协定例外条款要求的条件。

其次，从《国家责任条文草案》第 25 条和美国—阿根廷 BIT 第 11 条的例外条款的语法结构来看，也能探知两者的立法价值和目标是有所区别的。第 11 条特别规定了适用的条件，而第 25 条用了否定的方式规定适用条件：除非某些严格的条件得到了满足，不得引用危急情况免责。相对而言，"第 11 条是一个门槛要求：如果适用，条约的实质性义务就不需要履行；相反，第 25 条是一种理由，一种只有被决定了才会起重要作用的借口，不然就会违反实质性义务"[2]。这样的语法结构也证实基于条约规则和习惯国际法对危急情况的条件要求是不同的，否定式的条件约束力比授权性条款更加严格。此外，国家享有引用习惯国际法和国际条约例外条款免责的双重权利，但两者的主要区别在于：习惯国际法在违反法律义务的行为发生后寻找理由排除其不法性；国际投资协定中的例外条款是提前排除了国家行为的不法性。这两者立法目的不同，不应当用相同的条件来认定危急情况的成立，即必要性是否满足要求。

---

[1] See August Reinisch, "Necessity in Investment Arbitration", in I. F. Dekker and E. Hey (eds.), *Netherlands Yearbook of International Law*, Vol. 41, 2010, p. 148.

[2] ICSID Case No. ARB/01/8, Decision on Annulment, CMS Gas Transmission Company v. The Argentine Republic, 25 September 2007, para. 129.

在国际投资协定中设置重大安全例外条款的目标是东道国管理外资享有更大的自由空间。在主权国家应对国内外由于投资活动带来的安全威胁进行自我防范和救助时，不能为援引安全例外条款设置过高的门槛，为国家行使保障基本安全利益作出过度的限制。当协定中的紧急情况是经济紧急情况时，应当对国际习惯法的紧急情况有所发展，参考但是应当放松"危急情况"的严格条件，以适应国际经济活动的变化性、国家适用例外条款维护国家利益便利性的需要。除了以上放宽适用的条件外，还有必要将安全例外条款设置为自裁决条款，进一步避开《国家责任条文草案》对安全例外适用的严格标准。

三 援引重大安全例外的措施要非武断和非歧视地实施

在规定重大安全例外条款的多边①或者双边②投资协定中，有的用明确的语言表述了实施安全威胁措施的前提条件：不能以一种构成武断的、不合理的、歧视的方式实施，或者构成隐蔽的限制措施。尽管大多数双边、多边投资协定及范本都没有将此条件在例外条款中用明确的语言表述，但是作为例外条款实施的限制性条件，国家援引此例外不得以武断、歧视的方式实施，不得以此作为保护主义的欺诈性措施。

要求东道国采取措施不得以武断、歧视的方式实施，是为了确保东道国不会以国家安全威胁为借口，用采取重大安全例外措施的方式实施保护主义，这种条件在约束东道国针对外国投资者保护其战略性产业方面尤为重要。③ 外国投资者在东道国按照东道国法律建立投资实体持续运营，东

---

① The Association of Southeast Asian Nations (ASEAN) investment agreements adopted the approach, the Framework Agreement on the ASEAN Investment Area (1998), Article 13 General Exceptions: Subject to the requirement that such measures are not applied in a manner which would constitute a means of arbitrary or unjustifiable discrimination between countries where like conditions prevail, or a disguised restriction on investment flows, nothing in this Agreement shall be construed to prevent the adoption or enforcement by any Member state of measures; (a) necessary to protect national security and public morals...

② The Economic Partnership Agreement between Japan and the Philippines (2006) also used the similar wording as the Framework Agreement on the ASEAN Investment Area (1998) in the preface in Article 39 General and Security Exceptions.

③ See UNCTAD Series on International Investment Policies for Development, 2009, p. 84, available at http://www.unctad.org/en/docs/diaeia20085_en.pdf.

道国政府依据其国内法对外国投资实施管理，在遇到由于国内或国际情势的变化对本国产生了安全威胁情况，需要对国内的外国投资采取应对措施时，国际投资协定通常要求东道国对外国投资实施最惠国待遇和国民待遇，采取的措施不能因国籍的不同而有所差异，否则将构成歧视。

国际投资协定中重大安全例外的前提条件所包含的内容，也可以参考GATT/WTO 第 20 条引言中的解释作为例外条款适用的限制性条件：第一，在同样情形的各国间不构成"任意歧视"（arbitrary discrimination）；第二，在同样情形的各国间不构成"不合理的歧视"（unjustifiable discrimination）；第三，不能以"隐蔽限制"的方式来实施。[①] 在国际投资协定的实践中，尚没有这三方面前提条件的判例以及得到认可的规定以作为立法参考。鉴于国际经济活动之间有一定的相关性和相似性，下文参考WTO 司法实践中已经形成的一些解释意见对国际投资法领域"任意的、不合理的歧视"，以及"隐蔽性限制"的内涵进行探讨。

（一）任意的歧视

在美国海虾案及其执行案中，上诉机构裁定争议的措施构成了任意歧视，理由是美国采取的这个措施"僵硬、缺乏灵活性"，要求出口国采取与美国国内捕捞虾船相同的管理规定，并以相同的方式实施。在第 21 条第 5 款的执行争议案中，专家组补充道，在不同国家有着不同的情况，美国没有调查和考虑争议措施对受影响国家的适当性，应当考虑相应的灵活性，否则就构成任意的歧视。

在国际投资协定中，东道国面对安全威胁采取应对措施会在以下方面对投资者造成影响：（1）要求与外国投资者进行许可协议期限缩短的谈判；（2）取消投资资格关闭企业；（3）强制转让给国内投资者；（4）也可能是对资金和收益的自由转移进行限制；（5）限制外国投资者享有的优惠待遇。不论如何，东道国采取这些措施不得因投资的国籍而有差异，不存在"僵硬、缺乏灵活性"、"没有考虑各国国情"而构成任意歧视的问题。如，在 2000—2003 年阿根廷经济危机中，阿根廷政府采取的货币非美元化、货币局制度、限制银行存款的转移、国债等有价证券到期日利息的重新商定措施，都是没有差别地在国内和外国投资者之间实施的，即不构成歧视。国家安全是国家的基本利益，为维护此种利益采取安全应对

[①] WTO, *Appellate Body Report*, US-Shrimp, para. 150.

措施,只要该应对措施是通过国内立法和正当程序进行的,就不构成任意歧视。

（二）不合理歧视

关于不合理歧视的认定,在美国海虾案中,专家组和上诉机构报告确立了两条辨别不合理歧视的规则:第一,以缔结双边及多边条约为目的,努力进行认真、严肃和有诚意的谈判,谈判对象包括所有的受影响成员方,但不一定要成功缔结协定,然后才可以实施单边措施;第二,争议的灵活性,不考虑不同国家的具体情况而要求实施同一种制度和规定,不考虑不同方法是否能取得相同的实际效果,这一措施就不具有灵活性。① 在国际投资领域,东道国在采取针对外国投资者的应对措施之前,也应该与外国投资者进行认真、严肃和有诚意的谈判,谈判包括所有受影响的成员方,但不一定要达到成功缔结协定的结果,经过这些合理程序后,才可以实施单边措施。这种谈判程序也不是必然进行的,鉴于国家面对安全威胁常常会有紧迫性,可能没有充足的时间与投资者进行谈判,但至少在程序上应当给予一定的考虑。

（三）隐蔽限制

隐蔽限制是指将真实意图隐藏在表面之下,通过滥用例外条款达到限制贸易的真正目的。在欧共体石棉案中给出了识别隐蔽性限制的三条标准:第一,公开性,是否将有关措施提前通告和公布;第二,任意和不合理的歧视也构成隐蔽限制;第三,通过分析有关措施的结构内涵,辨别是否是以保护贸易的方式实施的。隐蔽性限制是对东道国采取措施真实目的的考察,防止东道国滥用例外条款逃避实质性义务。这一要求没有赋予投资者考察安全措施是否实质合法合理的权利,但要求在程序方面要具有透明度、公开性,东道国采取相关的措施要提前公告,应该力求对采取措施的范围、期限等进行合理的说明。投资者可以针对这些措施的具体方式、内容构成方面针对采取措施的真实目的提出抗辩。

防止东道国采取的措施构成隐蔽性的限制,除了要求东道国政府采取措施不因国籍而有差异外,更是针对东道国采取的措施在程序上须具有一定的规范性而进行的约束,让安全例外的免责条款不会成为外国投资者不

---

① GATT/WTO Dispute Settlement Practice Relating to GATT Article XX, Paragraphs (b), (d) and (g), Noted by The Secretariat, WT/CTE/W/203, 8 March 2002, paras. 68-73.

可预见的破坏性工具，从而对东道国的管理行为没有预见性，失去对投资收益的合理预期。

大多数双边投资协定中并没有明确规定不得实施任意歧视、不合理歧视和隐蔽限制，这是因为投资者在东道国投资本应该基于国民待遇享有同东道国国内投资者相同的待遇。只是东道国在基于投资流入带给东道国安全威胁而采取的措施，常常针对的仅是外国投资者，这就要求东道国采取国内的单边措施须满足一定的限制性要求。如果只针对外国投资者，就要求平等地、无歧视地对所有外国投资者实施，而这一定程度上体现于"不构成任意、不合理的歧视、隐蔽限制"的要求之中。所以，这就使得在双边投资协定中用明确的语言表达对东道国国家的单边行为进行限制具有一定的必要性。

这三项限制性条件也被称为例外措施的"帽子条款"。在通过考察得出所采取的应对措施符合安全的范围，也满足了紧急必要性等实质性要件后，就需要考察这些措施是否是以平等正当的方式展开实施的，这样既考虑到了主张例外国家的权利，又合理地注意到受影响的其他成员方的权利，只有这样才算是没有滥用或者误用例外规定。① 实践中，相关争议的仲裁庭审查的重点不是争议措施本身，而是其适用的方式，包括程序的正当性和实施方式的合理性，通过这些方面综合判定是否构成了不合理或者是任意歧视，由此对东道国应对危机采取单方面措施的权利进行限制。

第三节 重大安全例外条款的性质：自裁决的选择

重大安全利益是主权国家最具有基础性的、关乎国家主权存在的根本利益，自主决定何时采取必要的措施维护受到安全威胁的国家利益是主权的固有内容。然而，在不断让渡主权寻求国际协作的现代国际法体系中，若要单方面突破国际协定的约束，即使是行使正当的权利，也要考虑国际协定义务的约束。国际条约赋予违反条约的措施以正当性，需要回答对一国基于维护主权利益的管理权给予多大自由裁量权，又要受到何种程度的

---

① See *Appellate Body Report*, US-Gasoline, para. 21.

约束的问题,这一问题可以通过确定条款性质约束缔约方的自主空间来解决,即对条款是认定为自裁决性质还是非自裁决性质。

一 自裁决的含义及效力

自裁决性质与非自裁决性质的区分一般是针对不排除措施而言的,指在情势要求采取该条款所设想的措施时,条约的缔约方是决定是否采取以及采取何种措施的唯一法官,唯一的限制是仲裁庭可以用"善意"原则对争议措施进行裁定,从而解决争端。① 从文义角度出发,自裁决条款一般都明确包含有"其认为"(it considers necessary)的表述,在此种表述下,缔约方有权自己决定实际情形是否符合条约规定的特定情形,以及能否采取其认为适当的措施,即缔约方享有充分自由裁量权。非自裁决条款并不明确包含"其认为"字样,此时将由仲裁庭对缔约方的实际情形及措施进行全面的实质性审查,缔约方只享有极小的裁量权。严格意义上,那些并不明确包含"其认为"字样的例外条款实际上性质不明,其未明确排除缔约方的决断权和判断权,然而仲裁庭的实践已经将此种例外条款界定为非自裁决条款。

自裁决条款在国际条约和国际司法实践中已经有较长的历史,从这些国际判例和条约中不难得到默示不构成自裁决性质条款的结论。以下是国际法院判决、ICSID 裁决书中关于自裁决条款发展的案例,展现了重大安全例外自裁决性质的发展趋向。在尼加拉瓜案中,国际法院拒绝美国提出的 FCN(United States' Friendship Commerce and Navigation)第 21 条是"自裁决性质"的主张,② 与此条有着类似规定的是爱尔兰与美国的 FCN 第 20 条:当前的条约包括但不限于适用以下措施:(a)对黄金、白银的

---

① 转引自韩秀丽《双边投资协定中的自裁决条款研究——从森普拉能源公司撤销案引发的思考》,《法商研究》2011 年第 2 期。

② World Court Digest, prepared by Rainer Hofmann, Max Planck Institute for Comparative Public Law and International Law, Springer-Verlag Berlin and Heidelberg GmbH & Co. K, 1st ed., Softcover of orig. ed., 1993, pp.115 – 116, availible at http://www.mpil.de/de/pub/forschung/forschung_im_detail/publikationen/institut/wcd.cfm?fuseaction_wcd = aktdat&aktdat = 107090400100.cfm.

该条款的(c)、(d)两款的原文是:(c) regulating the production of or traffic in arms, ammunition and implements of war, or traffic in other materials carried on directly or indirectly for the purpose of supplying a military establishment;(d) necessary to fulfill the obligations of a party for the maintenance or restoration of international peace and security, or necessary to protect its essential security interests.

进出口实行管制;(b)对核裂变、反射性物品的使用,以及由此产生的放射性物质实行管制;(c)对武器、军火、战争用品的生产、交易,直接或间接的军用建设为目的的供应实行管制;(d)缔约方为了履行恢复、保持国际和平与安全的国际义务,为了保护其重大安全利益;(e)为了履行战争时中立的义务;(f)除了司法地位外,否决条约为公司的利益是由第三方直接或间接控制的利益所带来的好处。① 在此后相同表述的BIT中也遭到了国际法院或者仲裁庭的否定,美国由此在任何情况下都要放弃自裁决的抗辩②。在该案中国际法院同时判决:"GATT1947第21条规定,协议不能解释为阻止任何协议当事方采取协议方认为保护其重大安全利益必要的措施",例如核武器等,恰恰相反,1956年FCN中仅仅提到的是"必要的措施",而不是"缔约国认为必要的措施"。③ 直到1992年美国—俄国BIT中才加入了第8条,用明确的语言将例外条款界定为自裁决性质。④ 从此,美国在双边投资协定中逐渐加入了"其认为必要"这样的措辞表述,⑤ 2004年美国BIT范本第18条也改变了原有范本没有明确表达自裁决意图的表述,增加了"缔约国认为必要"的措辞表达,此后自裁决性质的例外条款通过美国BIT不断得到推广。例如2005年美国—乌拉圭BIT中的表述如下:"条约中不论任何一方,都不能把当事方采用、保持、实施的任何措施解释为与条约不一致,只要一方认为其措施是确保在

---

① Ireland Friendship, Commerce and Navigation Treatyand protocol signed at Dublin January 21, 1950, ratification advised by the Senate of the United States of America July 6, 1950, Article 20.

② ICSID case No. ARB/03/9 (Award), Continental Casualty Company (Claimant) V. Argentine Republic (Respondent), para. 186.

③ ICJ, Nicaragua Case, Merits, 222.

④ US-Russia BIT (1992): This Treaty shall not preclude a party from applying measures that it considersnecessary for the fulfilment of its obligations with respect to the maintenance orrestoration of international peace or security, or the protection of its own essentialsecurity interests.

⑤ US-Mozambique BIT (1998) Article XVI: 1. This Treaty shall not preclude a party from applying measures thatit considers necessary for the fulfillment of it s obligations with respect to the maintenance or restoration of international peace or security, or the protection of it own essential security interests.

US-Bahrain BIT (1999) Article 14: 1. This Treaty shall not preclude a party from applying measures which it considers necessary for the fulfillment of its obligations with respect to the maintenance or restoration of international peace or security, or the protection of its own essential security interests.

其领域内以环境敏感的方式从事的某种投资活动是适当的。"① 条款中明确使用了"认为必要的"措辞表达,大改 1983 年美国双边投资协定范本中第 10 条第 1 款的表述:"本协定不应该阻止任何缔约方为维护公共秩序,履行其在维护或者恢复国际和平、安全方面的义务,或者保护本国重大安全利益,在其管辖范围内采取必要的措施。"②

在 ICSID 的实践中,涉及自裁决与非自裁决性质界定的典型案例以 1991 年美国—阿根廷 BIT 第 11 条的重大安全例外条款为争议焦点。该条款规定:"本条约不应排除缔约任何一方为了维护公共秩序,履行其维护或恢复国际和平或安全的义务,或保护其根本安全利益所采取的必要措施。"③ 阿根廷认为该条款为自裁决条款,仲裁庭应当尊重其为了维护公共秩序及保护其根本安全利益而采取必要措施,由此便可豁免其因在国内经济危机中采取的措施而应承担的条约责任。ICSID 在 2005 年的裁决书中,对于该条是否属于自裁决性质,仲裁庭指出:"当一国有意为自己创设一项通过采取单边含有不遵守条约中设定的义务,采取超常措施又要具有合法性的权利时,都会明示地表达出来。"④ "例如自裁决这样的具有例外性、特别性的条款,必须起草时明确地反映其内容,不然,考虑到例外的性质就可以全然推定完全没有这样的意思。"⑤ "这一规定的语法必须是精准的,因为会导致自裁决性质的结论。在这些判断中,这些语言并不能

---

① US-Uruguay BIT (2005) Article12: Investment and Environment—Nothing in this treaty shall be construed to prevent a party from adopting, maintaining, or enforcing any measure otherwise consistent with this treaty that it considers appropriate to ensure that investment activity in its territory is undertaken in a manner sensitive to environmental concerns.

② US Model Treaty (2004) Article 18: Nothing in this treaty shall be construed: (1) to require a party to furnish or allow access to any information the disclosureof which it determines to be contrary to its essential security interests; or (2) to preclude a party from applying measures that it considers necessary for thefulfilment of its obligations with respect to the maintenance or restoration ofinternational peace or security, or the protection of its own essential security interests.

③ Argentina-US BIT (1991) Article XI: this treaty shall not preclude the application by either Party of measures necessary for the maintenance of public order, the fulfillment of its obligations with respect to the maintenance or restoration of international peace or security, or the protection of its own essential security interests.

④ ICSID Case No. ARB/01/8 (Award), CMS Gas Transmission Company (Claimant) v. The Argentine Republic (Respondent), para. 370.

⑤ Ibid., para. 379.

明确地证实那些拒绝自裁决性质的证据起到了关键作用。"[1] 从仲裁庭的角度考察，即使是自裁决性质的条款，也不排除仲裁庭的管辖权，提请仲裁的根本意愿是希望双方的行为都尽可能受到条约义务的约束。明确的自裁决意思的表示才能被认为是自裁决性质的例外条款，同时还需要有相应的机制约束东道国援引条款免责的自主权。从条约解释的角度考察，需要明确的意思表示作为对自裁决性质条款认定的法律依据，《维也纳条约法公约》第31条第4款规定："倘经当事国确定有此意，条约用语应使其具有特殊意义。仅一国的意思是不能达成一项国际协定的，因为依赖一国的意图或者没有这种明确的意思表示是不能推测国际协定中各个当事方愿意受这种义务的约束，这样就不受有约必守的基本原则的约束，更不能要求善意履行。"因此没有明示表示其为自裁决性质的条款，仲裁庭有责任对援引此例外条款的正当性进行全面、实质的审查，保障国际条约对当事方的约束力。在与阿根廷相关的40多个案例中，ICSID终于在2007年对其中5个案件作出了最终裁决，尽管这五个仲裁裁决的结果亦有重大分歧，[2] 但是非常一致的一点是，美国—阿根廷BIT第11条为非自裁决条款，即援引该条款的缔约方无权自行决定在特定情形下该条款能否适用，也无权认定其采取的措施是否必要。

尽管上述关于自裁决与非自裁决的争议都是围绕着国家安全例外条款展开，但是从上述分析出不难看出，区分不排除措施条款的自裁决性质与非自裁决性质的意义在于，该条款的性质赋予缔约方在援引该条款时的自由裁量权不同，也就是缔约国在特定情形下采取措施的自由空间不同。但

---

[1] ICSID Case No. ARB/01/8（Award），CMS Gas Transmission Company（Claimant）v. The Argentine Republic（Respondent），para. 383.

[2] 这五个案件分别为（1）CMS Gas Transmission Company v. The Argentine Republic，ICSID case no. ARB/01/08，award of 12 May 2005；（2）Sempra Energy International v. The Argentine Republic，ICSID case no. ARB/02/16，award of 28 September 2007；（3）Enron Corporation Ponderosa Assets L. P. v. The Argentine Republic，ICSID case no. ARB/01/03，award of 22 May 2007；（4）LG&E Energy Corp. /LG&E Capital Corp. /LG&E International Inc. v. The Argentine republic，ICSID case no. ARB/02/1，award of 3 October 2006；（5）Continental Casualty Company v. The Argentine Republic，ICSID case no. ARB/03/9A，award of 5 September 2008。前三个仲裁裁决皆否认阿根廷采取措施的正当性，LG&E和Continental Casualty案件仲裁庭肯定了阿根廷根据第11条采取措施的合法性，并免除了其巨额赔偿责任。

是，自裁决条款也要接受国际投资仲裁庭的审查，对其自由空间进行限制。根据《维也纳条约法公约》第 26 条的规定，一国有善意履行国际义务的义务，因此在自裁决条款下，采取措施的缔约方要接受仲裁庭的善意审查。因而，自裁决条款在极大程度上限制了仲裁庭进行审查的权能，同时为缔约国政府保留了较大的政策空间。

二 重大安全例外的自裁决性质

国际投资协定中设立包含自裁决性质的重大安全例外条款已经成为国际投资法的新发展之一。当前在国际投资条约实践中，不仅越来越多的 BIT 开始规定安全例外条款，其中 12% 的 BITs 范本中包含自裁决性质的条款，并且大多数最新签订的包含投资专章内容的自由贸易协定也包含此类条款。[①] 从 1992 年美国—俄罗斯双边投资协定加入自裁决条款以来，美国就越来越注重使用自裁决性质的安全例外条款维护国家的重大安全利益。"美国的立场已经在国家安全利益方面向着支持自裁决条款的立场发展，尽管不是所有的，但是一些双边投资条约反映了这种变化。"[②] 除了在 BITs 中大力推广外，在区域性协定也得到了适用，如《北美自由贸易协定》第 2101 条第 1 款第 2 项和第 9 项[③]也采用了自裁决性质的条款来维护协定国的重大安全利益。其表述为：任何协定不得阻止任何当事方为维护与军事、为了战争实施的军火、交通等相关重大安全利益而采取"其认为必要的"任何行动。这既加强了东道国对外资的吸引，也加强了东道国维护国家安全利益的管理权。"自裁决条款所赋予的条约权利不仅为

[①] UNCTAD, "the Protection of National Security in Ixias", *UNCTAD Series on International Investment Polices for Development*, United Nations, New York and Geneva, 2009, p.72, available at http://www.unctad.org/en/docs/diaeia20085_en.pdf.

[②] ICSID Case No. ARB/02/16 (Award), Sempra Energy International (Claimant) v. The Argentine Republic (Respondent) Sempra v. Argentina, Para. 379.

[③] NAFTA Article 2102 (1) (b) (i): ... nothing in this Agreement shall be construed ... to prevent any Party from taking any actions that it considers necessary for the protection of its essential security interests relating to the traffic in arms, ammunition and implements of war and to such traffic and transactions in other goods, materials, services and technology undertaken directly or indirectly for the purpose of supplying a military or other security establishment.

发达国家所重视，而且也是发展中国家特别是弱势群体国家应该掌握的权利。"① 那些国土面积狭小，GDP 占世界比重不大的国家，面对实力雄厚、富可敌国的跨国公司更需要充分利用这一法律机制，在国际投资条约义务约束下有充分的回旋余地。

之所以倾向于对重大安全利益条款采取自裁决性质立场，有着深刻的原因：首先，重大安全例外的解释会触及国家的政治利益。因为国家利益在国际经济交往中相较于国家日常管理中保护动植物生命健康、公共道德、资源环境更具有主权利益的敏感性，国家安全利益仍然是国家利益中最基本、最重要的内容。因此国家在判断是否需要采取必要的措施消除安全威胁时，应当具有更大的自由选择空间。其次，只有亲自经历安全威胁，国家自身才能最了解本国的情势，任何其他方都不是当局者，就不是判断形势的最合适主体。对于何时危机会严重到"使社会陷入分崩离析的灾难性境地，导致社会的全面崩溃"，国家采取的某种措施是否是最有效而牺牲最小的判断，都属于国家管理社会主权之内的事情。若将国家政策、国家事务处理的判断权交给独立的第三方仲裁庭评价，有越俎代庖之嫌。因此，国家安全作为一个主权国家的根本利益，天然拥有自我判断权。即便没有明确自裁决性质的措辞，依据欧洲人权学说中的自由判断余地原则，在司法审查时，仲裁庭仅仅处于监督者的角色，不能代替行政机关作出行政裁决。应对行政机关的行为和管理性立法采取遵从的态度，国家享有制定和发展其认为必要的政策措施的政策空间。因而，自裁决条款在较大程度上限制了仲裁庭进行审查的自由裁量权，而为缔约国政府保留了较大的政策空间。

三　对自裁决性质重大安全例外条款的限制：善意的履行要求

善意原则是国内民商法的一项基本原则，发展到国际法领域后，在促进国家履行国际法的权利义务时起着重要作用。善意原则对于维持条约制度、建立良好的国际关系、构建正义的国际社会是必需的、基本的。目前不论在国内法还是国际法中，对善意的解释都没有具体统一的标准，② 但

---

① 韩秀丽：《双边投资协定中的自裁决条款研究——由"森普拉能源公司撤销案"引发的思考》，《法商研究》2011 年第 2 期。

② 万鄂湘、石磊、杨成铭：《国际条约法》，武汉大学出版社 1998 年版，第 252—253 页。

是在内涵和外延上已有一定的共识。其内涵至少包括合理、客观、公正、禁止滥用权利、正当程序等，这些内容都在一定程度上体现着善意要求。① 在外延上至少包括四个方面②，其中善意履行义务成为对约束援引例外条款自由权的限制，东道国宽松的自由裁量权"有效阻止了中立的实体作出——国际仲裁庭对东道国采取措施是否是必要的——独立评价的权利"③。在赋予东道国自行决定何时采取措施、采取何种措施时，善意原则内容的明确化、具体化成为重大安全例外条款能否免除当事国条约义务的关键。

在国际法实践中，善意原则主要体现在争端解决机构、仲裁庭善意解释条约方面。《维也纳条约法公约》对此原则的确立使善意原则在国际法中的地位得到了肯定。该条约在其序言中指出："自由同意与善意之原则以及条约必须遵守的规则为举世所承认"，并在其第26条"条约必须遵守"中明确规定了善意原则："凡有效之条约对其各当事国有拘束力，必须由各该国善意履行。"善意原则必须包含两个要素：（1）国家是否善意地、公平地参与了交往；（2）是否在援引重大安全例外时存在合理的基础。从一个理性的人角度看来，可以认定国家安全的威胁足以证明采取这种措施的合法性。④

在阿根廷经济危机被诉至ICSID的裁决中，仲裁庭也表达了对自裁决条款会被滥用的担忧，多次提出善意要求。如果得出的结论是自裁决的，阿根廷的决定就要依照善意来审查⑤。"如果第11条允许当事方拥有无拘无束的自由裁量权来援引此条款的话，这一自由裁量权应该依据'善意'进行，以此标准来限制仲裁庭进一步判断是非曲直的权利。"⑥ 在履行国

---

① 参见韩立余《善意原则在WTO争端解决中的适用》，《法学家》2005年第6期。

② 善意原则主要包括四个方面：善意解释，善意推定，善意执行，善意履行。前三者是针对裁判第三方而言提出的要求，善意履行是当事方履行义务的基本原则。

③ UNCTAD, *Bilateral Investment Treaties 1995—2006: Trends in Investment Rulemaking*, New York and Geneva, 2007, p. 85.

④ UNCTAD, "the Protection of National Security in IIAs", *UNCTAD Series on International Investment Polices for Development*, United Nations, New York and Geneva, 2009, p. 40.

⑤ See ICSID Case No. ARB/01/8 (Award), CMS Gas Transmission Company (Claimant) v. The ArgentineRepublic (Respondent), para. 214.

⑥ Case No. ARB/03/9 (Award), Continental Casualty Company (Claimant) v. Argentine Republic (Respondent), para. 182.

际条约义务时，善意原则除了要求当事国按照字面意思履行条约义务之外，还要根据条约缔结时通常的、真实的目的意图来履行，实现条约的精神内涵。当权利本身赋予权利所有人以裁量权时，裁量权的行使必须是诚实的、诚恳的、合理的、符合法律精神的，且应当考虑到他人的利益，不得虚假行使权利以逃避条约义务，不得恶意行使权利以损害他人利益。在评价东道国善意履行国际投资条约的程度时，ICSID 仲裁庭还应当权衡投资风险转移。若给予东道国的空间过大，意味着将投资损失风险较多地转移到投资者身上，风险的加大会降低投资者积极性，若过度限制东道国的自由裁量权，又影响到主权的独立和发展目标的实现，仲裁庭要依据案件具体情形作出裁量以权衡这种利益。善意原则本身不构成一项义务，而是履行国际协定具体义务的一项总体要求。

尽管善意的标准仍然存在很大的不确定性，但是善意履行的要求作为对自裁决自由裁量的限制是缔约方可以普遍接受的，并且随着法律实践的发展，善意原则不断被赋予具体化的内容，善意原则的衡量标准也更为客观化了。[1] "重大安全例外是自裁决性质的，但是每个政府都会期望其他方会善意地适用这一规定。"[2] "善意原则调整国家的行为，必须适用于当事方没有预见到的情形。有约必守规则只能适用于有效的条约，因为有效条约必须善意履行。"[3] 每个国家都不能预知对方会在何时产生引用安全例外条款采取措施的情形，为了最大限度减小不可预见的损失，自己作为协定的另一方也愿意接受善意履行原则的约束，从而要求对方接受善意履行的原则。

结　论

重大安全例外条款已经在国际投资协定中被一些国家采用，在此条款不断被普遍设定的背景下，相关的一些法律问题仍然没有得到澄清，这些法律问题的澄清为缔约方谈判作出选择以及参与争端解决都具有非常重要

---

[1] 参见于丹翎《WTO 争端解决机构中善意原则的适用及其意义》，《外交评论》2009 年第 1 期。

[2] Statement of Administrative Action in the United States, NAFTA Implementation Act of 1993.

[3] 转引自韩立余《善意原则在 WTO 争端解决中的适用》，《法学家》2005 年第 6 期。

的意义。总体而言，重大安全例外条款是对外国投资者和东道国利益进行平衡的均衡器，是一国控制投资流动的安全阀。在对重大安全例外条款所涉及的具体法律问题进行探讨时，也要平衡好东道国基于主权利益实施管理的自由裁量权和投资者期望稳定的投资环境使商业利益最大化之间的关系。

首先，对于重大安全的界定。重大安全虽然有广义和狭义的区分，但都包含了非常广泛的国家基本利益，在投资条约中普遍没有设定如WTO第20条一般例外条款的情况下，对重大安全作广义的解释有益于实现维护东道国政府管理国内公共事务、维护公共利益的目标。各国"国家安全战略计划"对国家安全内容的列举使得这一内容广泛而不确定的概念趋于明确化、统一化。重大安全是一个处于不断发展中的概念，其从威胁来源于传统的外部的军事威胁，发展到以国家内部经济安全威胁为重点，特别是将战略性产业、关键性基础设施建设、经济危机等内容纳入重大安全的范围内，这种内生性的国家安全威胁也随国内外形势的变化而不断增加。

其次，国家在谈判中可以对重大安全例外适用范围作出不同的选择。越来越多的国家在国内法体制中建立国家安全审查制度，在准入阶段就可以排除具有安全威胁的投资。然而，在外资设业后的运营阶段，某些投资可能会随着国内外形势的变化成为重大安全利益威胁，国家就有采取必要的管理措施的需要，但由此又会对外国投资造成损害而承担责任。重大安全例外条款应运而生，为国家基于维护主权利益的行为提供了正当性，免除了因此而承担的国家责任。鉴于此，重大安全例外条款是投资设立后排除国家义务较为普遍的选择。

再次，重大安全例外条款与习惯国际法"危急情况"免责的关系问题。在证明东道国采取重大安全例外措施的正当性时，"必要性"是证明所采取措施是否适当的主要标准。诸多方面证明了以经济活动为规范对象的国际投资法制，应当基于国际经济活动的特征发展自己的新标准，放宽"危急情况"的免责证明条件。

最后，重大安全例外性质的确定问题。国家安全是关乎主权国家存在之根本利益，自裁决性质条款赋予东道国自己决定所采取的措施是否符合条约规定条件的权利，对何时以及在何种情况下采取措施有自由选择权。在全球化时代，各国间经济联系日益加强，安全风险不断加大，自裁决性质的条款更有利于实现重大安全例外条款的法律目标。因此，重大安全例外被确认为自裁决性质也成为条约发展的主流。但是，在赋予东道国广泛自由裁量空间的同时，东道国自主权的行使仍然要以善意原则为限。

重大安全例外条款相关法律问题所具有的争议性，依然给国际投资协定谈判方提供了很大的选择空间。谈判缔约方基于不同国家利益的考虑及谈判当事方之间的力量对比，可能会在重大安全例外条款的具体设计中作出具有差异性的选择。总之，重大安全例外条款会发展成为国际投资协定中普遍设定的一则条款，这为扭转偏重保护外国投资者转向平衡保护东道国公共利益和投资利益的局面起到了积极的作用。

第三章

国际投资协定中的一般例外条款

引　言

　　从某种意义上而言，人们熟识的一般例外条款是指 GATT1994 第 20 条，即为保护人类、动植物生命健康等公共利益而允许缔约国背离 GATT 各项义务的例外条款。该条款是实现国际贸易自由化与保护缔约国公共利益之间平衡的重要工具，并且已经在国际贸易争端解决中多次发挥重要作用，捍卫了缔约国的公共利益，因此有学者称之为国家公共利益的安全阀。然而，很少有人能够将该条款与国际投资协定联系在一起，因为国际投资协定极少将上述公共利益例外条款规定为一般例外条款，或者更准确地说，国际投资协定极少关注公共利益，这种缺失正在且已经遭到了风起云涌的经济全球化的重重挑战。

　　近年来，随着投资自由化的不断深入，外国投资损害东道国公共利益，并以国际投资协定为盾牌，导致东道国束手无策的情形屡见不鲜，甚至资本输入大国美国亦不得不承受公共利益受损之痛，这都使得国际投资协定中投资者保护与公共利益保护之间的冲突问题受到国际社会的高度关注，如何实现二者平衡成为学界探讨的热点。GATT 一般例外条款则是平衡贸易自由化和公共利益保护的成功先例，并且在 WTO 实践中获得普遍适用，于是一般例外条款很自然地成为国际投资法理论的关注热点；事实上，该条款也是投资条约实践的显著新发展，它正在越来越多地出现在国际投资协定的谈判桌上。有理由相信，一般例外条款的生命力才刚刚萌芽，这一条款也必将如同其在国际贸易法中一样，在国际投资法领域获得长足而持久的发展，并且真正成为投资协定缔约国公共利益的捍卫者。

　　不容否认，GATT1994 第 20 条的理论发展和实践应用都趋于成熟，但国际投资法学界对一般例外条款的研究却甚少。作为国际投资协定的新热点，我们更应该给予充分的关注，这个被称为国家公共利益安全阀的一般例外条款，在国际投资协定中应如何界定？该条款是何种性质以及其适用标准应如何判定？该条款为何至今才在国际投资法舞台上崭露头角获得关注？一般例外条款又能否如同其在国际贸易法中发挥的作用一样，承担起保护国际投资协定缔约国公共利益的重任？这些是本书即将深入探讨的问题。

第一节 一般例外条款概述

一 一般例外条款的界定

（一）一般例外条款的概念

一般例外条款源自 GATT1994 第 20 条，即为了保护缔约国公共利益而规定的例外条款。从这个意义上讲，一般例外条款在国际投资协定中并没有统一的表述和内涵，因此在投资协定语境下它并不是一个既定的、明确的概念，而是一类例外条款的总称。为了更清晰地理解，笔者认为不妨将国际投资协定中的一般例外条款划分为广义和狭义两个层面。广义的一般例外条款是指国际投资协定中存在的旨在保护缔约国公共利益的所有例外条款，既包括为保护某项具体公共目的而设置的单一的例外条款，例如公共健康例外条款或者自然资源例外条款等，[①] 又包括与 GATT 第 20 条或者 GATS 第 14 条规定类似的、为保护诸多公共利益而规定的综合例外条款[②]。但是征收条款中的例外情形不属于此列，下文中将会对此作出详细

[①] 例如，1998 年毛里求斯—瑞士 BIT 第 11 条第 3 款："本协议中的任何规定都不得解释为妨碍任一缔约方为公共健康或者动植物疾病预防而采取必要的措施。"

[②] 其典型表述为："如果下列措施的实施不会在情形相同的国家之间构成任意的或者不合理的歧视，或者不会形成伪装起来的对国际投资流动的限制，本协定中的任何条款不得解释为妨碍缔约一方采取或者实行这些措施：（1）为保护公共道德或者维持公共秩序所必需的；（2）为保护人类和动植物的生命健康所必需的；（3）为保证与本协定相符的法律法规的实施而必需的；（4）旨在保证对任何一方的投资或投资者公平或有效地课征或收取直接税；（5）为保护具有艺术、历史或者考古价值的国家财产所必需的；（6）与保护可用尽的自然资源相关的，并且该措施必须与限制国内生产或消费同步实施。"

阐述。而狭义的一般例外条款则仅指与 GATT 第 20 条或者 GATS 第 14 条类似、以"一般例外"（general exception）为标题的例外条款，或者虽然未命名为一般例外但其内容与 GATT 第 20 条非常类似的一般例外条款。值得说明的是，本书中的一般例外条款是就广义而言的。

从上文中可以看出，公共利益是一般例外条款概念的关键组成部分，是一般例外区别于其他例外条款的标志，因此厘清公共利益的含义对于准确理解一般例外条款具有重要意义。从文义角度出发，公共利益是指为全社会的而不是为特定个人或者部分人的便利、安全和利益；[①] 从国际投资协定的意义上讲，公共利益又称为公共目的（public purpose）、公共福利目标（public welfare objective）等，其内容具有不确定性。但这一名词在国际投资法中并不陌生，几乎所有的国际投资协定都在其征收条款中明示或者暗示地规定了公共利益的相关内容。然而，尚未有国际投资协定对公共利益的概念作出清晰、明确的界定，其根本原因恐怕在于公共利益本身就是一个颇具抽象色彩的概念，其范围之广泛，发展变化之多样都难以一言而蔽之。因为从政府角度讲，采取满足公共需要的措施就是为了公共目的，公共需要显然不是一个静止的概念，而是根据国家实践不断发展的。[②] 这似乎在一定程度上暗示着，包含公共利益的一般例外条款在内涵和外延方面也是与时俱进、不断发展变化的。

当然，公共利益绝非虚幻的、完全无迹可寻的。晚近的国际投资条约中对公共利益作出明确表述的应该是美国 2004 年 BIT 范本，其关于间接征收的附件 B 第 4 条（b）款的表述为："除非在极少数情况下，一方设计并适用于保护合法的公共福利目标，诸如公共健康、安全和环境的非歧视性措施不构成间接征收。"由此可以看出，美国 BIT 范本列举的公共利益包括公共健康、安全和环境保护。另一个不得不提到的、与公共利益密切相关且为国际社会熟知的国际条约是 GATT1994 第 20 条及 GATS 第 14 条，即 WTO 保护缔约国公共利益的一般例外条款。该条款列举的公共利益包括：公共道德、人类及动植物的生命或健康、本国有艺术、历史或考古价值的财富、可穷竭的自然资源等。因此，与整个社会或者部分社会大

[①] 薛波等编：《元照英美法词典》，法律出版社 2003 年版，第 1118 页。
[②] 韩秀丽：《论国际投资协定中的"根本安全利益"与"公共目的"》，《现代法学》2010 年第 2 期。

众的基本关切有利害关系的基本利益,包括但不限于公共健康利益、环境利益、安全利益、文化利益、自然资源利益等都属于公共利益的范畴。国际投资协定为保护此类利益而规定的例外条款即可认定为一般例外条款。

(二) 一般例外条款与重大安全例外条款

近年来受到国际投资法学界关注的例外条款还有重大安全例外条款,又称为根本安全例外条款、基本安全利益例外条款、免责条款、逃避条款等,是指为保护缔约国的重大安全利益或者基本安全利益(essential security interests)而规定的例外条款。根据联合国贸发委的统计,截至 2008 年年底,世界各国签订 BITs 数量约为 2676 个,其中包含重大安全例外条款的有 200 个。[①]

一般例外条款和国家安全例外条款都是国际投资协定中的例外条款,而且从条款的语言结构上讲,二者都被称作不排除措施条款,其典型表述为"本协定不得解释为排除(妨碍)一方采取为保护下列利益而采取必要措施的权利……"二者最为核心的区别在于保护的利益不同,重大安全例外条款旨在保护重大安全利益,而一般例外条款旨在保护一般公共利益。严格意义上讲,重大安全利益也是公共利益的一种,公共利益具有广泛性和一般性,而重大安全利益则具有极端重要性和根本性,只有关系到国家生死存亡的重大安全事项才属于国家的重大安全利益。因此,公共利益与重大安全利益可以说是一般与特殊的关系,后者内涵要窄于前者;并且在外延上,重大安全利益要比公共目的追求的公共利益小得多。[②] 其次,二者的性质不同,国家安全例外条款一般认为是自裁决条款,而一般例外条款为非自裁决条款。由于国家安全例外条款一般关系到一国的生死存亡,这样重大的事项非常不宜交给无利害关系的第三方进行评断,且本国的实际情况只有该当事国最为清楚,所以国家安全例外条款一般应认定为自行裁决条款,由缔约方自行决定是否适用该条款,仲裁庭只进行善意审查。一般例外条款则不同,尽管该条款涉及的公共利益也很重要,但毕竟未上升至国家生死攸关的高度,且容易遭到滥用,因此其性质多认定为非自裁决条款,这在下文将进行详细阐述。此外,二者在范围、程度和适

[①] *Bilateral Investment Treaties 1995—2006*: *Trends in Investment Rulemaking*, United Nations, New York and Geneva, 2007, p. 87.

[②] 韩秀丽:《论国际投资协定中的"根本安全利益"与"公共目的"》,《现代法学》2010年第 2 期。

用条件上也有所不同。① 一般例外条款范围更为宽泛，其适用要受到较严格的条件限制，而重大安全例外条款则专为特定国家安全设置，其适用条件更为宽松。

一般例外条款和重大安全例外条款是缔约国不同利益的保卫者，二者相辅相成，不可偏废其一。既不能因为规定了重大安全例外就忽视一般例外，也不能由于一般例外的存在而弃置重大安全例外。二者并存不悖，共同发挥作用才能为缔约国国家安全和社会公共利益提供完备的保障。

二 一般例外条款的条约规定及其特点

（一）一般例外条款的不同表述

与国际贸易协定的统一性不同，国际投资协定纷繁复杂，不仅数量庞大，而且有多重表现形式，各条约具体条款的表述和规定更加复杂多样。就本书中的一般例外条款而言，尽管都是为了保护公共利益，但是在各个不同的条约中其具体措辞和标准不尽相同。② 国际投资协定体系的主要组成部分包括双边投资条约（BITs）和区域贸易协定投资专章（RTAs 投资专章），③ 因此下文将分别就 BITs 和 RTAs 投资专章中的一般例外条款进行陈述分析。

1. BITs 中的一般例外条款

BITs 在国际投资协定体系中的绝对主导地位已经是不言而喻的事实，在 BITs 中，旨在保护公共利益的一般例外条款多种多样。根据其复杂程度，可以分为以下几种类型。

其一，只要求必要性和公共目的的一般例外条款。例如，1998 年毛里求斯—瑞士 BIT 第 11 条第 3 款："本协议中的任何规定都不得解释为妨碍任一缔约方为公共健康或者动植物疾病预防而采取必要的措施。"其

---

① 余劲松：《国际投资条约仲裁中投资者与东道国权益保护平衡问题研究》，《中国法学》2011 年第 2 期。

② 同上。

③ 根据 UNCTAD 的研究报告，截至 2007 年底国际投资协定的数量已经超过 5500 个，其中包括 2600 多个 BITs，占据国际投资协定总量的 47%；已经存在 254 多个 FTAs（所占百分比尚不足 10%），并且包含投资专章的 FTAs 数量近年来急剧增长。由此可见，BIT 和 FTA 投资专章是国际投资协定的主要构成。

二，与 GATT 第 20 条要求类似，规定了非歧视、不得作为伪装的投资限制等要求，但针对的公共目的较为单一。例如，1999 年阿根廷—新西兰 BIT 第 5 条："本协定不得限制缔约一方采取任何为保护自然资源和实体资源或者人类健康所必要的措施的权力，此种措施包括对动植物的破坏、财产没收或者对股票转移的强制限制等，但此种措施的采取不得构成随意的或者不公平的歧视。"又如 1999 年澳大利亚—印度 BIT 第 15 条规定："本协议不得排除缔约一方依据其可正当适用的法律，在不歧视的基础上采取的为疾病或者虫害的预防而采取任何措施。"其三，除了必要性、公共目的等要求，还规定了事先通知义务，例如 2002 年日本—韩国 BIT 第 16 条："（1）尽管本协议有其他条款，任何缔约方有权采取为保护人类和动植物生命或健康而必要的措施；（2）若任一缔约方根据前款规定采取了任何与本协定规定的义务不相符的措施，该缔约方不得利用此种措施来规避其应承担的条约义务；（3）若任一缔约方采取了前款规定的措施，该缔约方必须在此种措施生效之前，尽可能早地向缔约他方发出关于所采取措施的下列情况的通知……"其四，以 GATT 第 20 条为参考的一般例外条款，例如加拿大 2004 年 FIPT 范本第 10 条规定："如果下列措施的实施不会构成任意的或者不公平的歧视，或者不会形成伪装的对国际贸易或投资的限制，本协定中的任何条款不得解释为妨碍缔约一方采取或者实行这些措施：（1）为保护人类、动植物生命健康；（2）确保与本协定条款不冲突的法律法规的实施；（3）保护可用尽的或者不可用尽的自然资源。"2006 年墨西哥—英国 BIT 第 5 条以及 2004 年约旦—新加坡 BIT 也包含了与 GATT 第 20 条类似的一般例外条款。其五，2005 年美国—乌拉圭 BIT 第 12 条规定："本协定中的任何条款不得解释为妨碍任一缔约方采取、保持或者实施其认为适当的、为确保其境内的投资活动与其环境关切保持一致的措施，该措施不得违反本协定规定。"此外，一些 BITs 中以"一般例外"作为标题的条款除了规定保护公共利益的例外情形，还规定了保护国家根本安全利益的例外情形。如日本—越南投资自由化与促进和保护协定第 15 条的一般例外，就同时包含了重大安全例外的内容和一般例外的内容。

2. RTAs 投资专章中的一般例外条款

与 BITs 相比，RTAs 投资专章在国际投资协定体系中虽然只占了很小的比例，但是近年来包含投资专章的 RTAs 的发展异常迅猛，而 BITs 却渐行渐缓。① 所以，RTAs 投资专章中的一般例外条款也是本书需要考察的重点内容。与 BITs 中一般例外条款的多种多样相比，RTAs 投资专章中的一般例外条款具有更多的相似性，且与 GATT1994 第 20 条及 GATS 第 14 条很类似。

2009 年新修订的《东盟综合投资协定》（ASEAN Comprehensive Investment Agreement）第 17 条就是参照 GATT1994 第 20 条而规定的一般例外条款的典型，该条款规定："如果下列措施的实施不会在情形相同的国家及其投资者之间构成任意的或者不合理的歧视，或者不会形成伪装起来的对国际投资流动的限制，本协定中的任何条款不得解释为妨碍缔约一方采取或者实行这些措施：（1）为保护公共道德或者维持公共秩序所必需的；（2）为保护人类和动植物的生命健康所必需的；（3）为保证与本协定相符的法律法规的实施而必需的；（4）旨在保证对任何一方的投资或投资者公平或有效地课征或收取直接税；（5）为保护具有艺术、历史或者考古价值的国家财产所必需的；（6）与保护可用尽的自然资源相关的，并且该措施必须与限制国内生产或消费同步实施。"实际上，上述内容完全是 GATS 第 14 条的复本。2007 年《东南部非洲共同市场投资合作协定》（COMESA）第 21 条的规定则略有不同："如果不会在同类投资者间构成随意的、不合理的歧视或导致变相的限制投资流动，本协定不能被解释为妨碍缔约国制定或实施以下措施：（1）保护国家安全和公共道德所必需的；（2）保护人类和动植物的生命健康所必需的；（3）保护环境所必需的；（4）经共同投资区委员会同意，缔约国随时可以决定采取的任何其他措施。"

同样，《加拿大外国投资保护与促进协定范本》第 10 条规定的一般例外条款将构成歧视或者投资限制的范围表述为"在投资或者投资者之间"，公共利益范围表述为人类动植物生命健康、法律法规实施和自然资源保护三个方面；《日本—新加坡经济合作协议》投资专章第 83 条规定："如果下列措施的实施构成对缔约他方的任意的或者不合理的歧视，或者不会形成伪装起来的对来自缔约他方的投资者的国际投资的限制，本协定中的任何条款不得解释为妨碍缔约一方采取或者实行这些措施……"

---

① 根据 UNCTAD 的研究报告，BIT 的数量自 2001 年以来逐年下降，而包含有投资规范的区域贸易协定近年来的数量接近翻番，并且发展非常迅猛。

(二) 一般例外条款的特征

1. 范围宽泛及形式多样

由上文可见，一般例外条款的表现形式和范围纷繁多样。就范围而言，不同投资协定中的一般例外条款涵盖的范围各有差异，有的只规定单一公共目的的例外，如文化利益例外、环境保护例外、自然资源保护例外等，有的则规定了从公共道德、动植物生命及健康到自然资源保护的综合例外。而该条款中公共目的的表述如公共道德、公共秩序等也缺乏明确的内涵范围界定，这就使一般例外条款的范围宽泛而多样。就其形式而言，一般例外条款在投资协定中的形态是多种多样的，有时是以单独条款的形式规定在条约正文中，而事实上，在投资协定中很多情况下一般例外条款内容都与根本安全例外内容规定在一个条款中，并以"一般例外"（general exception）为标题，这一结构的条款在投资法理论上被称为"不排除措施条款"，例如2003年芬兰—吉尔吉斯斯坦BIT第14条、2002年日本—韩国BIT第16条、2003年日本—越南BIT第15条等。

2. 缺乏普适性

GATT1994第20条规定的一般例外条款已为国际社会所熟知和认可，但很少有人将该条款与国际投资协定联系在一起，它在国际投资协定中普适性的缺失主要表现在以下几方面。其一，包含有一般例外条款的国际投资协定数量较少。联合国贸发委的统计数据表明，截至2008年年底，世界各国签订的BITs数量约为2676个，其中包含公共健康、生命和自然资源一般例外条款的协定远不足200个。[①] RTAs投资专章中的一般例外条款数量也比较少，而且多与重大安全例外条款合并为一个例外条款。其二，在国际投资仲裁中尚未出现关于一般例外条款的投资争端，仲裁庭亦未引用任何关于一般例外条款的内容。即使在国际贸易法中，GATT1994的一般例外条款也是在规定半个多世纪之后才开始在WTO争端解决中得到频繁适用，成为捍卫缔约国公共利益的一把利剑，因此可以预见国际投资法领域一般例外条款的普遍规定及实际运用恐怕尚需时日。

这种缺失有着深刻的法律及经济原因。在宏观层面上，国际投资法的诞生是基于一个二元划分的路径，即国际投资法体制就是为促进投资保护

---

① *Bilateral Investment Treaties 1995—2006*：*Trends in Investment Rulemaking*, United Nations, New York and Geneva, 2007, p. 87.

而量身定做的,至于经济发展和其他公共目的则由各国自身进行调节。① 因而现存的国际投资协定以保护外国投资为核心,极少关注为保护公共目的而存在的一般例外条款。在微观层面上,传统国际投资协定自身已经包括了一个利益平衡机制,包括征收条款、公平公正待遇条款,传统理论认为这些实质性规则已经为缔约国为保护公共利益而行使治安权②(police power)提供了足够的灵活性,因而没有必要规定一般例外条款。③ 此外,经济发展目标一直是各国关注的重点,直到国际投资流动加速对公共利益造成的严重威胁日益凸显,甚至威胁到国家主权行使,公共利益保护才引起国际社会注意,故而一般例外条款的缺失不足为奇。

三 一般例外条款的发展新动向

(一)一般例外条款新发展的动因

国际投资协定中一般例外条款的新动向也是国际投资法的新发展之一,促成这一新动向的既有条约实践的需求,也有国际投资法理论的突破,归结起来可以从以下两个方面进行剖析。

其一,保护公共利益、实现投资保护和公共利益保护平衡正在成为国际投资法学关注的新焦点。传统国际投资法的核心在于保护外国投资,极少对缔约国的环境保护、生命健康等公共利益加以规制,而后者又是一国主权行使的重要体现,随着国际投资自由化的进一步扩张,基于投资保护理念的国际投资法规则严重压缩了国家主权行使的政策空间,造成了管理僵局(regulatory chill);这一冲突体现在国际投资实践中则为一系列国际投资仲裁对缔约国公共利益的严重威胁甚至损害,④ 尽管国际投资仲裁体

---

① Katja Gehne, "Responsible Investment Through International Investment Law: Addressing Rights Asymmetries Through Law Interpretation and Remedies", World Trade Institute, *NCCR Trade Regulation*, March, 2011.

② 治安权是一国政府在宪法规定范围内,为促进秩序、安全、健康、道德和公共福利而行使的一种主权权力,是政府的本质属性之一。见 Brayan A. (ed.), *Black's Law Dictionary*, 9th ed., Ewst Publishing Co., 2009, p. 1276。

③ ACIEP (the Advisory Committee of International Economic Policy), *Report of the advisory committee on international economic policy regarding the model BIT*, September, 2009, p. 7.

④ 最近的案例如2009年 Dow Agrosciences LLC v. Government of Canada; Ethyl v. Canada; Marion Unglaube v. Costa Rica; Vattenfall AB et al. v. Germany 等,这些案例都涉及缔约国环境保护与外国投资者投资活动之间的争端,因此对缔约国公共利益造成严重威胁。

制自身也难辞其咎，但是国际投资协定中明确保护公共利益的实体条款的缺失也是不容置疑的重要原因。因而，有关公共利益保护的内容在国际投资协定中越来越多，除了传统的征收条款外，一般例外条款也成为重要工具。有学者认为这一变化暗示着国际投资条约体系与理论的嬗变。①

其二，国际投资协定既有的平衡机制已经不足以保护公共利益。一般例外条款之所以长期未受到国际投资法的重视，原因之一在于传统国际投资协定一般都规定有征收条款，在给予及时、充分、有效的补偿的前提下，一国可以为保护公共利益而对外国投资采取必要的措施。然而，这种做法本身就有失偏颇，试想如果政府为保护某个地区的环境或资源而要求该地区所有的企业搬迁退出，外资企业会根据征收条款获得补偿，而国内企业却无法享受这种待遇，这实际上赋予了外国投资以超国民待遇。另外，随着国际投资自由化的不断深入，国际投资协定中的投资准入条款增加，为外国投资创造了更自由宽松的环境，缔约国国内法对投资的规制限度越来越弱，② 而国际投资协定的作用越来越强，尤其是其中的公平公正待遇条款已经超越了征收条款，成为最容易引起投资者—国家争端的条款之一。这意味着，即使不能通过征收条款获得补偿，投资者也可以通过公平公正待遇条款为其自身利益寻求保障，而缔约国公共利益进一步受到侵蚀却缺乏救济途径，此种不对称性凸显了传统国际投资协定的缺陷，充分证明了征收条款在保护公共利益方面的乏力，一般例外条款作为新的解决路径进而更广泛地进入了人们的视野。

（二）一般例外条款新动向的体现

国际投资协定随着国际投资自由化的发展而发展，一般例外条款在实践和理论中都表现出了新发展动向。一方面，在国际投资协定实践中，一般例外条款的数量在不断增加，2005年加拿大FIPT范本、2007年《东南部非洲共同市场投资合作协定》、2009年《东盟综合投资协定》等国际投资协定都规定了一般例外条款，其内容与GATT1994第20条类似。诚如学者所言，一般例外条款在国际投资协定中的增加和扩张是一个世界性的

---

① 李武建：《论投资条约中的公共利益》，《国际经济法学刊》2010年第4期。

② 传统BIT一般规定，进入本国的外国投资要符合本国的法律法规规定等条件，这种条件下公共利益保护与外国投资之间的冲突现象比较罕见。

趋势。① 另一方面,在国际投资法理论界,一般例外条款以前所未有的张力吸引了越来越多的学者,他们呼吁在国际投资协定中增加一般例外条款以保护缔约国公共利益,保护环境、文化多样性、公共健康等,由此引发的关于一般例外条款价值平衡功能的争论也日益增多。② 在第二届新加坡国际投资仲裁会议上,一般例外条款是会议的主要议题之一,其内容包括在国际投资协定语境下该条款的解释、适用范围、与征收的关系等。此外,可持续发展国际组织还专门就一般例外条款的价值平衡功能进行了探讨。③ 以上这些都表明,一般例外条款已经迎来了它在国际投资法领域的新发展。

第二节 一般例外条款的解释

一 一般例外条款的解释方法

到目前为止,国际投资仲裁中尚未出现与一般例外条款有关的案例,随着一般例外条款越来越受到国际社会的重视,其在国际投资仲裁中的适用恐怕只是时间问题。条约的解释是其适用的基础,而一般例外条款的部分用语又颇为抽象,因此该条款的解释就成为关键。严格意义上,一般例外条款的解释是一个个性化过程,各国国情、一般例外条款措辞、保护的公共目标等都各不相同,所以该条款的解释不可能千篇一律,必然存在诸多差异。然而,如果同一争端解决机构对同一条款的解释前后矛盾,仲裁裁决千差万别,那么仲裁庭的权威性将受到极大挑战。解决这一矛盾的关

---

① Joerg Weber, *Balancing Private and Public Interests in International Investment Agreements*, UNCTAD Expert Meeting on Development Implications of International Investment Rule Making, 28 – 29 June, 2007.

② 详情参见以下文章:Suzanne A. Spears, *the quest for policy space in a new generation of international investment agreements*; ACIEP (the advisory committee of international economic policy), *Report of the advisory committee on international economic policy regarding the model BIT*; Kojo Yelpaala, *fundamentalism in public health and safety in BIT*.

③ Howard Mann, *Investment Agreements and the Regulatory State: Can Exceptions Clauses Create a Safe Haven for Governments?* Background Papers for the Developing Country Investment Negotiator's Forum, Singapore, October, 2007.

键在于对一般例外条款的解释应当遵循统一的原则和方法，以确保不同解释所反映的仲裁庭的思路和价值取向是一致的，如此方可在考虑具体情况的同时保证仲裁庭的权威性和合法性。

（一）遵循维也纳公约的解释规则

《维也纳条约法公约》是有关国际条约解释的权威性国际公约，截至2011年4月，已经有111个国家批准加入维也纳公约，即使是尚未批准加入的国家也可能承认该公约具有约束力，维也纳公约已经成为国际条约解释中的习惯国际法。

根据维也纳公约第31条第1款，在解释一般例外条款时，须关注条款文本的通常意义，判断其通常意义的基础是该条款的目的及上下文。该解释规则以文本主义为基础，要求在对一般例外条款进行解释时，必须以条款措辞为解释依据。根据前文可知，一般例外条款的措辞和表达在不同的投资协定中均有一定差异，是否有前言规定、公共目标的范围和用语、是否包含必要措施的程序要求等，都需要根据条款及协定本身予以具体考察。第2款进一步明确了上下文的范围，包括条约的前言和附件、适用于当事国间关系的任何有关国际法规则、缔约国间存在的相关词语解释的惯例。与前款相比，该款的规定对于准确解释一般例外条款似乎更有实质性意义。首先，一般例外条款的功能在于平衡投资保护与公共利益保护，合理分配例外情形下的投资活动风险，使缔约国避免因为履行投资保护义务而损害其自身公共利益，然而，独立地看待一般例外条款并进行解释时，仲裁庭极有可能曲解该条款的本质和功能。例如在阿根廷系列案件即CMS案、Enron案、Sempra案及LG&E案中，仲裁庭对美国—阿根廷BIT第11条关于国家安全例外条款的理解截然不同，在前三个案件中，仲裁庭认为该条款背后是投资者保护与国家安全例外条款有限作用的衡量，而在后案中，则认为是投资者保护和国家自由管理行为空间的博弈，[①] 显然，后者才是该条款设置的初衷和目的。而在当下的很多国际投资协定中，缔约方越来越多地在序言中规定保护本国公共利益的宗旨，根据第31条第2款，解释一般例外条款需要考虑整个条约的序言及附件，这无疑将为仲裁庭正确理解一般

[①] William W. Burke-White, Andreas Von Staden, "Investment Protection in Extraordinary Times: the Interpretation and Application of Non-preculded Measures Provisions in Bilateral Investment Treaties", *Virgiimia Journal of International Law*, Winter 2008, p. 40.

例外条款的平衡功能提供明确的指引。其次，在一般例外条款的公共目标中包括有人类及动植物生命健康、环境保护、公共健康等，而国际社会已经签署了诸多与这些利益密切相关的国际公约，例如 WTO 的《卫生与健康检疫协定》、北美的《环境合作协定》等，且条约成员国范围广泛，上文所包含的第二层含义即指此类国际法规则，在解释一般例外条款时，参考这些国际公约必然有助于廓清公共目标的具体含义。

然而，一般例外条款中同时还包括了些许抽象用语，例如公共道德、公共秩序或者文化遗产，这些文本的通常含义很难作出统一界定，同一术语在不同的协定条款中含义不同，同一条款因投资协定的背景环境不同而存在差异，而同一缔约国与不同国家缔结投资协定的目的也不尽相同，公共道德一词在美国—澳大利亚 BIT 与美国—韩国 BIT 的含义应该大不相同，公共秩序在大陆法系国家之间和英美法系国家之间缔结的投资协定中的理解也会有很大差异；且不同协定文本中一般例外条款的具体措辞表达皆有差异，此时第 31 条规定的文本解释规则对于准确理解一般例外条款、澄清其用语的抽象性和模糊性略显乏力。令人欣慰的是，维也纳公约第 32 条已明确考虑到该情况，该条款规定："遇有按照第 31 条所作解释仍然（a）含义不明确或者难以理解；（b）所得结果显然荒谬或不合理时，为了认定其含义，得用包括条约的筹备及缔约时的情况在内解释的补充资料。"该条款允许仲裁庭在解释具体条款时借助于外部影响因素，例如缔约时各缔约方的准备工作、政治人文环境、经济状况、社会制度差异等，这些外部证据非常有助于判断缔约国缔约时的意图，可以在一定程度上避免同一术语的理解分歧。此外，值得注意的是，一般例外条款涉及的公共利益包括可用尽自然资源、公共道德、环境保护等，这些公共利益带有明显的时代性特征，因此在对其进行解释时应当考虑到该术语在当代的意义，而不能墨守成规，这种解释方法在 WTO 及国际法院、欧盟法院的司法实践中已经得到适用，有学者称之为"当代意义解释法"或者称之为一种与时俱进的解释方法，并且指出该方法似乎表示着当今国际争端解决机构在条约解释方法上的最新趋势。[①] 这种解释方法对于准确理解上述抽象性的公共目标颇具指导性意义。因此，笔者认为在解释一般例外条款

---

① 曾令良：《从"中美出版物市场准入案"上诉机构裁决看条约解释的新趋势》，《法学》2010 年第 8 期。

时，也应当根据具体情况适用该解释方法。

（二）参考其他国际司法实践的解释规则

即使是维也纳公约也不得不承认条约的解释是一项非常艰巨而微妙的工程，故而在解释中出现分歧也不足为奇，并且需要考虑除条约自身之外的其他因素。① 所以，对同一体系内的同一条款的解释遵循先例不仅可以提高效率，而且有助于保持条约解释的一致性，WTO 争端解决机构的做法即为典型。然而，一般例外条款在国际投资协定中尚属于新生事物，更谈不上解释先例，尽管在现有的国际法中，GATT1994 第 20 条及国际投资协定中的国家安全例外条款已经有相当数量的案例，但是对国际投资协定中的一般例外条款的解释而言，能否跨范畴地借鉴在贸易领域或者重大安全例外条款解释中相同或者类似的术语，仍然是一个十分有争议的问题。

有学者认为，WTO 秉持的宗旨与国际投资仲裁机构不同，且 GATT 例外条款和 BIT 中的例外条款的用意也大相径庭，因此采用 WTO 成案的理解来解释一般例外条款并非毫无问题。② 而仲裁庭已作出的对美—阿 BIT 第 11 条的国家安全例外条款的解释并不能为其解释一般例外条款提供可靠合理的指导和暗示，因为国家安全例外条款没有任何表示利益平衡的意思。③ 反之，也有学者提出，因为所有的国际仲裁庭都被要求按照维也纳公约第 31 条和第 32 条进行条约解释，因此其他仲裁庭对相同或者类似条约语言的解释是非常具有说服力的，WTO 在适用一般例外条款中形成的惯例和标准为国际投资协定语境下的一般例外条款提供了非常有益的借鉴。④ 事实上，国际投资仲裁庭在实践中已经从其他国际机构，包括欧洲人权法院和 WTO 借鉴了许多有用的因素。例如，在 Continental Gas.

---

① 曾令良：《从"中美出版物市场准入案"上诉机构裁决看条约解释的新趋势》，《法学》2010 年第 8 期。

② WTO 以维护公平竞争为宗旨，致力于调和成员方之间的利益之争，而 BIT 以保护投资为目的，关注国家和私人投资者之间的关系；WTO 例外条款的用意更多在于确定成员方在非贸易领域的自主权不因自由贸易政策而受到过于严苛的限制，具有体系维护性，而 BIT 中的例外条款则给予缔约国在特殊情况下脱身的特权，具有体系破坏性。详情参见彭岳《双边投资保护协定中"非排除措施"条款研究》，《河北法学》2011 年第 11 期。

③ Suzanne A. Spears, "The Quest for Policy Space in a New Generation of International Investment Agreements", *Journal of International Economic Law*, December 2010, p. 12.

④ Rahim Moloo, Justin Jacino, "Environmental and Health Regulation: Assessing Liability Under Investment Treaties", *Berkeley Journal of International Law*, Vol. 29, 2011, pp. 3–4.

Co. v. Argentina 案中，ICSID 仲裁庭通过探讨 WTO 判例法，最终确定了美国—阿根廷 BIT 第 11 条中国家根本安全的范围，仲裁庭认为由于 WTO 判例法已经广泛而深刻地探寻了类似条约用语的内涵，因此与参考习惯国际法相比，借鉴 WTO 判例法更为恰当。[①] 笔者赞同后者的观点，尽管国际贸易法与国际投资法分属不同体系，一般例外条款与国家安全例外条款亦有很大差异，但是一般例外条款中的若干用语是相同或者相当类似的，尤其是该条款中表示关联关系的联结词以及公共目标在已有的国际法判例中均有详尽的解释，而且已经得到国际社会的认可，完全照搬已有的判例解释当然不可取，但就确定某些相同语言的含义来讲，在解释一般例外条款时适当地参考或者借鉴其他国际机构的理解也不失为一种明智的选择。

二 一般例外条款关键词的解释

虽然国际投资协定中的一般例外条款在表述和内容方面表现出诸多差异，但从结构方面分析，一般例外条款大体上包括三个部分，分别是前言、联结词、公共利益或者公共目的，其中某些投资协定可能没有规定前言。

（一）前言

一般例外条款的前言是指在该条款前半部分所规定的，要求例外情形下采取的措施不能构成不合理的或者无端的歧视，也不能构成伪装的对国际投资的变相限制。例如，加拿大 FIPA 范本第 10 条："如果下列措施的实施不会在投资或者投资者之间构成任意的或者不合理的歧视，或者不会形成对国际投资或者国际贸易的伪装起来的变相限制，本协定中的任何条款不得解释为妨碍缔约一方采取或者实行这些措施……"一般例外条款的前言实际上规定了不符合措施（non-conforming measures）的实施方式，是缔约方在援引该条款时必须承担的条约义务。如果说 GATT1994 第 20 条中的前言是为了平衡 WTO 赋予援用方与其他成员方之间的权利的话，那么国际投资协定一般例外条款则是为了在缔约国投资保护义务与公共利益保护义务之间进行合理协调，该条款实际上赋予了缔约国背离投资条约规定的特权，但这种权利因为有强大的国家为后盾，所以极可能侵蚀缔约国承担的投资保护义务，因此必须避免缔约方滥用或误用该条款，防止缔约国以该条款为由逃避本应承担的国际义务。

---

① Continental Gas. Co. v. Argentina, ICSID Case No. ARB/03/9, para. 192.

简言之，前言包含两层中心意思，一为非歧视；二为非隐蔽的限制手段。由于后者在目前的理论和实践中都尚未得到有效探讨，其内容又具有较高技术性，因此此处笔者仅就非歧视原则进行探讨。一般例外条款前言要求缔约国采取的措施必须遵循非歧视原则，对与公共目的相关联的投资或者投资者须一视同仁，平等对待。通常意义上，非歧视包括两个待遇，即国民待遇标准和最惠国待遇标准，当缔约国关注的公共目的同时牵连本国及他国投资或者投资者时，国民待遇要求缔约国对外国投资或者投资者不能低于对本国投资或投资者的待遇；最惠国待遇要求对某一外国投资或者投资者的待遇不能低于对其他外国投资或者投资者，即不能只针对外国或者某一个外国的投资或者投资者采取与协定不符的措施。然而，对于构成任意或不合理歧视的判断标准，目前还无法从国际投资仲裁实践中获得明确答案，尽管 WTO 在该问题上已经建立了相对成熟的标准，但国际贸易法规则旨在实现国际贸易自由化、保护公平竞争，其非歧视原则保护的是某一类产品或者产品生产者，是否构成歧视可以通过"同一行业领域测试"（the same economic sector test）或者"竞争测试"（competition test）进行判断，而国际投资法规则的核心始终在于保护外国投资者，因此是否构成歧视的关键只在于与其他投资者相比，个别投资者受到的待遇是否是不公平的，[①] 不能简单借鉴 WTO 的判断标准。虽然目前国际投资领域的非歧视判断标准还不明了，但可以肯定的是此处的非歧视更多的是针对某个外国投资者的非歧视，是一种个体平等，其范围应当较为广阔，例如基于国籍的歧视、种族歧视等必然违背非歧视原则，较为典型的案例是"古巴银行诉萨巴蒂罗案"，古巴政府专门针对美国，发布了第851号令，对美国公司及财产实行国有化。对于国际投资协定中的非歧视判断标准，还有待于理论和实践的进一步发展。

（二）联结词

一般例外条款中的联结词是指表示该条款允许的不符合措施与公共目标之间的因果关系的词，最为常见的是"为……所必需"（necessary to），也有表述为"制定并实施"（designed and applied），显然，前者的关联性程度要高于后者。"所必需"一词决定了已采取措施与条约允许的公共目

[①] Nicholas Dimascio, Joost Pauwelyn, "Nondiscrimination in Trade and Investment Treaties: Worlds Apart or Two Sides of the Same Coin?" *American Journal of International Law*, January, 2008.

标之间的联系程度,因而其解释是一般例外条款能否成功适用的关键。与"非歧视"不同,"所必需"是一个表因果关系的虚词,其本质含义在不同语境中也大体相同,同时,无论 WTO 语境还是 BIT 语境,"所必需"前后联结的内容是一致的,正因如此,随着 GATT1994 第 20 条已在实践中形成了一系列解释规则,笔者认为在这方面可大胆借鉴 WTO 争端解决结构的解释规则。

在 WTO 的实践中对"所必需"解释具有根本性重大意义的案件是"韩国牛肉案",在该案中,DSB 上诉机构认为"必需"一词应当进行弹性解读,其一端是"不可或缺"(indispensable),另一端是"有利于"(making a contribution to),并提出了判断标准,亦是"权衡"标准(weighing and balancing test),即要确定一项措施是保护公共道德或者公共秩序所必需的,应当考虑以下三个方面的因素:其一,所涉措施意图保护的公共利益或者价值的重要性,这种公共目的越重要,采取的措施越容易被理解为"必需";其二,所涉措施在多大程度上有助于实现该措施追求的目标;其三,所涉措施对进出口产生的限制性影响,其副作用越小,被接受为"所必需"的可能性就越大。[1] 争端解决小组在随后的"石棉案"中引用了该观点。除此之外,考虑到理论和实践之间存在的差距,DSB 还建立了"合理可用性"标准,如果一成员能够采用合理期待的,且与其他 GATT 条款相符的替代措施,或者在无此合理性的情况下,在可合理获得的措施中,一成员能够采用某一最小限度与其他 GATT 条款不符的措施,则可被认为符合贸易影响的要求。[2] 从这些可以看出,判断某项措施是否符合一般例外条款关于必要性和公共目的的要求,是一个复杂的个性化解释过程。根据个案的具体情况,仲裁庭需要将不符合措施造成的损害与例外情形试图保护的国内政策利益和价值之间的相对重要性进行权衡,进而作出最后决定。

(三)公共利益或公共目的

1. 公共秩序

公共秩序是一般例外条款中较为常见的公共目标,但尚未出现关于其准确定义或者内涵的界定,其原因在于公共秩序是一个带有浓厚政策性色

---

[1] See appellate body report on korea-various measures on beef, para. 162 – 166.

[2] See appellate body report on korea-various measures on beef, para. 166, panel report on US-section 337, para. 5. 26.

彩的社会目标，其抽象性和模糊性满足了缔约国必要时发挥自由裁量权的需要，正因如此，也使得公共秩序的解释颇具挑战性。公共秩序的含义与条约缔约国的具体国内法律制度和文化传统密切相关，例如在 ICSID 最近裁决的 Enron 案中，申诉方美国关于公共秩序的普通法解释就与阿根廷作出的民法解释互相矛盾冲突，这也表明在解释公共秩序时，不可简单地以某国国内法的含义进行判断。

在国际司法实践中，OECD 发布的《保护外国人财产公约草案》第6条对其公共秩序例外进行了解释："如果缔约国由于不可抗力或者不可预见的情形或者其根本安全利益受到威胁而陷入了战争、敌对状态或者其他严重的国家紧急情况中，缔约国可以减损其承担的实质性义务。"美国将其 BIT 中的公共秩序目标理解为那些缔约国为保证其公共健康和公共安全而行使治安权采取的必要措施。中途夭折的《多边投资协定》（MAI）也规定有公共秩序例外："只有当确实存在着对一国的根本社会利益构成真正的、严重的威胁时，方可援引公共秩序例外"，但协定并未对何为根本社会利益作出解释。服务贸易总协定脚注 5 对公共秩序作出了文义解释，意指维护体现在公共政策和法律中的一个社会的根本利益，这些根本利益与法律、安全和道德的标准相关。从这些相关解释中可以发现，公共秩序与国家安全密切相关，二者的区别在于其严重程度和范围，公共秩序目标涵盖了和平时期国家强行法规范的社会活动，而当公共秩序已经无法解决严重敌对状态或者危机进而威胁到国家安全时，这种状态就超出了公共秩序的范围，而成为国家安全利益。[1] 一定程度上讲，公共秩序所涵盖的内容似乎正是缺乏成文法明确保护的那部分利益，使得缔约国能够根据不断变化的政治、经济、人文环境作出不同的解释，进而允许缔约国保护那些法律框架之外的重要社会利益。因此，在解释和判断某种情形是否构成公共秩序例外时，既要考虑该条款的具体文义表达，更重要的是考虑援引国的具体情况，结合其政治制度、文化传统甚至宗教信仰，同时也要参考其他相关国际组织曾经作出的判断。

2. 公共道德

与公共秩序一样，公共道德也是一个具有国别性、文化性的公共目

---

[1] William W. Burke-White, Andreas Von Staden, "Investment Protection in Extraordinary Times: The Interpretation and Application of Non-precluded Measures Provisions in Bilateral Investment Treaties", *Virginia Journal of International Law*, Winter 2008, p. 24.

的，它往往与当地社会的历史发展、政治制度、文化传统、宗教信仰联系在一起，即使是为大多数国家道德规范不容忍的行为，在某些特殊地域也是正常的（例如博彩业之于澳门），反之亦然，因此一个统一的、为各缔约国都接受的评价标准几乎不可能存在。在有关公共道德的国际法案例中，WTO"美国赌博服务案"是一个典型案例。

在该案中，专家组首先作出了文义定义："为了社会或国家的利益，对行为的对错进行判断的标准"，继而援引了国际法院的相关判例，参考了其他国家的国内条款及欧盟法庭的做法，最终确定了赌博属于公共道德事项。专家组充分认识到了对"公共道德"进行解释的问题的敏感性，承认该概念的内容因时因地而变，而上诉机构在多个场合针对 GATT1994 第 20 条作出声明：各成员在适用类似的社会观念时，有权确立他们各自认为适当的保护水平。毫不夸张地讲，专家组和上诉机构在"美国赌博服务案"中的做法对于公共道德的解释难题具有建设性意义，缔约方被授予了一定的自由裁量空间，在各自的管辖领域内、根据自身的制度和价值标准界定和适用"公共道德"观念的自主权。其实，这一做法早已成为欧洲人权法院和欧洲公平法院司法实践中的惯例，即"自由判断余地原则"（margin of appreciation）[①] 的创造和适用，允许缔约国享有在一定范围内的自由决断权利，以决定某种措施是否为保护该社会道德价值所必需。无论是国际贸易法还是国际投资法，又或者是国际人权法，公共道德大概都有着共同的基础和本质内涵，所以在国际投资协定背景下对这个概念进行解释时，一方面要考察个案的具体情况和投资协定的上下文，将国家民族背景、文化传统、宗教信仰等因素考虑在内；另一方面有必要参考其他国际司法实践中的做法和解释，例如"自有判断余地原则"，允许缔约国在适当范围内为其援引行为依据作出解释，只有这样才能真正澄清具体国际国内环境下"公共道德"的内涵。

3. 公共健康

与前述两个公共目标相比，公共健康的解释模糊性最小而确定性最大，

[①] 这一原则源自 1976 年欧洲人权法院的"汉迪塞德案"（Handyside），欧洲人权法院并未明确定义该原则，大致可以理解为，在《欧洲人权公约》的语境内，欧洲人权法院允许缔约国所享有的、在一定范围内采取措施界定和限制某些权利的自由。这一自由可以由国家立法、行政、执法司法部门行使，包括制定、实施、解释和适用法律。参见孙世彦《欧洲人权制度中的"自有判断余地原则"述评》，《环球法律评论》2005 年第 3 期。

因为这一目标的判断需要更多的客观性、科学性证据加以佐证，而且有很多专门国际投资协定及国际组织关涉此目标，例如WTO的《动植物卫生与健康检疫措施协定》（SPS协定）、世界卫生组织及专门的癌症研究国际组织等。SPS协定详细规定了可能影响动植物及人类生命健康的措施的适用标准，并规定了具体的权利义务关系。在WTO判例法中，专家组和上诉机构在适用GATT1994第20条（b）款即公共健康例外时，不仅参考了SPS协定，而且听取了专门性国际组织的意见，认为与人类及动植物生命健康相关的措施必须是基于科学的证据，并且在该证据和不符合措施之间存在理性关联。WTO专家小组及上诉机构的做法为国际投资仲裁庭提供了指引，在国际投资协定一般例外条款项下，仲裁庭既要以条款自身为基础，还要广泛地听取其他国际组织的专业性指导，要保证保护公共健康和保护投资之间的微妙平衡，即所采取的措施与特定公共健康之间存在着理性的因果关系。

4. 其他公共目标

鉴于公共目标的广泛性，除了上述常见的目标之外，还有环境保护、可用尽自然资源及文化多样性等公共利益。环境保护可谓是近年来备受关注的公共目标，某些国家还专门就环境保护合作缔结了区域性协定，且国际投资仲裁实践中有相当数量的案例与环境保护有关，在这方面国际投资仲裁庭已经积累了不少经验。环境利益往往比较宽泛，与公共健康、自然资源等其他利益有着紧密联系，环境保护例外在适用方面出现的分歧或争议大都可以通过技术性手段得以解决。另外，可用尽自然资源也是一般例外条款要保护的公共利益，这一概念深刻地体现了可持续发展的理念，并且具有明显的时代特征，10年前不被认定为可用尽自然资源的动植物或原材料资源或许10年后就是典型的可用尽资源，因此对该术语的解释必须根据国际社会当前的自然环境和环境保护标准以及可持续发展理念的具体内涵进行界定，而不能简单地根据某项资源是否可更新、是否有生命来判断。

第三节 一般例外条款的性质与适用范围

一 一般例外条款的性质

（一）国际投资协定中的自裁决性质条款与非自裁决性质条款

自裁决性质与非自裁决性质的区分一般是针对不排除措施而言的，根据学者的观点，自裁决条款是指在情势要求采取该条款所设想的措施时，条约的缔约方是决定是否采取以及采取何种措施的唯一法官，唯一的限制是仲裁庭可以用"善意"原则对争议措施进行裁定，从而解决争端。① 从文义角度出发，自裁决条款一般都明确包含有"其认为"（it considers necessary）的表述，例如2005年美国—乌拉圭BIT第12条："本协定中的任何条款不得解释为妨碍任一缔约方采取、保持或者实施其认为适当的、为确保其境内的投资活动与其环境关切保持一致的措施，该措施不得违反本协定规定。"在此种表述下，缔约方有权自己决定实际情形是否符合条约规定的特定情形，以及能否采取其认为适当的措施，即缔约方将享有充分自由裁量权，美国的大量条约实践都明确将其国家安全例外条款规定为自裁决性质。

非自裁决条款并不明确包含有"其认为"字样，此时将由仲裁庭对缔约方的实际情形及措施进行全面的实质性审查，缔约方只享有极小的裁量权。严格意义上，那些并不明确包含"其认为"字样的例外条款实际上性质不明，其未明确排除缔约方的决断权和判断权，然而仲裁庭的实践已经将此种例外条款界定为非自裁决条款。在国际投资仲裁庭的实践中，涉及自裁决与非自裁决性质界定的典型案例以1991年美国—阿根廷BIT第11条及国家安全例外条款为争议焦点，该条款规定："本条约不应排除缔约任何一方为了维护公共秩序，履行其维护或恢复国际和平、安全的义务，或保护其根本安全利益所采取的必要措施。"阿根廷认为该条款为自裁决条款，仲裁庭应当尊重其为了维护公共秩序及保护其根本安全利益而采取必要措施，由此便可豁免其因在国内经济危机中采取措施而应承担的条约责任。在40多个案例中，ICSID终于在2007年对其中四个案件作出了最终裁决，尽管这四个仲裁裁决的结果亦有重大分歧，② 但是非常一致的一点是，美—阿BIT第11条为非自裁决条款，即援引该条款的缔约方无权自行决定在特定情形下该条款能否适用，也无权认定其采取的措施是否必要。这一仲裁结果表明，如果缔约方有意为其保留自行裁决是否存在特定情形并采取适当措施的权利，则缔约谈判方应当在投资协定中作出

---

① 韩秀丽：《双边投资协定中的自裁决条款研究——从"森普拉能源公司撤销案"引发的思考》，《法商研究》2011年第2期。

② 这四个案件分别为CMS v. Argentina, Enron v. Argentina, Sempra v. Argentina, LG&E v. Argentina，前三个仲裁裁决皆否认阿根廷采取措施的正当性，LG&E案件仲裁庭肯定了阿根廷根据第11条采取措施的合法性，并免除了其巨额赔偿责任。

明确约定，否则性质不明的例外条款应认定为非自裁决性质。

尽管上述关于自裁决与非自裁决的争议都是围绕着国家安全例外条款展开，但是从上述分析不难看出，区分不排除措施条款的自裁决性质与非自裁决性质的关键性意义在于，该条款的性质赋予缔约方在援引该条款时的自由裁量权不同，也就是缔约国在特定情形下采取措施的自由空间不同。当然，自裁决条款也要接受国际投资仲裁庭的审查，根据《维也纳条约法公约》第26条的规定，一国有善意履行国际义务的义务，因此在自裁决条款下，采取措施的缔约方要接受仲裁庭的善意审查。因而，自裁决条款在极大程度上限制了仲裁庭进行审查的权能，同时为缔约国政府保留了极大的政策空间。然而，自裁决条款在为缔约国保护公共利益提供便利时，也相应损害了国际投资协定保护投资者的功能，使得投资者承担的风险增大，故而国际社会对自裁决条款的界定采取谨慎态度，通常一国在国际投资协定中只将国家安全例外条款规定为自裁决性质，而仲裁庭在认定自裁决性质时还要考虑具体条款的措辞。一般例外条款虽然承担着平衡投资者保护与公共利益保护、为缔约国主权行使保留必要空间的重任，但是该条款应当认定为非自裁决性质，而不是自裁决性质。

（二）一般例外条款的非自裁决性质

一般例外条款应当认定为非自裁决性质。有学者认为一般例外条款兼具自裁决与非自裁决的性质，对于公共秩序或者公共道德而言，应认定为自裁决条款，而对于公共健康而言，应为非自裁决条款。[①] 笔者认为，虽然该观点充分考虑了一般例外条款公共目标的特殊性，并给予区别待遇，但从条款性质的确定来说，确有不妥之处。首先，从文义方面，根据维也纳公约的解释规则，一般例外条款的措辞排除了其具有双重性质的可能性，如果明确包含了"其认为必要"的表述，则应解释为自裁决条款，如果没有该措辞，根据仲裁庭的裁决实践可知，应当认定为非自裁决性质。其次，对于一般例外条款而言，无论是公共秩序还是公共健康，都一并作为该条款的目标部分而存在，无法根据其保护的公共目的的区分而将该条款界定为不同性质，这在现实中亦不可行。这种根据保护目标利益的不同而决定在多大程度上给予缔约国自由裁量权的做法实际上应属于仲裁

---

① 余劲松：《国际投资条约仲裁中投资者与东道国权益保护平衡问题研究》，《中国法学》2011年第2期。

庭的解释权限范围。从一般例外条款及国际投资协定的诸多影响因素出发，笔者认为一般例外条款应为非自裁决性质。

其一，公共目标的公共性和宽泛性决定了一般例外条款的非自裁决性质。一般例外条款保护的公共利益的范围非常宽泛，在国际投资协定中对公共利益的措辞和用语都存在很大差别，公共道德、公共秩序、公共健康、环境、人类及动植物生命健康、可用尽的自然资源等都是一般例外条款中的公共目标。一方面，与国家根本安全利益表现出的浓厚政治色彩和个别主义相比，一般例外条款中的公共目标大部分具有强烈的全球共通性和宽泛性，其对于一国的重要性远不及前者，这点就决定了对该条款能否被援引及援引合理性的判断不能纯粹由缔约国自行决断，适用自由裁量权须受到必要的限制，所以其适用需交由第三方仲裁庭进行裁断。另一方面，对于公共健康或者环境保护等公共利益而言，国际社会已经存在着具体的国际条约，例如WTO的《动植物卫生与健康检疫措施协定》、国际环保公约体系[①]、《北美环境合作协定》等，这些国际条约的内容详尽而具体，为相关行为设立了标准。根据《维也纳条约法公约》第31条第3款的规定，条约的解释必须要考虑在当事方之间已经存在的相关国际法规则，ICSID公约第42条第1款也要求仲裁庭在解决争议时必须要与可适用的国际法规则一致，所以，在已经存在必要的国际规则的情况下，能否为特定目标而援引一般例外条款的决断权应交由独立的第三方来行使，这是国际习惯法的要求，也是国际条约法的规定。再者，值得注意的一点是，为了保留足够的自由空间，一般例外条款中的公共目标措辞一般都比较抽象，加之投资者与东道国之间原本就悬殊的力量对比，使这一条款被滥用的可能性大大增加，为了避免这种滥用的发生，就必须保证该条款的援引有独立第三方的审查，因此一般例外条款应当为非自裁决性质。

其二，国际投资协定的投资者保护功能限定了一般例外条款的非自裁决性质。缔约方签订国际投资协定的初衷在于通过投资协定为外国投资提供更有保障的保护，以此来吸引更多的外国投资，即国际投资协定的投资保护功能是缔约方缔结条约最初的也是最终的动力。然而，一般例外条款

---

① 国际环保公约由一系列国际公约组成，包括与保护臭氧层有关的国际环保公约、控制危险废物跨境转移公约、濒危野生动植物物种国际贸易公约、生物多样性公约、卡特赫纳生物安全议定书、联合国气候变化框架公约等。

在一定程度上减损了这种投资保护功能，在原始状态下签订投资协定意味着东道国将承担绝大部分投资活动带来的风险，并保证能够补偿该风险给投资者造成的损失，而一般例外条款改变了这种风险分配，使得例外情形下的投资活动风险由投资者自己承担，这种风险转嫁恰好抵消了投资者对投资协定保护功能的期望。试想如果一般例外条款为自裁决性质，缔约方有充分的自由裁量余地来援引例外条款，那么投资者承担的风险有增无减，由此造成的投资协定保护功能的削弱也是不言而喻的。不难想象，自裁决性质的一般例外条款有可能影响投资者期望进而导致投资流动的减少，或者使投资流动的成本大量增加，或者影响缔约国之间合作的深度和广度，甚至进一步影响缔约国签订投资协定的意愿。[1] 这些都与投资协定的初衷背道而驰，换言之，缔约国也要为一般例外条款的规定付出代价，而非自裁决性质的一般例外条款将大幅度减小上述代价，因为非自裁决性质给了投资者对仲裁庭的信任。因此，为了取得投资协定投资保护功能和公共利益保护考虑之间的平衡，一般例外条款应当为非自裁决条款。

其三，国际法的实践暗示了一般例外条款的非自裁决性质。一般例外条款在国际法中的实践也都表明一般例外条款为非自裁决性质。首先，GATT1994第20条关于一般例外条款的规定未增加"其认为必要"的字样，而第21条安全例外则规定了"其认为必要"，二者形成了鲜明对比。显然，这样的差异暗示着保护公共利益的一般例外条款的援引和适用应当由争端解决机构来裁定，而涉及国家重大安全利益的安全例外可以赋予缔约国较大自由裁量权。一般例外条款是非自裁决性质的。其次，国际投资协定中的一般例外条款也未出现"其认为"字样，该表述基本上只出现在国家安全例外条款中。例如加拿大FIPA范本第10条第1款与第4款、美国BIT范本第18条第2款。同时，ICSID仲裁庭也在最近发布的有关阿根廷的案件裁决中否定了未明确界定"其认为必要"一词的国家安全例外条款的自裁决性质，认为只有除非缔约方明确在投资协定中约定例外条款为自裁决性质，否则都不能认定该条款为自裁决条款。

（三）一般例外条款非自裁决性质的影响

一般例外条款的非自裁决性质会造成仲裁庭审查标准的不确定性。非

---

[1] William W. Burke-White, Andreas Von Staden, "Investment Protection in Extraordinary Times: The Interpretation and Application of Non-precluded Measures Provisions in Bilateral Investment Treaties", *Virginia Journal of International Law*, Winter 2008, pp. 41–44.

自裁决性质意味着，当缔约方在特定情形下的投资者—国家争端解决中援引该例外条款时，对援引缔约国行为进行判断的自由裁量权由投资仲裁庭行使，即由仲裁庭对某种国家行为进行全面的实质性审查。一旦存在自由裁量权，也就必然伴随着某种标准的不确定性，对一般例外条款的适用而言更是如此。

其一，一般例外条款的公共目标既有公共道德、公共秩序等颇具政治文化特性的社会目的，又有公共健康、环境保护等国际共同性的国家利益，仲裁庭在审查援引方针对不同公共目标而采取的措施时，自然不能一概而论。例如，就公共道德目标而言，由于各国的政治、经济和社会制度及文化传统都存在着巨大差异，因此不同国情的国家对于这一目标的理解完全不同，我们不能指望美国、巴基斯坦、古巴会对公共道德给出相同或者类似的解释，国际社会也不可能制定出有关公共道德的国际公约。因而，针对公共道德目标采取的措施和针对公共健康采取的措施，仲裁庭不能采取同样的审查标准。其二，ICSID仲裁庭已经成为国际投资协定中约定最多的争端解决机构，而这一机构在仲裁制度、人事制度等方面确实存在着诸多缺陷。仲裁员名单的狭隘性和局限性对不同仲裁当事国国情的理解有不利影响，统一审查机构的缺失使得仲裁裁决无法得到统一的评价，同案不同判的现象普遍存在。诚如学者所言，由于缺乏与投资争端涉及当事国的国家、社会的深刻联系，国际投资仲裁庭并不适合对那些超出纯粹投资法之外的国家政策相关行为进行全面的实质性审查，而比较适合对缔约方与仲裁庭享有的自由裁量权的程度和范围进行评判。① 因此，在非自裁决性质的一般例外条款项下，仲裁庭的审查标准应在何种范围内自由裁量，的确是一个非常不确定的因素。要将这种不确定性降低到最低限度，一是一般例外条款在措辞中应当详尽具体，可以对某些关键术语作出指引，为仲裁庭审查提供必要的方向；二是完善国际投资仲裁庭本身的仲裁机制，在人事制度、统一评价制度等方面予以改进。

二 一般例外条款的适用范围

从前文阐述的一般例外条款的条约实践可以看出，一般例外条款一般

---

① William W. Burke-White, Andreas Von Staden, "Investment Protection in Extraordinary Times: The Interpretation and Application of Non-precluded Measures Provisions in Bilateral Investment Treaties", *Virginia Journal of International Law*, Winter 2008, p. 29.

都规定为"本协定的任何规定不得解释为……"或者"本协定不得妨碍……"显然，一般例外条款应当适用于该投资协定的全部条款，缔约方援用该条款来免除其履行其中任一义务，既包括国民待遇、最惠国待遇、公平公正待遇等非歧视性义务，又包括征收。

（一）一般例外条款适用于非歧视待遇

非歧视待遇是缔约国签订国际投资协定的重头戏，它决定了投资者受到保护的范围。非歧视待遇具体包括国民待遇、最惠国待遇和公平公正待遇，其中前面两者被称为相对待遇，后者为绝对待遇。非歧视待遇条款作为整个协定的一部分，当然也要受到一般例外条款的约束，这一点对于保护公共利益有着创造性意义。纵观国际投资协定，国民待遇和最惠国待遇条款基本都规定了包括适用领域例外、税收例外、政府采购例外、知识产权例外以及国家安全例外在内的特别例外情况，但却未规定一般公共利益例外，而公平公正待遇条款的特别例外则完全缺失，① 这无疑是公共利益保护的一个重大缺陷和漏洞，即使投资者无法通过征收条款获得赔偿，却仍然可以以无所不包的公平公正待遇条款提出索赔要求，在缺少特别例外保护的情况下，公平公正待遇几乎可以横行无阻。而根据一般例外条款，如果一国为了保护协定允许的公共利益目标，那么该缔约方可以免除履行国民待遇、最惠国待遇及公平公正待遇的义务，换言之，假如一国为了保护特定公共利益而违反了上述非歧视待遇规定，也可以作出正当抗辩从而获得免责。

（二）一般例外条款适用于征收

征收条款是国际投资协定的关键条款，当然也要受到一般例外条款的约束，这种适用的具体含义是，缔约国为保护一般例外条款允许的特定公共利益而采取的正当国家管理行为构成征收的例外，即不构成间接征收。② 然而，间接征收与国家管理行为的外在表现形式几乎一样，即都表

---

① *Bilateral Investment Treaties 1995—2006*：*Trends in Investment Rulemaking*，United Nations，New York and Geneva，2007，pp. 28 - 42；*Investment Provisions in the Economic Integration Agreement*，New York and Geneva，2006，pp. 100 - 104.

② 征收可分为直接征收和间接征收两种方式，前者是东道国直接把外国投资者的财产收归国有，剥夺其财产所有权，后者则是东道国对外国投资者财产权的权能实施某种干涉，通常是通过行使某种政府管理行为实现，例如拒绝颁发行政许可、改变税收政策、发布行政命令等，因此东道国所做的某种政府规制行为如果损害了投资者利益，就会被投资者申诉，认为构成间接征收从而要求赔偿。

现为某种政府规制措施，二者的根本区别在于法律后果，间接征收要求东道国给予及时、充分、有效的补偿，而一般例外条款项下的国家管理行为造成的投资者损失则由投资者自行承担。因此，更深层次上，该问题可以延伸为间接征收与非赔偿性国家规制措施之间的区分与界定，这也是晚近国际投资法探讨的焦点问题之一。

首先要肯定的是，国家为维护特定公共利益并基于治安权采取的规制行为和管理措施不构成间接征收，这不仅是国家主权原则的要求，而且已经得到国际社会的肯定。其一，很多国际法规则都对此予以确认。例如，《美国对外关系法重述（第三次）》第712节固定了治安权例外原则："因为非歧视的税收、管制或者其他被普遍认为是在国家治安权范围内的行为而导致财产损失或其他经济负面影响，国家不承担责任。"《欧洲人权公约》附件一第1条规定："每个自然人和法人有权自由享有财产，非为公共利益，根据法律规定或者国际法一般原则，任何人不得被剥夺财产权利。但上述规定不得减损国家实施法律的权利，这些法律被其认为是为公共利益保护所必需的。"美国2004年BIT范本附件B第4条（b）款规定："除极个别情况外，缔约一方为保护合法的公共福利目标（例如公共健康、安全和环境等）而采取的非歧视管理措施不构成间接征收。"加拿大BIT范本附件B第13.1条也作出了相同的规定。此外，1967年OECD起草的《外国人财产保护公约》第3条、1961年《国家对外国人造成损害的国际责任公约哈佛草案》第10条第5款也都肯定了国家正当的管理和规制行为。其二，国际司法实践也承认国家正当的治安权管理措施不构成间接征收。例如ICSID在Tecmed v. Mexico案中表达了这样的观点："国家作为管理者在公共管理权框架内行使国家主权权力，由此导致的经济损失无须补偿，这一原则无论如何是没有争议的。"同样，在Methanex v. United State案中，仲裁庭认为："为公共目的而采取的非歧视管理行为，只要该行为符合正当程序，即使因此对外国投资者或者投资造成了损失，也不认为构成征收而给予赔偿，除非东道国政府作出了特定承诺放弃此种管理权。"[①]

其次，如何界定某种国家管理行为到底是非赔偿国家规制措施还是间

---

① Methane Corp. v. United States of America, Final Award of the Tribunal on Jurisdiction and Merits, Dec. 15, 2009.

接征收是一个复杂而棘手的问题。鉴于合法间接征收的要件之一即为"公共利益",而一般例外条款的适用要件也是"公共利益",二者的区分和界定着实不易。事实上,这个问题背后更本质的纠葛在于国家是否应当对其行为造成的外国投资者损失进行补偿,即特定情形下的投资风险和公共利益保护成本由哪一方主体承担。国际投资法律实践中,是否构成间接征收主要涉及两个要素,一是东道国政府的行为效果,即政府管制措施在多大程度上损害了投资者的财产权;二是东道国政府的行为目的,即该规制措施对于保护社会公共利益的意义究竟有多大。相应地,间接征收的认定标准就有三种:"单一效果标准"、"单一行为性质标准"和"兼采效果与性质标准"。国际投资仲裁庭的做法也有较大分歧,但主张"兼采效果与性质标准"者有不断增加的趋势。[①] 这一标准要求同时考虑东道国管制措施的行为效果和行为性质,并且要适用比例原则,对维护的公共利益和损害的投资利益进行衡量,即使东道国管制措施给外国投资及投资者造成了实质性损失,但只要其因此而维护的公共利益足够重要,仍然不构成间接征收,而应认定为正常行使国家治安权的非赔偿管制措施。只有这样才能保证投资者不因东道国的强大势力而受到损害,而东道国也不会因为投资条约规定而受到主权限制。当然,在个案中如何区分间接征收和非赔偿管制措施还取决于其他诸多因素,例如当事方的举证、仲裁庭的组成等。

第四节 一般例外条款的价值平衡功能

随着国际投资自由化的不断深化,投资保护与缔约国公共利益保护之间的紧张态势愈演愈烈,造成二者利益失衡的重要原因就在于投资协定以保护投资为宗旨,较少对保护公共利益予以考虑。而一般例外条款的设置,能够为缔约国在特定情形下保护其公共利益保留一定的空间,避免国际投资硬法规则对公共利益的侵蚀,缓解国际投资法规则与国家主权行使之间的僵局,平衡投资保护与公共利益保护之间的关系,使缔约国在履行其条约承诺时不至于以牺牲本国公共利益为代价,以便获得长期的可持续

---

① 徐崇利:《利益平衡与对外资间接征收的认定及补偿》,《环球法律评论》2008年第6期。

发展，这就是一般例外条款的价值平衡功能。然而，由于国际投资协定中的一般例外条款尚属新生事物，其能否担当其价值平衡的重任仍是一个未决的问题。

一　一般例外条款价值平衡功能的争议

（一）对一般例外条款利益平衡作用的质疑

1. 一般例外条款作用于国际投资法的不确定性

虽然一般例外条款在国际贸易法中具有价值平衡作用，但能否同样适用于国际投资法，这一问题受到了很多学者的质疑。国际贸易条约体系与国际投资协定体系的基础是截然不同的，前者是各国以本国市场开放为代价以取得缔约诸国的市场准入机会，因此 WTO 协定的核心宗旨在于保护公平竞争，避免任何歧视性待遇；而后者则是一国以提供强有力的投资保护为筹码以期吸引更多的外国投资，国际投资协定为保护投资而生，协定缔约国之间的地位并不是平等的。基于这种本质上的差异，从 GATT1994 中移植一般例外条款的做法遭到许多学者怀疑。一方面，一般例外条款的规定反而有可能减损国际投资协定自身存在的政策空间，[1] 与仲裁庭的自主、理性判断相比，明确的一般例外条款实际上也是一种刚性规则，尤其是其中对公共利益的封闭性列举，显然前者的可支配空间更大，当然这建立在完善的仲裁机制基础上。同时，在缔约谈判过程中，为了防止该条款的滥用，协定有可能规定更加严格的审查标准和更有限的政策范围，[2] 这势必起到适得其反的效果。另一方面，移植 WTO 协定中的一般例外条款对于实现投资者保护和公共利益保护是否真的有意义，这一问题也颇受质疑。GATT 第 20 条一般例外条款为保证同等竞争机会而规定了类似产品等条件，而国际投资协定例外条款针对的当事方为投资者与缔约国，例外条款针对的是个别情形，这就使在国际投资领域中模仿 GATT 第 20 条而设立一般例外条款的意义不大，而且该条款的设置有可能对征收条款的适用产生诸多不确定的影响，即一般例外条款是否会导致征收行为无须赔

---

[1] Nicholas Dimascio, Joost Pauwelyn, "Nondiscrimination in Trade and Investment Treaties: Worlds Apart or Two Sides of the Same Coin?", *American Journal of International Law*, January, 2008.

[2] Suzanne A. Spears, "The Quest for Policy Space in a New Generation of International Investment Agreements", *Journal of International Economic Law*, December, 2010.

偿，或者征收条款中的赔偿要求是否会构成一般例外条款引用的法律障碍。① 这些都使得移植一般例外条款的可行性缩小而风险增大。

2. 一般例外条款适用标准的模糊性

在国际贸易法领域，一般例外条款在存在了半个多世纪之后，才作为公共利益保护目标在争端解决中大量适用，也由此在司法实践中形成了一般例外条款的适用标准。然而，国际投资仲裁实践目前尚未涉及一般例外条款的案例，而投资协定中的一般例外条款适用标准可否借鉴贸易法中的标准又是一个极具争议性的问题。首先，参考 GATT 第 20 条规定的一般例外条款中，各个条约对构成歧视的对象范围表述均有差异，如《东盟综合投资协定》与 GATT1994 类似，表述为"条件类似的国家及其投资者之间"；而加拿大 FIPA 范本的表述为"在投资或者投资者之间"，东非与南非共同市场则表述为"类似的投资者之间"。与贸易中的类似产品不同，对上述投资或者投资者作何解释，值得商榷。其次，构成不合理的歧视应该如何判断，措施与公共目的之间的关联程度应怎样界定，贸易法中的判断方法是否可以适用，这些都悬而未决。甚至有学者悲观地认为所有一般例外条款试图解决的问题都将会成为该条款自身面临的问题，一般例外条款的移植应相当慎重。② 另外，由于一般例外条款对整个协定都适用，因而可能对征收条款产生不利影响，该条款有可能阻却某种措施被认定为征收行为的可能性以及某种征收行为可获得赔偿的可能性，一般例外条款与征收条款在适用中的关系尤为模糊。

（二）对一般例外条款实现利益平衡功能的肯定

尽管存在上述对一般例外条款功能的怀疑，但笔者认为该条款在实现投资保护和公共利益保护平衡的问题上具有很多优势，且与其他价值平衡工具相比有自身的特色，这将会非常肯定地确认一般例外条款的利益平衡作用。

1. 一般例外条款已经为国际社会熟知和认可

在国际法体系中，能够为缔约国提供充分的灵活性并保证国际法规则

---

① Howard Mann, *Investment Agreements and the Regulatory State: Can Exceptions Clauses Create a Safe Haven for Governments*? Background Papers for the Developing Country Investment Negotiator's Forum, Singapore, October, 2007, p. 12; Suzanne A. Spears, "The Quest for Policy Space in a New Generation of International Investment Agreements", *Journal of International Economic Law*, December, 2010, p. 13.

② Ibid., p. 12.

不会过度干预国家主权的典型,当属 WTO 协定体系。这个被称为例外迷宫的统一贸易协定系统,规定了大量的例外条款,由此确保了缔约方在非贸易领域的自主权不会因为自由贸易政策而受到严苛的限制,其中保护生命健康、环境、自然资源的一般例外条款更是发挥了重要作用。一般例外条款在 WTO 争端解决中也获得大量适用,在保护公共利益问题上拥有丰富的司法经验,其中的概念和规则已为广大国际社会接受和认可。在国际法中创设新的规则远远不只是规定新的文字约定那么简单,更何况国际投资协定自身的内容已呈现纷繁复杂之态。因此将一般例外条款因约制宜地移植到国际投资协定中是一种非常务实的选择。[①] 此外,WTO 实践创设的判例进一步澄清了该条款的具体内容,加深了对该条款的理解,尽管不能完全照搬,但这些都将为厘清一般例外条款在国际投资协定中的具体适用规则提供有益借鉴。"他山之石,可以攻玉",已经广为人知的一般例外条款也能够在国际投资协定中发挥保护公共目的、平衡投资利益和公共利益的作用。

2. 为利益平衡提供明确清晰的条约依据

在国际投资协定中,涉及保护公共利益的内容仅存在于征收条款中,而征收条款也只是将公共利益作为征收行为成立与否的条件加以规定,并未明确地为保护公共利益开辟通道。近年来的理论和实践都表明,公平公正待遇已经成为投资者使用最多的利益盾牌,使得缔约国无力反击;在保护公共利益方面,国际投资仲裁实践的不一致性颇遭诟病,[②] 究其根本,投资协定中公共利益保护条款的缺失是重要原因,其结果是各仲裁庭不得不对各个不同的条约作出解释,进而适用不同的标准。[③] 一般例外条款能够有效改变这种不确定性,使得本来模糊的规定变得明晰,[④] 为仲裁庭提供明确的适用依据,为缔约国政策保留充分的灵活性,实现投资保护与公

[①] David Collins, "A New Role for the WTO in International Investment Law: Public Interest in the Post-neoliberal Period", *Connecticut Journal of International Law*, Vol. 25, 2009.

[②] 例如 ICSID 在 Metalclad v. Mexico 和 Methanex v. United States 两个案件中采取的解释方法和适用标准截然相反,因而在对待保护公共利益的态度上也持矛盾观点。

[③] Rahim Moloo, Justin Jacino, "Environmental and Health Regulation: Assessing Liability under Investment Treaties", *Berkeley Journal of International Law*, Vol. 29, 2011.

[④] ACIEP (the Advisory Committee of International Economic Policy), *Report of the Advisory Committee on International Economic Policy Regarding the Model BIT*, p. 7, September, 2009.

共利益保护的平衡。

3. 具有强制力保证且确定的条约效力

事实上，近年来国际投资协定已经对投资保护和公共利益保护失衡问题作出了回应，一是在序言中增加保护公共利益的目标条款，这种做法已经获得了国际社会的认可，并且在国际投资协定中频繁出现，例如2008年加拿大—哥伦比亚FTA序言规定："本协议的规定不仅为促进投资，而且还旨在保护环境和工人权利，促进可持续发展……"2005年印度—新加坡FTA序言重申了它们追求各自发展目标的经济权利和实现本国政策目标而实施管理活动的权利。二是明确规定国家的正当管理权条款，国际可持续发展研究院的研究报告认为，国家在公共利益方面的管理权应该在正文中明确规定，而不是规定为例外条款，[①]因此该研究院提供的可持续发展国际投资协定范本第25条就明确规定了一国保护本国公共利益的管理权。[②]三是增加保护公共利益的一般例外条款。然而，相较之下，序言条款虽然奠定了投资协定全文的基调并在条约解释中有重要参考作用，但是作为软规则，其条款效力非常有限，当然无法与实体条款较量，而国家管理权条款固然具有强制力保证，但这只是可持续发展组织提供的参考范本，就当前形势来看，这一理想性的投资协定应用到现实中的概率颇为渺茫。而一般例外条款既有可以保证的强制力，又有国际投资协定实践实例，因而是比较理想且可行的平衡投资保护和公共利益保护的工具。

二 一般例外条款实现价值平衡的路径

（一）免除了特定条件下缔约国的条约义务

一般例外条款允许缔约方采取或者适用某种与其承担的条约义务不相符的措施，只要该措施是为了保护人类或者动植物生命健康、公共道德或

[①] Konrad Von Moltke, *A Model International Investment Agreement for the Promotion of Sustainable Development*, International Institute for Sustainable Development, November 2004, p. 20.

[②] IISD Model International Agreement on Investment for Sustainable Development, Article 25 (B), in accordance with customary international law and other general principles of international law, host states have the right to take regulatory or other measures to ensure that development in their territory is consistent with the goals and principles of sustainable development, and with other social and economic policy objectives.

者自然资源等公共利益。任何一项国际投资协定都构成了缔约国之间的特别法，条约生效之时就意味着缔约国必须善意地遵守其在国际投资协定中的相关约定。然而有规则必有例外，这样才能在克服国际投资协定条款的刚性性格缺陷，给予缔约国一定的灵活操作空间；缔约国所处的经济、安全等客观情形并非静止于缔约时的状况，而是处于不断的发展变化中，此一时未凸显重要性的公共利益彼一时可能生死攸关。该条款的存在恰如其分地考虑了在缔约时意料之外的特殊情况，使得缔约国能够在符合一般例外条款规定的特定情形时，暂时背离其承担的条约义务，而根据其本国公共需要采取适当措施。反之，即使采取的措施因为违反了条约规定而遭到申诉，一般例外条款也可作为正当的抗辩理由而使一方缔约国免责。不论社会和自然环境如何变更，只要在一般例外条款明确规定的范围内，一国为了保护生命健康、环境等公共利益而采取新的措施、变更旧的政策，即使该行为与该国签订的投资协定规定的投资保护义务不一致，也不构成对该协定的违反，即在为保护公共利益所必需的特定情况下，一般例外条款免除了一国的投资保护义务，让位于公共利益保护义务。

（二）为缔约国主权保留了一定政策空间

国际投资协定的签订本身就是国家主权的体现，为此缔约国要受到投资协定的约束进而在一定程度上制约减损其主权的行使。例如投资协定中规定与该投资协定有关的纠纷一律提交国际仲裁庭裁决，且以该协定约定为裁决的法律依据，这实际上在一定程度上约束了缔约国的司法主权。然而，国家主权的另一个重要方面是一国对本国内部所有事务的管理权力，国家主权来自人民的授权，因此必须为公众的福祉而行使。由于国际投资协定与国内法的本质和根基不同，因此二者之间存在某种潜在的竞争，并对缔约国公共利益造成实质的威胁。因此，在国际投资协定中为国家主权行使保留一定的政策空间就显得格外重要，一般例外条款正是实现这一平衡的重要工具。一般例外条款能够保护诸多政策目标，[1] 该条款通常规定，一国在某些特定公共利益目标范围内所做的与协定不一致的行为，并不构成对条约的违反，这就满足了缔约国行使保护本国公共利益主权的最起码的政策空间需求，由此缔约国可以在例外条款规定的范围内采取措

---

[1] *Bilateral Investment Treaties 1995—2006: Trends in Investment Rulemaking*, United Nations, New York and Geneva, 2007, p. 81.

施，实现其保护公共利益的公共目的。尤其当一国为公共目的进行的管理行为与协定规定的投资保护义务相冲突时，一般例外条款能够有效缓解国际投资协定对一国内部主权行使的挤压，进而为管理行为保留一定的空间。

（三）合理分配外部环境变化带来的投资风险

一定程度上，法律制度类似于一个位于自然、社会环境与具体投资之间的缓冲器，可将自然、社会环境变化导致的不确定性限定在一个能够被投资者接受的范围内，并且可以将国际投资风险事先固化。[1] 国际投资协定正是发挥了这样的风险固定作用，通过承诺保护外国投资，履行投资保护义务及补偿义务，将国际投资风险转移到东道国身上。然而，全球及各国的政治经济及社会环境并非静止不变，也不能定格于投资条约签订当时，所以这种环境因素变化带来的不利风险由东道国独自承担是非常不合理的。例如，由于某种行业带来的环境污染具有很长的潜伏性，某国为了保护环境而对从事该种行业的外国投资采取措施，该国仍需要对此种措施造成的外资损害进行补偿，而东道国的居民已经遭受了某种健康损害，且其国内相同行业的企业也未获得补偿，这种情况下外国投资在造成东道国损害的同时还将获得超国民待遇的补偿，显然，这种风险分配具有强烈的不合理性。而一般例外条款则重新分配了特殊情况下的风险负担，即正常情况下，国际投资协定中的非歧视待遇、征收补偿等条款将确保投资者的正当利益，但在一般例外条款规定的特定情形下，一般例外条款将免除东道国承担的上述条约义务，由此造成的损害由投资者自行承担。

第五节　中外投资条约中的一般例外条款

一　中外投资条约中的一般例外条款及其存在的问题

自1982年中国与瑞典签订第一个BIT以来，截至2010年8月，中国对外签署的BITs数量已经达到130个，仅次于德国，其中生效协定的数量有100个；同时，截至2011年5月，中国已经成为249个国际投资协

---

[1] 彭岳：《双边投资保护协定中"非排除措施"条款研究》，《河北法学》2011年第11期。

定（包括 BITs、DTTs 及 RTAs 投资专章）的缔约国，居发展中国家第一位，并且仅次于英国、德国和法国。① 纵观中国对外投资协定的 30 余年历史，可以将之分为三个阶段：第一阶段是 1998 年之前，这一时期中外投资协定的内容相当保守，很多 BITs 完全未给予投资者国民待遇，且有关征收的补偿争议可以提交到国际投资仲裁庭解决；第二阶段为 1998—2005 年，中外 BITs 开始显示出开放性趋势，投资设立后的国民待遇和接受 ICSID 对投资者—国家争端解决即为其表现；第三阶段是 2006 年至今，随着中国国际地位的提高及美国—阿根廷投资实践的影响，中国已经开始在投资协定中寻求私人利益和政府当局利益之间、东道国利益与母国利益的平衡，我们可以认为中国的"第三代 BITs"已经来临。② 一般例外条款是国际投资协定领域的新风向标，作为国际投资条约实践的积极参与者，中国在 BIT 缔约过程中应该关注一般例外条款，并将该条款代表的新理念和新价值观传播开去，只有这样才能如学者所期望，使中国从世界经济的参与者逐渐成为决策者和领导者。

（一）一般例外条款的现状

与纷繁复杂的美国、加拿大 BIT 不同，中国式 BIT 奉行简约风，大部分中外 BITs 都包括以下条款：定义条款、投资促进和保护条款、投资待遇条款、征收条款、损害和损失的补偿条款、转移条款、代位条款、缔约双方争端解决条款、投资者与缔约一方争议解决条款、其他义务条款、协定的适用条款、磋商条款、生效期间和终止条款，并且其用语相对简洁。在笔者收集的已经签署并生效的 100 个中外 BITs 及 4 个包含投资专章的自由贸易协定中，③ 基本上都包括有上述条款，但是规定有一般例外条款的有且仅有中国—东盟投资协议，该投资协议第 16 条一般例外规定："在此类措施的实施不在情形类似的缔约方、缔约方的投资者或者投资者

---

① *2011 World Investment Report: Non-equity Modes of International Production and Development*, United Nations, New York and Geneva, 2011, p. 100.

② Cai Congyan, "China-US BIT Negotiation and the Future of Investment Treaty Regime: A Grand Bilateral Bargain with Multilateral Implications", *Journal of International Economic Law*, Vol. 12. Issues 2, 2009, p. 3.

③ 截至目前，中国一共签署了 20 多个自由贸易协定，包括与东盟、新西兰、哥斯达黎加、秘鲁、智利、巴基斯坦、亚太贸易协定、新加坡、冰岛、瑞士等，其中仅前四个包含有投资专章；100 个双边投资协定请参见商务部条法司网站：http://tfs.mofcom.gov.cn/aarticle/Nocategory/201111/20111107819474.html。

的投资之间构成任意或不合理歧视的手段，或构成对任何一方的投资者或其设立的投资的变相限制的前提下，本协议的任何规定不得解释为阻止任何成员采取或者实施以下措施：（1）为保护公共道德或维护公共秩序所必需的措施；（2）为保护人类、动物或者植物的生命或健康所必需的措施；①（3）为使与本协议的规定不相抵触的法律或法规得到遵守所必需的措施；（4）旨在保证对任何一方的投资或者投资者公平或有效地②课征或收取直接税；（5）为保护具有艺术、历史或考古价值的国宝所采取的措施；（6）与保护不可再生自然资源相关的措施，如这些措施与限制国内生产或消费一同实施。"这基本上是 GATS 第 14 条关于一般例外的复本。此外，根据商务部的消息，2012 年 2 月 8 日，中国—加拿大投资协定谈判圆满结束，并且签署了《中加关于完成双边投资促进和保护协定谈判的意向声明》，协定共包括 35 条和 6 个附加条款，其中包括一般例外条款。③ 尽管还无法看到该一般例外条款的具体内容，但我们可以大胆参考加拿大 BIT 范本中一般例外条款内容，可以肯定的是中—加 BIT 中的一般例外条款对于中国以后的 BIT 实践将具有标志性的宣示和指导意义。

（二）一般例外条款存在的问题

1. 数量少

在中国洋洋洒洒的对外投资协定大军中，规定了一般例外条款的仅有一个，其数量之少着实令人难以相信，这是一般例外条款面临的最大问题，而暴露在这种现象背后的则是中国在签订对外投资协定过程中对国内公共利益的彻底忽略，以及对外国投资的过度保护。这种不平衡不仅体现在一般例外条款中，更体现在国家根本安全条款和征收条款中。在中外投资条约的庞大网络中，国家根本安全例外条款和征收例外条款同样寥寥无几，例如规定有国家根本安全例外条款的只有 2006 年中国—印度 BIT 第 14 条、2005 年中国—芬兰 BIT 第 3 条、中国—东盟投资协议第 17 条，而将国家为保护公共利益而正当行使治安权行为规定为征收例外的只有中—

---

① 协议在脚注中说明：《服务贸易总协议》第 14 条的脚注 5 即关于公共秩序的解释经必要修改后纳入本协议，构成协议一部分。

② 就本款而言，《服务贸易总协议》第 14 条的脚注 6 经必要修改后纳入本协议，构成协议一部分。

③ 详情请参见商务部网站：http://tfs.mofcom.gov.cn/aarticle/bc/201202/20120207959567.html，最后访问时间 2012 年 2 月 18 日。

印 BIT 第 5 条第 3 款。

究其原因，这与中国的经济发展和法律传统有莫大的关系。首先，处于经济上升期的中国将其全部注意力都放在经济发展上，尚无暇顾及环境、公共卫生等公共利益保护。从 1978 年中国决定改革开放，到 1998 年决定实施走出去战略，中国的重心始终在于吸引外资以发展经济，同广大发展中国家一样，中国也希望通过为外资提供绝对有保障的保护以便吸引更多的外国投资，因此环境保护、文化保护等公共利益事项一直都排除在其政策考虑之外，直到晚近可持续发展得到整个世界的重新关注，而即便是当代中国，尽管政府已经意识到可持续发展、资源保护的重要性，但正在实现经济转型的中国恐怕也无力彻底有效地实施，那么投资协定中公共利益保护条款的缺失也是正常情况。其次，由于受到殖民历史的影响，中国一直对一个具有全面执行力的外资国际法保护制度持保留态度，[①] 反映在投资协定上就表现为拒绝接受 ICSID 的全面仲裁管辖，直到 1998 年中国—巴巴多斯 BIT 才结束了这段历史。而即使中国随后接受 ICSID 的全面管辖后，至今还尚未全面参与一起 ICSID 仲裁[②]，因此无须担心国际仲裁会损害国内公共利益。

2. 内容单薄

从中国—东盟投资协议规定的一般例外条款不难发现，该条款是整个协议中唯一涉及公共利益保护的条款，这就存在着两个问题，一是该条款的解释有可能偏离其本意，因为协议序言中未规定任何公共目的条款，也就未提供任何关于一般例外条款解释的方向，继而不能保证仲裁庭作出的解释符合该条款的本意；二是国家管理行为会被认定为间接征收，该协议的征收条款中并未将正当的国家管理行为排除在间接征收之外，所以本着投资者保护的宗旨，那些为保护公共利益而实施的正当管理措施极有可能被认定为间接征收，即使引用一般例外条款进行抗辩，也缺乏强有力的条约支持，而全凭仲裁庭的裁量。

二 完善中外投资条约一般例外条款的建议

在过去三十年间，中国已经成为世界上最大的国际投资输入国，而近

[①] 单文华、诺拉·伽拉赫：《和谐世界理念和中国 BIT 范本建设》，陈虹睿、王朝恩译，《国际经济法学刊》2010 年第 1 期。

[②] 目前与中国大陆相关的在 ICSID 的仲裁案仅有两例，目前均未进行正式的仲裁程序。

年来更表现出迅猛的资本输出大国态势。在国际法领域,中国也已逐渐开始以开放的心态接受国际社会在国际投资方面的惯例,WTO 的加入更使得中国在修改国内法方面下足了功夫,然而在这个高度全球化时代,国内法体系和国际法体系之间的界限越来越模糊,尤其是在 BIT 这样的国际法规则及 WTO 这样的国际组织的双重作用下,国际法原则正在平稳而持续地向国内法律体系靠近。要在世界事务中发挥与其国家大小和经济实力相称的作用,中国还有很长的路要走。[①] 从国际投资角度来讲,中国要想真正承担起国际社会负责任大国的重任,在国际投资条约理论和实践中发挥越来越大的影响力,就必须完成从国际投资协定的参与者到决策者的飞跃,制定一个与其国情匹配的 BIT 是不可或缺的关键步骤,而一般例外条款代表着当代国际投资协定新的价值取向——实现国际投资协定中权利义务的平衡,并且得到了包括美国、加拿大等发达国家在内的肯定,所以中国有必要完善其对外投资协定中的一般例外条款。

(一) 完善一般例外条款的必要性

1. 中国的社会公共利益亟须保护

众所周知,凭借着广阔的市场、廉价劳动力和极其优惠的政策,中国一直是重要的投资输入国,根据 2011 年世界投资报告,2009—2010 年度,中国的投资输入量仅次于美国,位居世界第二。[②] 这些外国投资确实为中国经济发展创造了新的增长点,到同样不容否认的是,外国投资也给中国的公共利益造成了严重损害,包括环境污染、劳工权利侵犯等诸多问题,公共利益危机日益凸显,这与投资协定中一般例外条款的缺失有着莫大的关系,但由于中国政府过多地把注意力投放在经济发展问题上,故而这些被牺牲的公共利益未得到应有的重视。然而,GDP 和 GNP 并不是衡量社会整体发展程度和水平的唯一指标,环境破坏程度、公共健康和卫生质量、国家文化多样性等都是重要的参考指标,随着中国在对外投资活动中更加广泛和深刻的参与,我们应当超越对 GDP 和 GNP 指数的盲目追求,而要对环境、公共健康等社会公共利益给予更多的关注,这是一个国家长盛不衰的保证,更是一个民族永久屹立的关键。我们有理由相信在未

---

① Wang Guiguo, "China's Practice in International Investment Law: From Participation to Leadership in the World Economy", *Yale Journal of International Law*, Summer 2009, p. 7.

② *2011 World Investment Report: Non-equity Modes of International Production and Development*, United Nations, New York and Geneva, 2011, p. 4.

来一段时间中国仍然是第二大投资输入国，并且中国参与的国际投资协定数量也会不断增加，因此在投资协定中增加一般例外条款，保护中国的公共利益，是实现中国经济社会和谐发展的不二选择。

2. 中国面临着巨大的投资仲裁潜在风险

自 1998 年中国在中国—巴巴多斯 BIT 中全面接受 ICSID 的仲裁管辖以来，中国已经陆续在随后的 28 个 BITs 中接受了 ICSID 的管辖，[①] 而 2011 年世界投资报告显示，ICSID 将继续成为使用最频繁的国际投资仲裁机构，因而中国在以后的中外投资条约实践中接受 ICSID 的管辖是大势所趋。截至 2011 年年底，国际投资协定项下的投资者—国家争端总数量已经达到了 390 件，其中有 245 个案件交由 ICSID 仲裁，涉诉国家有 83 个，绝大多数仲裁案件是由发达国家的投资者提起的，而被申诉方则多为发展中国家。[②] 中国是世界上最大的发展中国家，并且拥有巨大的投资协定网络，这在无形中大大增加了中国面临的国际投资仲裁潜在风险，加之中国在经济活动中的行政干预常为国际社会所诟病，一旦因为某种外资管理行为陷于投资仲裁必将面临严峻的应诉形势，所以，我们必须要完善一般例外条款，维护国家为保护公共利益而行使国家治安权，行使正当的国家管理权力，保证国家主权不因国际投资协定而受到外国投资者的侵害。

3. 全球国际投资条约理论和实践正在转型

晚近以来，国际社会在立法内容上更加符合人性化的要求，在立法精神上更关注人民、在立法内容上更体现人权、在法律操作的过程中已不拘泥于现有规定或是考虑国家之间政治力量的角逐或军事力量的平衡，而是更多地从人类的幸福与发展出发去解决问题。[③] 例如美国 BIT 范本和加拿大 BIT 范本序言都增加了公共目的保护条款，正文中也规定了一般例外条款，北美自由贸易协定、2001 年欧洲自由贸易区与新加坡协定、东南非共同体市场共同投资区投资协定都体现了对于社会公共利益的保护，而可持续发展研究院拟定的《可持续发展国际协会投资协定范本》更是引起了广泛关注，这一切都说明关注社会公共利益的保护、实现国际投资协定

---

① 刘京莲：《中国双边投资条约若干重要条款研究》，载曾华群主编《国际经济新秩序与国际经济法新发展》，法律出版社 2009 年版。

② 2011 *World Investment Report*: *Non-equity Modes of International Production and Development*, United Nations, New York and Geneva, 2011, pp. 101 – 102.

③ 李武建：《论投资条约中的公共利益》，《国际经济法学刊》2010 年第 4 期。

投资者—东道国权利义务的平衡已经成为国际社会的共识,全球国际投资条约理论和实践也都在进行着某种转型。随着对外投资的快速发展,① 中国也必将与更多的国家商签国际投资条约,因此跟随国际投资条约的发展趋势、秉持可持续发展理念是中国实现更加广泛和深入参与国际社会的必然选择。这一切都要求中国必须完善其一般例外条款。

(二) 完善一般例外条款的建议

1. 增加一般例外条款的数量

在新一轮的投资协定签订或者修订中应尽量增加一般例外条款。自2005年以来,中国陆续开始修订其之前签订的 BIT,同时与美国、韩国就签订 BIT 进行谈判,与瑞士、韩国、日本等国家就自由贸易协定进行谈判协商,在与这些发达国家签订的投资协定中应该尽量增加一般例外条款。单文华教授拟定的《中国 BIT 范本》第 12 条就规定了一般例外条款:"在不构成对投资和投资者恣意或不合理的歧视,且不对国际投资构成变相的限制的前提下,本协定的任何规定不得解释为组织一方采取或执行必要措施以:(1) 保护公共利益和维护公共秩序;(2) 保护人类、动物或植物的生命与健康;(3) 维护不与本协定相冲突的法律法规;(4) 保护具有艺术、历史或考古价值的国家财物;(5) 保护环境。"② 更值得欣慰的是,在 2012 年 2 月 8 日圆满结束的中国—加拿大投资协定谈判中,中加签署了《中加关于完成双边投资促进和保护协定谈判的意向声明》,协定共包括 35 条和 6 个附加条款,其中包括一般例外条款。这是否可以视为中国已经开始在国际投资条约实践中关注一般例外条款呢?笔者认为答案是肯定的。

2. 完善一般例外条款的配套内容

在上文中已经提到,一般例外条款自身无法单枪匹马地承担起保护国家公共利益的重任,它需要序言条款和征收例外条款的共同配合。一方面,要在序言中规定公共利益保护内容,事实上许多国家在其国际投资协定序言中已经这样做了,例如美国 BIT 范本序言规定:"投资保护……上述目标的实现应该以与保护健康、安全、环境和劳工权利相一致的方式实

---

① 根据 2011 年世界投资报告,2008—2010 年,中国对外投资保持强劲的增长势头,并且创历史新高,达到 680 亿美元。

② 单文华、诺拉·伽拉赫:《和谐世界理念和中国 BIT 范本建设》,陈虹睿、王朝恩译,《国际经济法学刊》2010 年第 1 期。

现"; 2008 年加拿大—哥伦比亚 FTA 序言规定:"本协定不仅为促进投资,而且还旨在保护环境和工人权利,促进可持续发展……"尽管序言只有宣示性的效力而不具有实质效力,但作为整个协定的目标,序言对协定条款的解释具有重要的辅助和指引作用,增加公共利益保护目标能够为仲裁庭解释一般例外条款提供正确的方向。另一方面,要规定间接征收的例外,将正当的国家管理措施排除在间接征收之外,这样明确的排除条款能够为仲裁庭区分间接征收和正当国家管理措施提供确切的条约依据。

3. 澄清一般例外条款的具体含义

在已存的绝大部分中外国际投资协定中,条约用语都比较简约,整个投资协定相对简单,但 2008 年中国—新西兰 FTA 投资专章发出了一个新信号——中外投资协定有复杂化、完整化的趋势。无论是投资定义、投资者—国家争端解决,还是非经济目标的关注及国家安全例外,中国—新西兰 FTA 投资专章都是中国缔约实践中一个巨大的转折和嬗变,并且借鉴了 2004 年美国 BIT 范本的诸多内容,这表明中国的投资缔约路径很大程度上趋于美国化了。① 而美式投资条约的显著特点就是措辞复杂、表述烦琐,随着中国将与很多发达国家缔结国际投资协定,这也要求我们必须在投资协定中澄清一般例外条款的具体含义,尤其对于其中的关键术语,例如必要性的判断、公共目标的解释及前言的满足条件等作出尽可能清晰的条约表述,或者表明解释的参考内容及解释方法。规定得越具体,越有利于仲裁庭作出符合协定意图的解释和条款适用,这对于维护一般例外条款的正当适用及充分发挥其作用具有事半功倍的意义。

结　语

经济全球化的纵深发展和国际投资流动的加速使国际投资协定正在经历着实质性的蜕变和转型。其宗旨和目的已经超越了单纯的投资保护,进一步延伸至投资自由化和投资促进;其功能也不再仅限于保护外国投资,

---

① Cai Congyan, "China-US BIT Negotiation and the Future of Investment Treaty Regime: A Grand Bilateral Bargain with Multilateral Implications", *Journal of International Economic Law*, 2009, p. 13.

而更多地关注社会公共利益保护和共同的可持续发展。作为国际投资协定中的新事物,一般例外条款正是这一嬗变的体现,该条款存在的意义已经超越了其自身的作用,更鲜明地释放出了国际投资法新发展的信号。我们完全有理由相信,一般例外条款终会出现在国际投资争端解决的仲裁庭上,为公共利益挺身而出,这也更加凸显从理论上对该条款进行全面深入研究的前瞻性意义。

与 GATT 一般例外条款依托于 WTO 多边框架协议不同,国际投资协定一般例外条款只是散见于不同的投资协定中,但 GATT 一般例外条款取得的成功发挥了正面的宣示作用,在未来的发展中,一般例外条款的结构和内容也将呈现出统一表达的趋势。尽管不同协定中涵盖的公共目的范围不同,但一般例外条款的解释仍然应当以维也纳公约为基准,全面考察其文义、协定宗旨、相关国际公约标准等诸多因素,其他国际司法实践中的解释也是极有益的参考。尤其重要的是,该条款的解释路径应该是个性化的,即不同投资协定缔约国援引该条款时,应就其具体的文化、历史环境和背景进行综合考虑,而不能拘泥于维也纳公约自身的解释规则。例外条款本身似乎就暗示着该条款的适用应当从严,所以一般例外条款应为非自裁决性质,由仲裁庭对其适用的正当性和合法性进行全面的实质性评断,以确保该条款不至被滥用,不构成对投资协定投资保护和促进功能的威胁。一般例外条款之所以成为国际投资法的热点,关键原因就在于该条款的价值平衡功能,为投资保护和公共利益保护提供了一个明确的平衡标杆,使得东道国在公共利益受损时不必对着投资协定望洋兴叹,能够名正言顺地拿起法律的武器捍卫自己的合法权益。这一点对于中国而言非常重要,自改革开放以来,中国已经成为资本输入大国,而一切为了经济发展的理念让我们忽略了遭到严重损害的公共利益,随着中国开始与美国、加拿大、新西兰等发达国家签订双边投资协定,我们必须将一般例外条款提到谈判桌上,澄清其具体含义和范围,为中国的公共利益保驾护航。

第四章

国际投资协定中的环境保护规制

第一节 国际投资中保护环境的理论基础

一 可持续发展原则的指引

人类在享受经济发展带来的社会福利的同时，遭受着水体污染、自然资源枯竭、土地沙化、生态结构破坏、温室气体剧增带来海平面上升等环境问题，20世纪80年代开始国际社会逐渐确立了兼顾经济、社会和环境发展的可持续发展原则。可持续发展原则正在从一项环境法的基本原则发展为国际经济法乃至整个国际法的基本原则，① 这一原则用来纠正人类一味追求经济利益的行为，引导全球化的健康发展。1987年，由时任联合国世界环境与发展委员会主席的挪威首相布伦特兰夫人在报告《我们共同的未来》中提出可持续发展这一表述，该报告于同年被第42届联合国大会所接受。1992年联合国环境与发展大会通过了《人类环境与发展宣言》，其中的27条原则中多项直接提到可持续发展。同年，为配合世界环境与发展大会决议的实施，又通过了《21世纪议程》，为各国实行《里约宣言》宣布的各项原则和实现可持续发展提供了具体的计划。可持续发展原则虽然产生于环境与发展议题，"但在实践中，可持续发展原则已经突破了环境领域，对整个国家法体系都产生了深远的影响，由于环境和自然问题而引发的挑战已经形成大量具有首创性的重要的法律和制度，最终成为一般的国际法的一部分"②。国际投资活动作为一项以追求经济利益为出发点的跨国经济活动，东道国、母国作为国际法的国家主体以及

---

① 参见何志鹏《国际经济法与可持续发展》，《法商研究》2004年第4期。
② 张弛：《论可持续发展原则与国际法》，《求索》2011年第11期。

作为私人活动主体的投资者都应当在可持续发展原则的指导下行动，在实现经济利益的同时兼顾环境利益。

可持续发展原则在国际经济法中进一步表现为一系列原则，平等原则涵盖了代内和代际人都有权享受地球的资源；主权原则赋予国家管理自然资源以实现其环境政策和发展目标；透明度和善治原则试图依照正当程序和法治理念保证合理及时地获取信息、保证高效的司法和行政程序；顾全整体利益原则要求在解决国际法上的社会、经济、人权、环境等问题时从全局出发，相互依赖；最后共同但有区别责任原则要求发达国家作出让步承担更多的国际责任，率先减排，并给发展中国家提供资金和技术支持，发展中国家在得到支持的情况下采取措施减缓和应对气候变化。可持续发展作为协调原则可以实现投资自由化、投资保护与环境保护的共赢，协调不同主体的经济和非经济利益冲突，从环境保护和投资保护的关系来看，环境保护和投资保护的终极目标是相同的，都是为了增加人类福祉，让人类在更加富裕、自由、和谐的环境中生存和发展。

二 作为人权的环境权的要求

对于环境权的性质学界尚存争议，主要有人权说、财产权说和人格权说，财产权说以共有财产说为基础，以英美法系的"公共委托"演绎出环境权，这一学说忽视了环境利益不同于传统财产权的不可转让性。人格权说认为环境权益包括了人身权益，侵犯环境权的后果表现为对公民身体健康的损害。人格权是权利人对其本身主体性要素及整体性结构的专属支配权，而环境权是人类生存之基础，既不是主体要素也不是人的整体性结构。[①] 这些说法都有一定的局限性。人权条约与环境问题相联系实现了环境权的确立。1972年联合国在斯德哥尔摩环境大会《人类环境宣言》中确认：人人拥有自由、平等和为保障健康生活足够的环境条件的基本权利，并且承担为现在和未来的人类保护和改进环境的义务。1992年里约环境与发展会议是环境权确认的里程碑，《里约宣言》称"人类处于广受关注的可持续发展问题的中心，且享有以自然和谐相处的方式过上健康富足的生活的权利"。1994年联合国发表《人权与环境原则草案》指出，当环境质量问题与其他价值、目标发生冲突时，环境质量提高了，对于促进

---

① 详细参见樊杏华《论环境权的性质》，《太原科技大学学报》2009年第2期。

人类尊严和福利增长，包括实现其他人权具有不可或缺的作用。

环境权按照人权的成立标准构成一项独立的人权。① 环境权的价值本位仍然是人类中心主义的，环境权所追求的是人类免受环境问题危害的权利，是基于严重的环境问题危害人类的生存而提出的。虽然有学者提出"环境权的确立是生态学学科发展的情况下，人类重视人与自然的和谐，提倡可持续发展的思潮下诞生的。环境权存在的价值应当既包括对理性社会模式的工具性价值，又包含着最终促进人与自然和谐发展的终极价值"，② 但是环境权纳入人权的范畴是以人的基本生存和不断得到发展为起点和目标的，将环境权上升到人权保护的高度予以确认，其结果使环境保护的地位提高了，当与经济增长等其他价值目标发生冲突时，环境问题成为与其他价值目标同等重要的因素。

环境权的内容可以分为实体性权利和程序性权利两大类。实体性权利主要包括：（1）人人有权免受污染、环境恶化，威胁生命、健康、生活、福利或可持续发展行为的危害；（2）人人有权保护和保全空气、土壤、水、海洋、动植物种群、生物多样性和生态系统；（3）人人有权免受环境危害可达到的最高健康标准；（4）人人有权拥有维持其福利的安全和健康的食物及水；（5）人人有权拥有健康的工作环境；（6）人人有权在一个安全健康和生态健全的环境中获得足够的住房、土地使用权和生活条件；（7）除非紧急状态或公共利益，人人有权不因有关环境的决定而被迫离开其房屋和土地，一旦迁徙，人人有权参与决策并就其迁徙问题获得足够、及时的赔偿补偿或者进行协商的权利；（8）人人有权在发生自然或技术或者其他灾害时获得帮助；（9）人人有权平等地从对自然资源和可持续利用中获益，包括有效利用生态健全的自然的权利；（10）土著人对其土地、区域和自然资源的可控制并免受其环境遭受侵害。③

环境程序性权利主要为两个法律文件确认，即《里约宣言》第10条

---

① 判断一项权利是否构成人权至少有以下四个标准，第一，产生并非由于法律规定，而是与生俱来、不能被转让和剥夺；第二，从位阶上来看，处于权利体系的上位，由该权利引申和延展出其他权利；第三，属性至少包括道德和法律双重属性；第四，与人之为人的尊严密切相关，该权利的有无直接导致人格尊严是否享有。按照以上标准衡量，环境权构成一项人权。

② 侯怀霞：《论人权法上的环境权》，《苏州大学学报》2009年第3期。

③ 1994年《人类环境宣言》列举的权利，转引自吕忠梅主编《环境法导论》，北京大学出版社2008年版，第29页。

与 1998 年《环境事务中获得信息、公共参与决策和获得法律救济公约》（又称为《阿胡斯公约》）。《里约宣言》第 10 条规定了参与环境决策、知情权以及获得有效途径的司法救济的权利，《阿胡斯公约》是实施《里约宣言》第 10 条全球性的、最全面深入的多边法律文件，对环境权做了进一步的发展，通过环境事务中的三权——信息知情权、公众参与决策权和司法救济权，通过人权的司法保护为环境权的保障提供了新的路径，"环境信息"①、"相关公众②"、"决策活动"③ 等概念也在专门的条文作出界定。

三 东道国和母国环境保护的国家责任

环境权构成一项人权，就具有了一般人权的意义和法律效力。在国际投资活动中，东道国和母国在国家管理中均有保护环境的责任。对于东道国，环境保护是国家管理投资活动的一项义务。在投资的准入阶段东道国有权对合格的投资作出环境方面的要求，投资激励和履行要求中均可以运用环境措施对外国投资者的行为进行引导。在投资准入后，东道国作为投资者行为的管理者，仍然有权依据国家的环境保护水平制定符合国家发展的环境法律，特别是投资者的投资活动对东道国的环境保护带来威胁和影响时，东道国有权对投资者作出停止和惩罚的决定。

投资者母国对本国资本输出的投资也负有监管的义务。母国可以监督和规制其海外投资者的理论依据有很多，如母国作为"国家监护人"（parenspatriae），有责任对其海外投资者造成的环境污染进行规制，甚至对其所造成的环境损害承担责任。或者，母国因未能有效控制其海外投资者而需要承担管理责任。④ 实践中，投资者的海外行为不符合保障环境

---

① 《阿胡斯公约》第 2 条第 3 款对环境信息作了广义的定义，包括与环境因素和生物多样性相关的信息，可能影响环境、人类健康、安全或生活条件的活动、行政措施、协定、政策、立法方案和规划，还包括环境决策所用的成本收益分析与其他经济学分析。

② 第 2 条第 5 款对"相关公众"界定为"受到或可能受到环境影响，或有利益在其中的公众"。

③ 第 6 条规定决策活动的范围很广，包括炼油厂、化工厂、核工业设施、冶炼厂、纸浆厂、高速公路和机场，以及转基因生物体的释放。

④ Shinya Murase, "Perspectivesfrom International Economic Law on Transnational Environmental Issues", 253 *RecueilDesCours*, p. 287, 390. 转引自韩秀丽《环境保护：海外投资者面临的法律问题》，《厦门大学学报》（哲学社会科学版）2010 年第 3 期。

权,或者开展经济活动不符合基本国际环境标准要求时,母国有义务对此投资行为进行干预。具体表现为:在资本输出的审核阶段,母国有义务确保对输出海外的投资符合环境标准要求,激励和引导环保技术和项目的输出;对海外投资担保和贷款中,对违反人权和环境义务的投资不得提供资金和保险支持,特别是政府支持的贸易金融和投资担保机构,基于国家人权、环境条约义务,在合格投资的筛选阶段,在筛选标准和监督程序中有义务增加环境方面的考虑的义务。"《联合国宪章》与国际人权法的最低要求标准是,国家要保障贸易和投资的经济治理不阻碍人权的发展,不得造成可以预见和不可预见的海外人权损害。这与适当的勤勉要求相关,出口信贷机构的担保有义务确保项目的筛选要对人权和一般的发展结果进行评估。"[1]

四 投资者保护环境的社会责任

若从环境权的人权角度出发要求投资者承担保障环境权的责任,从规制国家行为的国际条约中难以找到具有直接法律效力的文件,但是作为国际经济关系的主要行为者,某些跨国公司具有雄厚的经济实力和政治影响力,有些国家缺乏足够的资源和能力对其进行控制,它们的商业行为已经对环境保护带来了诸多负面的影响。"仅仅让个人对公司的行为承担责任是不够的,公司也应该对其行为负责。"[2] "社会责任投资"的兴起[3],并将环境保护的责任作为社会责任之一,在规制跨国公司投资活动、督促跨国公司作为投资者实现环境保护方面形成了一系列的标准或软法,要求跨国公司承担保护环境的社会责任。如,国际可持续发展研究院制定的《投资协定范本》在环境管理体系中特别规定,投资者及其投资不应该规

---

[1] Matthias Sant'Ana, "Enabling Risky Business: Human Rights and the Role of Officially Supported Trade Finance and Investment Guarantees", *International treaty news*, Issue3, Vol. 3, March 2013, p. 8.

[2] 余劲松:《跨国公司法律问题专论》,法律出版社2008年版,第423页。

[3] 现代社会责任投资起源于20世纪20年代中期的美国,教会发起的伦理投资基金,到20世纪70年代,社会责任投资从基于宗教道德戒律转向关注越南战争等社会问题上,例如美国帕斯世界基金就将那些利润来源于越南战争的企业排除在投资组合的伦理基金外。到1993年社会责任投资转向经济全球化带来的环境、人权、可持续发展和公司治理等问题。这些投资机构不断确立完备的投资筛选指数,与企业财务绩效成正比,既可以保障投资者获得稳定安全的投资回报,又对社会的和谐发展起到促进作用。

避东道国或母国的国际环境义务。而且,母国要对海外投资地的环境影响评估提供技术或资金支持。①

第二节 环境保护与国际投资的法律冲突

国际投资协定旨在对资本自由化、财产利益的最大保护,环境保护是对具有公益性质的利益的保护,具有自身的政策目标和价值追求,两种价值处于同一位阶的并列地位,互不从属。私有财产利益的最大化会驱动投资者无限制地开发利用自然资源,打破生态平衡,而环境自我恢复的能力要求私有化利益追求的节制,反映在环境法和国际投资法中,会表现为不同的法律体系和规范的冲突。

国际法体系中各渊源间的相互冲突根源于国际法的固有特征。国际立法具有多元化、国家意志演变的时间因素、中央裁决机关的缺失等特征,以及现代国际法从"共存"向"合作"的性质转变,国际法的渊源也没有固定的等级之分,这些法律的制定者都是平等的国家,源于国家的同意,可以推定它们具有相同的拘束力。② 伊恩·布朗利指出,国际法院规约第38条对各种国际法渊源(包括条约、习惯国际法、一般法律原则等)的列举并没有等级之分。

对于国际法各规则之间的相互冲突问题,有学者已经进行了一些研究,至少从规则的角度对国际法规则冲突的类型进行了探析。鲍威林在他的专著《国际公法的规则冲突》③ 中,将不同法律体系之间的价值冲突定义为正当性冲突(legitimacy conflict),让·纽曼在《WTO法与其他国际法秩序的协调》中,提出了"简单的规范冲突"与"纲领性冲突"(pro-

---

① IISD Model International Agreement on Investment for Sustainable Development, article 12, 14, 2, 转引自韩秀丽《环境保护:海外投资者面临的法律问题》,《厦门大学学报》(哲学社会科学版) 2010年第3期。

② JoostAauwelyn, *Conflict of Norms in Public International Law*, Cambridge University Press, 2003, p.95.

③ Joost Aauwelyn, *Conflict of Norms in Public International Law*, Cambridge University Press, 2003. 该书从事前的立法协调、事中的条约解释、事后的法律适用等角度论述了解决国际法规则冲突的种种方法。还专门指出国际法还是存在等级价值,国际强行法规则和它的一些重要规则与联合国宪章义务等仍居于优先地位。

grammatic conflict）的概念。当两个条约体系的优先目标相互抵触时，"纲领性冲突"就发生了，各条约体系的"特别性"问题根本上是一种政治和文化价值判断。一部法律内部规定的规则之间的正当性冲突就是简单的规范冲突。环境保护和投资保护之间的冲突是随着经济发展、社会发展与环境之间出现不和谐而产生，它需要我们在国际法律协调中运用一定的法律工具，在冲突中寻找有益的协调发展，以此促进二者的和谐共进。以下先分析环境保护和国际投资之间的冲突，然后分析国际投资协定中以保护私人投资为中心的规则对环境保护的阻却作用。本书将纲领性冲突界定为投资条约的外部冲突，将投资条约规则对将要纳入的环境保护规则的阻却作用界定为内部冲突。

一 外部冲突的表现

（一）多边环境保护协定与投资保护协定的冲突

如果某一国家同时是某一多边环境协定（Multilateral Environment Agreement，MEA）的缔约方，又是国际投资协定的缔约方，这种情况下就会产生条约之间的冲突。环境协定追求对环境权益的保障，环境保护的一个重要方面是通过控制消耗速度，减缓对自然环境的压力，某一领域的环境协定往往会限制稀缺资源的大规模开采；而国际投资保护协定追求经济效益的最大化，投资者进入东道国开展投资活动以优势资源的开采、自由充分利用为前提，若对这些投资要素进行限制会影响投资者投资利益的最大化。

另一种情况是某项 MEA 的缔约国与非 MEA 的投资者签订 IIAs，在环境义务的遵守中也会产生外部冲突。东道国因为新加入一项新的环境协定，为了遵守环境协定的国际义务，在国内直接适用这一新协定或者转化为国内法而适用，相应的国内环境法律、政策就会发生改变，对东道国的投资预期就会造成影响。进一步而言，当国家新的义务实施是通过限制投资者的投资范围或者资格时，投资者可以基于公正待遇或者国民待遇提起投资仲裁。Myer 公司案就是因新的环境协定而取消投资者资格的案例。作为一家位于美国的废物处理公司，S. D. Myers 公司十分希望美国和加拿大开放 PCB 废物跨境流动，从而扩展自身的业务。当美国环境保护署允许该公司从加拿大进口 PCB 废物进行处理时，加拿大政府随后以履行其参加的《控制危险废物跨境转移及其处置的巴塞尔公约》义务为由，颁布了限制期为16个月的PCB出口禁令。S. D. Myers公司因此将加拿大政府起诉到仲裁庭，称加拿大政府颁布禁令的行为违反了NAFTA规定下的国民待遇原则、公正与公平待遇原则和征收条款，并称加拿大颁布的出口禁令建立在歧视和不公正的基础上，使其受到了不公平的待遇。

（二）环境技术转移投资规则与环境保护的冲突

环境技术是环境保护落到实处的核心力量，环境技术以智力成果的形式表现出来，在转移中伴随着知识产权的保护。知识产权保护是以"经济利益"和私权为导向的，在于对私人智力成果的回报和再创造的激励，这一点与私人财产保护相统一。环境技术具有改善环境治理水平，提高环境效益的公共属性，政府为了环境权的维护，可持续发展义务的履行，出于对公共利益保护的实现需要，必然要在对外资活动进行管理时对无限追求投资利益的权利进行限制，体现在环境技术方面就是对其的限制和转移。显然，环境技术的限制与转移与私人财产权保护存在着冲突。

对知识产权中私人利益的限制已经不是首次出现，在TRIPS协议中，第30条和第31条规定，因紧急情况和公共健康的需要，国家可以对个人专利实施强制许可。在国际投资协定中，就表现为要求投资者通过非商业途径转移环境技术。之所以要通过此种方式转移环境友好型技术，是因为知识产权保护的水平越高，环境相关的科技水平越高，经济落后的发展中国家获得相应技术的成本也相应升高，结果是高额技术转让和许可费阻碍了高新环保技术向发展中国家的转移。

在促进投资自由化的国际投资协定中，履行要求的规制也与环境技术转移的需要产生冲突。国际投资协定设定的履行要求的条款，一般都将技术转移要求纳入需要禁止的范围内，规定东道国不得以此作为投资者设立、取得、扩大、管理、运营或出售以及处置而施加的要求，其中之一是禁止非商业途径的环境技术转移。技术转移是东道国引入FDI实现国家当地技术进步的目标之一，发达国家作为高新技术的生产国，提倡对知识产权的高标准保护，通过商业途径获得最大的财产价值，同时通过技术垄断在新一轮的碳交易中获得环境技术的支配权，进而实现更大的经济利益。而发展中国家作为资本输入国，期望通过技术转移，通过企业合作这种非商业买卖途径引进资本、技术、设备代替通过高额环境技术许可和进口，使得这些环境友好型技术在当地传播和扩散，那么，对技术转移这种履行要求的限制就会对环境友好型技术的扩散起到阻碍作用。因此，环境保护与投资规则限制履行要求以追求投资自由化之间存在正当性冲突。

（三）清洁发展机制下环境义务与非歧视待遇的冲突

《京都议定书》创制的清洁发展机制（以下称为 CDM）是实现可持续发展多边环境协议的重要组成部分，这一协议的实施将投资与环境保护问题紧密联系起来。具体而言，CDM 减排制度是通过促进发达国家在发展中国家的温室气体排放项目而实现的，议定书附件 1 所列的工业化国家若投资于气候友好型的项目，就可以获得一定的减排额度以抵消这些国家的气体排放承诺。这一制度的目标有两个，一是帮助非附件 1 的发展中国家实现可持续发展，二是附件 1 中工业化国家对外投资可以产生减排信用额度，同时，对项目中的环境技术转移起到重要的作用。

1. CDM 对投资项目的要求是与 IIAs 形成冲突的原因所在

CDM 对东道国、投资者、项目类型、技术标准及投资部门都有资格要求。参与方的资格要求是，东道国只能是非附件 1 中所列的发展中国家，投资母国只能是附件 1 中所列的工业化国家，两者都必须已经加入《京都议定书》和《联合国气候变化框架公约》，并且已经履行两个协定的报告义务。对于项目类型和部门，排除了核能、大型氢、碳以及森林等领域参与此制度。接受 CDM 的成员国都有《国内可持续发展标准指导目录》，包括"转移先进技术或现代产品工艺"、满足环境、社会、经济影响评价要求等各项标准。IIAs 所追求的投资自由化、促进和保护投资目标的非歧视和市场准入都是《京都议定书》所没有的，对项目投向的领域、国家类型的区分使得 IIAs 和 CDM 在非歧视待遇问题上产生冲突。

2. 冲突的表现

第一，CDM 要求依据不同的国家减排能力区别对待，这就会产生基于国籍的差别待遇，同时在附件 1 和非附件 1 的国家间会产生最惠国待遇的歧视。

第二，CDM 有投资部门或者领域的限制，而在 IIAs 中并不限制或者禁止投资进入，甚至有些国家将这些作为吸引 FDI 的重点领域，相对于非附件 1 中的国家，此规定歧视了输出 CDM 项目国家的投资者。

第三，投资自由化在 IIAs 中的表现之一是履行要求纳入法律规制，限制或者禁止某些履行要求，而 CDM 要求投资者在技术水平和环境标准上达到一定的要求，往往伴随技术转移要求，二者之间产生冲突。

第四，如果东道国为环境保护的目的重新调整 CDM 项目重点，要求投资者提高技术等级，其后果是 CDM 项目就不会产生投资者预期的减排额度，投资者会以合理的商业利益遭到损害为由而提出征收赔偿要求。

第五，CDM 的争端解决方法与 IIAs 相冲突，目前没有 IIAs 明确规定基于《京都议定书》的投资者—国家争端问题，如果按照 ICSID 仲裁，仲裁庭可能就不考虑《京都议定书》的宗旨和内容。由此可见，CDM 产生的作为环境保护和投资的交叉点，其宗旨和运作机制包含了很多不同于投资协定自由化的内容，这些冲突表现恰恰反映了环境保护与投资自由化之间的冲突。

二 环境保护在国际投资条约体制中的内部冲突

（一）公平公正待遇对环境管理的阻却

公平公正待遇属于绝对待遇标准，旨在将东道国对投资者的管理方式和水平控制在一定的门槛之上，对投资者提供国际最低标准的保障。公平公正待遇标准的内涵虽然还没有达成一致，但是在投资实践和国际法律文件中广泛认可了保护投资者的合理期待，维持了东道国稳定、可预见的法律框架以及商业环境。在 Occidental 案中，仲裁庭认为法律环境和商业环境的稳定是公平公正待遇的基本要件。[①] 公平公正待遇与环境保护最主要的冲突在于该标准限制东道国的管理权，因为对法律体制保持稳定的要求涉及立法、行政和司法。"公平公正待遇如何被仲裁庭解释和适用，很有可能影响到东道国的管理范围，并且影响度远远深于投资条约中的其他条款。"[②] 仲裁庭对东道国治理高标准要求的解释加剧了环境管理与公平公正待遇的冲突，"公平公正待遇要求不仅不影响投资者作出投资决定时的基本预期，外国投资者希望东道国的行为保持完全透明、不模糊，这样他们可以提前了解所有关于投资的规章制度，以及相关政策、措施的目的，以便合理规划自己的投资，遵守这些规则……外国投资者也希望东道国的行为前后一致，即不随便推翻投资者赖以作出决定的既已存在的决定或许可等"[③]。也就是说，东道国随着经济社会发展形势，随着环境标准的提

[①] Occidental Exploration and Production Company v. Ecuador, July 1, 2004, p.183.

[②] Rudolf Dolzer, "The Impact of International Investment Treaties on Domestic Administrative", *NUY J. Int'l L. &Pol.*, Vol.37, 2005, p.954.

[③] ICSID Case No. ARB (AF) /00/2 (Award), Tecnicas Medioambientales Tecmed v. United Mexican States, 29 May 2003, para. 154.

高，环境管理相关的法律和措施变化与公平公正待遇要求法律体制和商业环境稳定之间存在着冲突。

（二）征收条款与环境保护措施的冲突

对外国投资者而言，在东道国最主要的非商业风险就是征收。无论是直接征收还是间接征收都在国际投资领域引起了广泛的重视，特别是随着国家在管理公共事务中作用的增加，国家管理性措施带来等同于征收效果的国家管理行为是否构成征收，这类行为的定性以及法律效力成为国际投资法领域的热点问题。

环境管理属于国家行使管理行为的一种。投资者因东道国的管理性法律或者具体的管理措施变更，致其投资利益损害，提请国际投资仲裁的案例时有发生。在国际投资协定中，对于间接征收往往采用"类似的任何其他措施"、与征收"效果相同的其他措施"的认定方法，这种归类方法，使得国家在实行管理的过程中对外国投资采取的若干措施更容易认定为具有间接征收的效果。从早期环境投资争端[1]实践来看，仲裁庭通常只认可效果原则，完全不考虑环境管理的公共性目的因素，将因环境管理带来投资损失的行为一律认定为征收，认为即使具有了正当性[2]，但也不能改变征收的法律性质，东道国必须支付赔偿。

对于东道国的环境措施，还可以进一步划分为目的性环境措施和管理性环境措施。目的性措施更类似于具体行政行为，如撤销许可证；管理性环境措施类似于具有管理性立法的抽象行政行为。从已发生的案例来看，在其他条件相同的情况下，目的性措施实质上剥夺了投资的价值，一般而言比管理性措施更容易被认定为构成了征收。在已有的ICSID裁决中，许多都认定目的性措施的征收性质，或者是目的性措施起到了决定性作用。[3] 当然，并非所有的目的性环境措施在投资仲裁实践

---

[1] ICSID Case No. ARB (AF) /97/1 (Award), Metalclad Corp. v. United Mexican States, 25 August 2000, para. 109 – 111.

[2] ICSID Case No. ARB (AF) /96/1 (Award), Compania del Desarrollo de Santa Elena S. A. v. Costa Rica, 17, Febr., 2000, paras. 54, 71 – 72.

[3] 例如 Southern Pacific Properties (Middle East) Limited (SPP) v. Egypt, ICSID Case No. ARB84/3, Award (20 May 1992); Metalclad Corp. v. United Mexican States, Compania del Desarrollo de Santa Elena S. A. and Vivendi Universisal S. A. v. Argentine Republic, ICSID Case No. ARB (AF) /97/3, Award (20 August 2007); Biwatergauff (Tanz.) Ltd. v. United RepubilcTanzanina, ICSID Case No. ARB/05/22, Award (24 July 2008).

中都会认定为征收，主要原因是：（1）有的裁决将目的性环境征收认定为投资者应当承担的商业风险[①]；（2）治安权原则在没有对投资者作出书面的具体承诺时，可以成为实施目的性措施的正当理由；（3）东道国造成受影响投资价值的认定要以全部投资的总和作为计算实质性剥夺的基础来认定[②]。

三 对法律冲突的认识

同一矛盾体内，矛盾双方相互排斥，对立的事物必然是此消彼长的，不是矛战胜盾，就是盾战胜矛。环境保护就要限制对自然资源的使用，而投资自由化和投资保护则要遵从经济规模扩大，无限开发自然资源的原则。环境保护和经济自由化看似彼此冲突与矛盾，一方的发展会妨碍另外一方的发展，但是在社会发展的系统里，既不能没有经济自由化、投资保护，也不能没有环境保护。在形式上，矛盾还有逻辑矛盾和辩证矛盾之分。辩证矛盾是客观事物本身所固有的既对立又统一的辩证本质，一般认为环境保护和投资自由化、投资保护之间的矛盾可以归于辩证矛盾关系，即二者具有既对立又统一的关系。但是本书认为这两者不构成一对矛盾体。

首先，环境保护本身是矛盾的，它有正面益处和负面消极之处，投资自由化和投资保护也如此。如果将发展作为环境保护和投资自由化的一个系统，那么，将环境保护与投资自由化理解为一对矛盾就是不科学的。因为矛盾的对立是"非此即彼"，就发展而言，环境保护和投资自由化、投资保护只是其中的部分要素，发展的因素还存在许多其他方面，这两者不构成非此即彼的关系，因而不构成矛盾体。

其次，矛盾体具有同一性和斗争性，这两种属性分别具有相对性和

---

① MTD Equity SdnBhd and MTD Chile SA v. Republic of Chile, ICSID Case No. ARB/01/7, Award (25 August 2004)，该案件裁庭认为东道国的立法修改，造成许可的撤销，投资者有义务了解和评估东道国在其所投资领域的管理境况，理性的投资者应当预见到可能会发生此种障碍，并且计算在商业风险的考虑范围内。

② Chemtura Corporation (formerly Crompton Corporation) v. Government of Canada, UNCITRAL, Award (2 August 2010)，该案中申请方认为加拿大环境部门终止其生产和销售林丹杀虫剂的行为构成间接征收，仲裁庭否认了此请求，认为目的性征收不一定构成征收，第一，东道国的行为并未产生实质性剥夺投资价值的效果，一般受影响的投资所占投资综合的比例很小就不构成征收。第二，认为争议的措施只是国家管理权的正常行使。

绝对性。同一性是相对的、有条件的，相互排斥的对立面只有在一定条件下才能相互依存。而斗争性是绝对的、无条件的，矛盾双方互相否定，自始至终贯彻其中。而在人类社会发展过程中，环境保护与经济自由化、投资保护的共存就是有条件的，在人类的某个发展阶段，不存在经济自由化、投资保护，而发展依然存在，在辩证矛盾中，事物矛盾的两个方面必须伴随事物存在的全过程。追溯历史，环境保护问题的产生与人类文明紧密联系，环境保护问题最终在人类不适当地开发与利用时——人类对资源的索取超过了环境的自净和自我恢复能力——产生。此外，经济自由化、投资保护与环境保护的矛盾并不是绝对的、无条件的，这两者的冲突是在各种外在条件及客观原因的综合作用下产生的，并非贯穿始终的。

再次，矛盾双方总处于不可调和的状态，而经济自由化、投资保护和环境保护是可以协调的。即便在两者不协调时期，环境保护的开展也并不必然损害经济自由化、投资保护，经济自由化、投资保护的发展也不必然导致环境的继续恶化，历史上二者的发展存在不冲突的时期。现实中，环境保护或经济自由化、投资保护一方的发展会给另一方的发展带来有利的一面，经济自由化可以增加环境保护的能力，环境保护为经济自由化、投资保护提供更有利的发展空间。

基于以上对环境保护与投资保护冲突的分析可知，两者不是不可调和统一的矛盾体，而是可以引入"共同支持"原则进行协调的。共同支持原则是针对可持续发展的三大支柱性目标：经济自由化、环境保护和社会福利提高的实现而提出的，这些目标的有效平衡可以促进决策者解决优先目标实现的难题。共同支持原则暗含的假定是经济自由化和可持续发展在一定条件下具有同一性，可以协调的，经济的自由化可以为环境治理和社会发展提供良好的资源和有力的保障。相反，过度放任经济的自由化，贸易或投资所追求的无限开发自然资源和管理标准的抄底竞争，终将造成经济和社会的不可持续发展。[①] 共同支持原则在《马拉喀什协议》的前言就提出在促进贸易关系的同时，根据可持续发展的理论优化利用世界资源，

---

① See Emily Barrett Lydgate, "Sustainable development in the WTO: from mutual supportiveness to balancing", *World T. R.*, Vol. 11 (4), 2012, p. 622.

保护和维持环境。①《多哈宣言》第6段指出,根据《马拉喀什协议》,维持和保护一个开放的、无歧视的多边贸易与保护环境、促进可持续发展这两个目标应当同时追求。②

第三节 环境保护与国际投资的协调

一 国际投资协定中的环境保护条款

目前,从已有法律实践来看,将环境利益纳入国际投资协定中协调的逐渐增加,但是并没有成为主流。OECD在2008年发布的关于国际投资协定中纳入环境保护条款的情况进行统计,在1623个IIAs中,只有49个国家的IIAs涉及了环境问题,其中133个IIAs提及了环境保护,占8.2%。但是对环境问题的措辞表述也不统一,这种差异表现了国家不同的政策目标。③ 对于环境问题的关注在不同的投资协定,包括双边投资协定(BIT)和非双边投资协定,使用了不同的表述,主要包括以下几种:1."人类、动物或植物的生命、健康"、④"免受动物或植物的疾病或者危害"⑤。2."保护可耗竭的生命或非生命自然资源"⑥,有时也用保护自然和物理资源。3."保护具有艺术、历史和考古价值的

---

① "承认其贸易和经济关系的发展,应旨在提高生活水平,保证充分就业和大幅度稳步提高实际收入和有效需求,扩大货物与服务的生产和贸易,为持续发展之目的扩大对世界资源的充分利用,保护和维护环境,并以符合不同经济发展水平下各自需要的方式,加强采取各种相应的措施。" See Agreement establishing the World Trade Organization, 15 April, 1994, 1867 U. N. T. S 154.

② Ministerial Declaration, adopted at Doha on 14 November, 2001, WT/MIN (01) /DEC/1 (Doha Declaration).

③ OECD, *Environmental Concerns in International Investment*, OECD working papers on international investment, No.2011/1, p. 7.

④ Argentina-New Zealand BIT (1999), Japan-Korea BIT (2002).

⑤ China-New Zealand BIT (1998), Czech Republic-Mauritius BIT (1999), India-Korea BIT (2002).

⑥ Canada-Egypt BIT (1996), Canada Model BIT (2004), 此种表述也可以参见GATS第14条、GATT第20条。

国家财产"。4. 瑞士在 IIAs 中明确使用了"可持续发展"和"环境保护"。① 5. 阻止、减少、控制排放污染物、废弃物；控制环境危险或者有毒化学物质、垃圾，发布相关的信息；保护野生动物和濒危物种、栖息地以及自然保护区。美国新规定的 2012 年 BITs 范本，将环境法这些表述直接或者间接地纳入国际投资协定中，东道国和母国将保护环境的义务和责任确定在国际协定之中。由此可见，国际投资协定中的环境保护主要涵盖的是与社会经济发展紧密相关的事项，旨在保障人类健康、促进自然资源高效与可持续利用，例如环境污染行为、保护野生动植物。

（一）多边投资协定中对环境保护的规定

将环境保护纳入国际投资协定经历了一个相对漫长的过程。较早涉及环境保护问题的具有代表性的当属 WTO 框架下的一系列文件。GATT1994 第 20 条 "一般例外"的 b 款和 g 款被认为是 GATT 中与环境保护关系最为密切的条款。根据这一条款的规定，缔约方可实施"为保障人类、动植物的生命或健康所必需的措施"和"与国内限制生产与消费的措施相配合为有效保护可能用竭的天然资源的有关措施"，但其实施的前提是"对于情况相同的各国，实施的措施不得构成武断的或不合理的差别待遇，或构成对国际贸易的变相限制"。

《服务贸易总协定》（GATS）和《与贸易有关的投资措施协议》（TRIMs）作为与国际投资相关的贸易协定，也对环境问题作出了规定。GATS 第 14 条规定："在此类措施的实施不在情形类似的国家之间构成任意或不合理歧视的手段或构成对服务贸易的变相限制的前提下，本协定的任何规定不得解释为阻止任何成员采取或实施以下措施：……（b）为保护人类、动物或植物的生命或健康所必需的措施……"赋予了缔约国有条件地采取环境措施的权利；TRIMs 第 3 条规定"GATT1994 项下的所有例外均应酌情适用于本协定的规定"。即为保护人类、动物或植物的生命或健康所必需的措施、与保护可用尽的自然资源有关的措施等，可用来限制、禁止国际投资。除此之外，WTO 文件下的《农产品协定》、《实施动植物卫生检疫措施协议》、《补贴与反补贴措施协议》以及《与贸易有关

---

① Switzerland-El Salvador BIT (1994).

的知识产权协定》中均提到了环境问题①，但这些多边性条约也仅仅是通过例外条款间接地调整了环境与投资的关系，并未对国际投资起到实质性的直接规范作用。

1. 《北美自由贸易协定》（NAFTA）对环境保护的规定

《北美自由贸易协定》（North American Free Trade Agreement）属于较为早期全面关注投资和环境关系的条约。首先其在序言里规定了贸易自由与环境保护的双重目标，包括：在实现自由贸易的同时要承担环境保护与保全的责任；保护贸易措施的适应性以保障公共福利；坚持可持续发展；加强环境法律、法规的制定与执行。在争端解决的处理上，NAFTA 要求原告国负举证责任。与以往的国际贸易与环境争端中被告举证模式有很大不同，其有助于一国独立行使其环境政策。② 但 NAFTA 并未涉及实施环境保护具体措施的规定，也无对违反条款行为予以制裁的程序性规定。

为了完善环境保护的相关规定，NAFTA 的缔约方又签署并实施了《北美环境合作协议》（NAAEC）作为协定的补充。NAAEC 在序言中再次重申了在环境保护与投资之间寻求平衡的主张。其第 14 条规定了公民或非政府组织可以通过向秘书处提交请愿书来质疑政府不履行环境法律的行为；第 15 条第 2 款规定在环境合作委员会 2/3 以上票数同意的情况下，秘书处应作出事实记录。虽然最后的实施结果并不理想，但此协议进一步大幅提高了缔约国的环境保护水平，在争端解决机制上强调了国家合作的重要性，在实践中发挥了积极作用。

（1）第 104 条"与环境及自然保护协定的关系"

NAFTA 在环境保护方面创新之处很多，但其中最具有开创意义的，是承认缔约方在某些多边环境协定下的特定义务与 NAFTA 规定的义务发生冲突时，在不一致的范围内环境保护协定的规定优先。但是"如果存

---

① 《农产品协定》中的国内扶持部分，提出了"绿色补贴"的概念，保持环境计划及农场主的直接绿色补贴等国内扶持措施，不在协定规定的削减之列，以降低现代农业发展对环境的危害；《实施动植物卫生检疫措施协议》中"重申了不应阻止各成员方采纳或实施为保护人类、动物和植物的生命或健康所必需的措施"；《补贴与反补贴措施协议》中规定企业为执行保护环境的法律而增加的财政负担由政府给予的资助为不可申诉的补贴；

《与贸易有关的知识产权协定》第 27 条规定："各成员可不授予下述发明专利权，如果在其境内组织对这些发明的商业性利用对维护公用秩序或道德，包括保护人类、动物或植物的生命或健康或避免严重损害环境是必要的，只要此举并不仅仅因为这种利用为其法律所禁止。"

② 杨华：《废弃物国际贸易的风险及法律控制》，复旦大学出版社 2011 年版，第 17 页。

在更加有效的措施能够降低 NAFTA 与国际环境协定之间的冲突,各缔约国应采取最小冲突的方式"。这里的多边环境协定包括:三国都已加入并生效的多边环境协议、三国之间的双边协定、三方同意的其他多边协定。同时,NAFTA 解决了其与 WTO 之间环境条款的协调问题。第 2101 条规定:"GATT 第 20 条及其注释,还有所有缔约国的后续协议,都成为 NAFTA 协议的一部分。"这一条款显然对于环境保护具有非常重要的意义。

(2) 第 1114 条"不得降低环境标准"的规定

NAFTA 第 1114 条"环境措施"第 1 款规定"本章中的任何规定都不得被解释为妨碍任何缔约方采取、维持和执行其认为对确保在其境内的投资活动以一种考虑环境因素的方式展开来说合适的措施",此条赋予了东道国采取合理的环境措施的权利,目的是给东道国的环境政策留出空间,但其实这个空间是有限的,因为它要受到"在其他方面与本章(指第 11 章'投资')规定一致"的限制,这就使该条款受到 NAFTA 的 1102、1103、1105、1110 等条款(国民待遇、最惠国待遇、最低标准待遇、征收及补偿)的严重制约。因此,缔约国采取措施的行动权利的范围、内容和如何采取等都是模糊不定的。

该条第 2 款规定"缔约方承认通过放松国内健康、安全及环境措施来鼓励投资是不适当的。因此,各缔约方不应为鼓励投资者在其地域设立、取得、扩张或保持投资而放弃或损抑,或意图放弃或损抑这种措施。如果缔约一方认为缔约另一方提供了这种激励,可以提出与之磋商,双方应就避免此类激励进行协商"。此条规定了缔约方负有不得因鼓励外国投资而采取损抑环境措施的义务。这种规定的实质在于避免投资资金的不当分布,但此义务是非强制性的,没有对违反该条款的行为予以制裁的程序性规定,磋商所起到的作用也令人质疑,且以最终的实施效果来看,这一规定在一定程度上引发了向墨西哥转移污染企业的现象。

(3) 第 1106 条"履行要求"规定

NAFTA 第 1106 条专门对"履行要求"作出了规定,其第 2 款规定"一项为满足一般可适用的健康、安全或环境需要而要求某一投资使用某项技术的措施,不得被解释为与该条第 1 款(f)项即技术履行要求的措施不符"。同时该条第 6 款又规定,在不是武断地、不合理地适用并且不构成对国际贸易及投资的变相限制的前提下,对于该条第 1 款(b)、(c)

项和第 3 款（a）、（b）项规定的当地成分要求和当地购买要求，不得被解释为阻止缔约方采取或维持如下包括环境事项的措施：（a）为确保符合非与本协定不一致的法律、法规所必需的措施；（b）为保护人类、动植物的生命健康所必需的措施；（c）为保护有生命或无生命的可枯竭的自然资源所必需的措施。NAFTA 的履行要求的例外条款针对了当地成分要求、当地购买要求以及技术转让三类履行要求措施。

2. 《能源宪章条约》（ETC）中的可持续发展要求

作为国际社会能源合作领域的重要多边协议，ECT 在多处条款上均体现了对环境问题的关注。在序言中，ECT 规定"……以及《联合国气候变化框架公约》、《远距离大气跨界污染公约》及其议定书，并承认日益增长的对环境保护措施的紧迫需求，包括能源装置的退役、废物处置的需要以及为此目的的国际公认的目标和标准"。强调了环境保护的重要性。条约中第 18 条肯定了国家对其能源资源的主权并承认国家有权对能源资源的开采、开发中的环境、安全等问题进行管理。[1] 第 19 条则是环境专章。该条明确指出："为追求可持续发展和考虑已签署有关环境问题方面的国际条约所规定的义务，每个缔约方应努力以经济有效的方式，减少其境内能源活动对其境内外环境产生的有害影响。""缔约方同意，来自缔约一方区域内的污染者应该，原则上承担污染费用，包括跨界污染，适当的考虑公共利益，并且不要对能源领域或国际买卖造成扭曲。"[2]

"缔约方应该在以下几个方面达成一致：

（1）在制定和实施能源政策时考虑环境因素；

（2）提高市场价格形成机制，充分反映能源领域环境成本和利益；

（3）特别要考虑提高能源效率，开发和使用可再生能源，提升清洁能源的使用，使用减少污染的技术或技术手段；

（4）在研究、开发和使用能源效率和环境友好型技术、实践和以经济效率的方式减少能源领域所有方面对环境有害的影响的过程方面进行促进和合作；

（5）为转移和减少分发与充分有效地保护知识产权相一致的这些技术鼓励创造有利的条件。"

---

[1] Article 18（1）ECT.
[2] Article 19（1）ECT.

然而，ETC 第三部分第 13 条的征收条款规定了东道国不能因为新设的严格环境保护措施而损害投资合同中的稳定条款，即如果东道国该措施的实施造成了投资者或投资的损害，投资者有要求东道国赔偿的权利。总体看来，ECT 对于环境保护有潜在的积极影响，但从仲裁实践看来，由于过于强调对投资者的保护，而忽视 ECT 的缔约国在能源领域的其他合作，导致 ECT 的环境保护目标很难真正实现。①

3. 《多边投资协定》（MAI）对环境保护的规定

在经济合作与发展组织（OECD）主持谈判下的《多边投资协定》（MAI）在序言中规定，各方认识到伴随着适当的投资政策，投资在确保经济可持续发展方面能够发挥关键的作用。重申了关于环境与发展的《里约宣言》和《21 世纪进程》的宗旨，包括污染者付费和预防原则，并决定以可持续发展和环境保护相一致的方式实施 MAI。在草案第三部分"投资者和投资待遇"中第 4 款规定了"履行要求"的例外，即在不对投资造成武断的和不合理的歧视的情况下，第 1 款"缔约方不得采取的履行要求"中的"要求达到国内成分的特定水平和比例"和"要求购买或优先购买境内的货物或服务"的规定不得解释为阻止任何缔约国采取或维持包括环境在内的措施。如果这个措施是为了："（a）确保遵守不与本协定不一致的法律或条例的必要措施，（b）为了保护人类、动物和植物生命和健康的必要措施，（c）为了保护有生命或无生命的可耗竭资源的必要措施。"草案第三部分吸收了 NAFTA "不得降低环境标准"的内容，规定缔约方不应为吸引投资而降低国内的环境或劳工标准。

作为国际投资的主体，MAI 对跨国公司的环保责任作出了具体规定。《跨国公司指南》作为 MAI 的附件，第五部分设立了"环境"专章，规定了跨国公司一系列对环境保护的义务，如建立环境管理制度、向公众提供公司影响环境的活动信息、准备环境评估报告、采用防止或降低环境破坏的有效措施等。但由于指南为发达国家单方面制定，不能充分反映发展中国家的立场，且适用上有自愿性，不具有约束力，使得最终跨国公司对 MAI 失去了热情。

MAI 的谈判历经三年半，却以失败告终。究其原因，是 MAI 未能平

---

① 张庆麟、马迅：《论〈能源宪章条约〉投资规则的可持续发展》，《暨南学报》（哲学社会科学版）2009 年第 2 期。

衡和反映发达国家间的利益和要求，也未兼顾发展中国家的利益，并超越了发展中国家所能提供的市场开放和放松管制的程度。虽然 MAI 谈判未能成功，但其给人们带来了深刻的启示：符合时代要求的多边投资条约必须既能反映投资自由化的趋势又能反映各国利益的协调，特别是要切实考虑发展中国家的特殊情况，反映国际经济新秩序的要求。①

（二）双边投资协定与自由贸易协定中的环保条款

截至目前，国际上 BITs 及 FTAs 数量已逾 3000 个，但真正从实质上明确规定环境条款的协定并不多见。虽然双边投资协定与自由贸易协定相比，双边投资协定在环境保护的关注程度上已有了较大的进步，但大多数国家仍对此问题采取避而不谈的态度。我们不难推测其背后的原因，环境条款本身在设立及实施中涉及利益方众多，各方之间的权利义务很难调和。并且，某一协定纳入环境保护的程度与缔约方国内经济发展水平、经济发展目标、环境保护水平以及环保力量施加的政治压力等因素有关。晚近签订的一些 BITs 和 FTAs 打破了传统国际投资协定对环境保护的沉默态度局面，不同程度地表达了对环境问题的关切。

1. 在序言条款中规定环境保护目标

绝大多数国际投资协定都受到 NAFTA 的影响，选择在序言中概括性地规定环境保护的目标。如美国 2012 年 BIT 范本中提出："希望以与保护健康、安全和环境以及促进国际公认的劳工权利相一致的方式达成这些目标……"② 加拿大 2004 年 BIT 范本中也提到："承认促进和保护投资……有利于……促进可持续发展。"③ 比利时—韩国 BIT 中规定："认识到缔约国任何一方都有权利建立本国的环境保护规则……，并有权修订其环境与劳工立法。"中国在 2006 年与巴基斯坦和智利签订的 FTA 在序言中也规定："认识到执行本协定是为了提高生活水平、创造新的工作机会并以与环境保护相一致的方式促进可持续发展。"

由于序言条款用语大多抽象且宽泛，且因序言本身的功能、性质和效

---

① 刘笋：《国际投资保护的国际法制——若干重要法律问题研究》，法律出版社 2001 年版，第 83 页。

② US model BIT 2012, available http：//www.ustr.gov/about-us/press-office/press-releases/2012/april/united-states-concludes-review-model-bilateral-inves.

③ Canada model BIT 2004, available at http：//italaw.com/documents/Canadian2004-FIPA-model-en.pdf.

力方面的限制，对缔约国并没有法律上的约束力，其并不是真正意义上的法律规范，没有规定缔约方具体的环境权利与义务关系及违反义务时缔约方应承担的法律责任，而仅仅是在进行条约解释时起到一定的作用，因此并不能真正起到环境保护的效果。

2. 以例外条款形式规定环境例外

以例外条款形式出现的环境例外主要有三类：

第一类是以一般例外条款形式规定环境保护义务，这种做法是采纳了《服务贸易总协定》（GATS）第14条（b）项的规定方式。如2004年加拿大BIT范本第10条"一般例外"中规定，在不构成任意或不合理歧视或对贸易或投资变相限制的情况下可以采取环境措施。这种"一般例外"的规定意味着缔约方为了执行某些符合条件的环境措施，可以总体地背离投资协定的义务，即赋予了缔约国更大的环境保护例外权限。

第二类是针对履行要求的例外条款。如美国2012年BIT范本在第8条"履行要求"第3款（c）项规定了履行要求的例外，即"如果这些措施（履行要求的措施）不是以武断或不正当的方式实施，并且如果这些措施不构成对国际贸易或投资的变相限制，第1款（b）、（c）和（f）和第2款的（a）和（b）不得解释为阻止一方采取或维持包括环境在内的措施：……（ii）为保护人类、动物或植物的生命或健康所必需；或者（iii）与保持生物或非生物可耗竭自然资源有关"。其中第1款是要求"对于缔约或非缔约一方投资者在其领土内投资的设立、收购、扩大、管理、实施、运营、出售或其他处置，任何缔约方不得强加或强制执行以下要求，或对其强制执行以下任何承诺或保证：……（b）达到特定水平或比例的国内含量；（c）购买、使用或有限选择产自其领土的货物，或购买来自其领土的人的货物……（f）将特殊工艺、生产流程或其他专有知识转移与其领土内的人……"第2款是要求"缔约方不得将符合任何下列要求作为获得或持续获得优势的条件：（a）达到特定水平或比例的国内含量；（b）购买、使用或优先选择产自其领土的货物，或购买来自其领土的人的货物……"

第三类是关于征收规则的环境例外。美国2012年BIT范本规定了关于间接征收的环境例外条款。在该范本附件B"征收"第4条（b）款中明确规定："除极少情况，缔约方为保护合法的公共福利如公共健康、安全或环境的目的而设计并适用的非歧视性的规范行为不构成间接征收。"

这一规定在近年来美国和加拿大签订的 FTA 中也得到了采纳。这一规定对认定环境措施构成间接征收的例外设置了两个条件，即为了公共福利的目的以及非歧视性。

3. 设立环境专章规定环境保护

环境专章是在投资协定中专设一部分规定投资与环境的关系，并通常以"环境"、"环境措施"、"投资与环境"命名。如美国 2012 年 BIT 模板在第 12 条设立"投资与环境"专章，首先在第 1 款规定"缔约方应意识到他们各自国内的环境法律与政策以及其所参加的多边环境协定，在保护环境上发挥着重要作用"，强调缔约方应谨慎制定环境法律政策和加入环境条约。第 2 款规定了缔约方不得降低环境标准来鼓励投资。"缔约方认识到通过削弱或减少国内环境法授予的保护来鼓励投资是不适当的。因此，缔约各方应确保不以削弱或减少国内环境授予的保护来取消或减损、或试图取消或减损此类措施作为对投资者在其领土内进行的设立、收购扩大或维持投资的鼓励。"第 3 款规定了缔约方在特定情况下仍享有一定程度的环境措施自由裁量权。第 4 款明确了条约中"环境法"的含义。第 5 款规定"本公约的任何内容不得被解释为阻止一方采取、维持或实施在其他方面与本公约相符的任何其认为能确保其境内的投资活动以顾及环境因素的方式进行的适当措施"，赋予了缔约方采取环境措施的权利。第 6 款规定了对于产生于此条款的任何争端缔约方可以对另一缔约方提起磋商请求的权利。最后一款规定了缔约方应确保适当地提供公众参与环境争端的机会。①

在国际投资协定中纳入环境保护内容已成为各缔约国在缔结条约时的普遍共识，但这些对环境保护的规制方式仍然存在许多不足，如对环境问题只是一般性地提及，并未较为全面地规定，再加之规定本身的软法性质，缔约国的权利和义务得不到强制规范的保证等。这些问题直接反映出当前国际投资协定与环境保护并未达到利益平衡的状态，仍存在着许多冲突的方面。

二 国际投资协定中对环境政策空间的确认

国际投资协定中对环境政策空间的确认是环境保护纳入国际投资协定

---

① US model BIT 2012, available at http: //www.ustr.gov/about-us/press-office/press-releases/2012/april/united-states-concludes-review-model-bilateral-inves.

的总体指导原则。环境政策空间来源于国家的经济主权,在国际投资领域表现为国家对投资活动的管理权。国家实施管理权是有一定的限度的,只要国家法律政策的变化在此限度内,国家行使管理的权利就是符合习惯国际法的,是具有正当性的,由此对外国投资者私人财产权的侵害或剥夺是免除国家赔偿责任的。治安权原则和国家裁量余地原则是认定国家管理权正当性及其限度的指导原则,也是要求仲裁庭尊重国家管理权的依据。这两项原则为国家管理行为的适当行使提供指引,也为仲裁实践平衡投资者利益和非经济利益提供了衡量准则。

(一) 治安权原则

治安权是指国家为了保护公共安全、健康、道德或者促进公共便利和国家繁荣而对个人自由或财产权加以限制。[①] 治安权被视为国家维护公共秩序的必要工具,"美国的彩票、人造黄油制造业、台球厅都被禁止了而没有任何补偿。不过最好的例子是 1926 年禁止了蒸馏酒的生产和销售,这严重损害了私人财产权,当墨西哥对这一措施提出抗议时,美国国务卿 Kellogg 回应说这是美国在履行治安权,因此墨西哥不能提出外交抗议"[②]。美国法学会在法律汇编时也提到该原则。《美国对外关系重述(第二次)》第 197 条第 1 款 a 项规定,国家为了维护公共秩序、安全、健康对外国人造成损害的,不违反第 165 条的国际公正标准。[③] 其第三次重述中对第 712 节"对外国国民经济损害的国家责任"[④] 进行评论时提到:国家因税收、管理、没收犯罪财产,或者其他普遍认为属于治安权的行为造成财产损失或带来经济不利的,不需要承担责任,但所采取的措施必须是无歧视的且不是为了迫使外国人放弃财产给东道国或者以低价出售给东道国。[⑤] 治安权的行使必须满足以下条件:(1) 非歧视性;(2) 没有违反公平原则;(3) 不是为了剥夺外国财产滥用权力。政府不论在行使维护环境权的责任还是为了可持续发展目标,都不能滥用管理权。在管理措施对私人

---

① Bryan A. Garner (ed.), *Black's law Dictionary*, 9th ed., West Publishing Co., 2007.

② S. Friedman, *Expropriation in International Law*, 1953, p. 51.

③ ALI, *Restatement (Second) of the Law of Foreign Relations of the United States*, 1965, section 197 (1) (a).

④ § 712 State Responsibility for Economic Injury to Nationals of Other States.

⑤ ALI, *Restatement (Second) of the Law of Foreign Relations of the United States*, 1986, section 712, commentary, letter (g).

财产带来不利影响时,是否构成征收侵害投资者的财产权,就可以运用治安权衡量,而决定征收是否成立。这一标准在判定环境规则影响外国投资者利益时发挥着重要作用。

(二) 国家裁量余地学说

国家裁量余地学说(margin of appreciation doctrine) 又称为"国家权力学说",源于欧洲人权法院对大陆法系实践的确认,后来被其他国际法主体采纳。该学说的理念是:不可能在成员国的国内法上找出一个欧洲统一可以接受的道德标准,各国的道德标准都随着时间、空间的变化而变化,尤其是在当下这个观点变化很快的时代。国家与本国的主流理论保持着紧密联系,他们比国际法官能更好地确定某些要求的具体内容、以满足这些要求的必要性、限制或者无法满足时的惩罚……[1]对所有缔约国订立一个框架就意味着无视国内法的决定背后所隐藏的社会和文化价值。"在欧盟理事会的成员国内并没有达成一致,国内的哪些利益更具有危急的紧迫性,如何达到最佳的保护,这些考虑的边际范围很广,特别是产生了国家战略选择和复杂的社会焦点问题的情况下,当局对其社会需求的直接了解程度,原则上而言,要比国际法院的法官对何者为公共利益更加了解,如果会造成私人利益和公共利益之间的对抗,或者条约权利之间产生了对抗,通常会赋予国家更大的裁量余地。"[2] 国内立法机关和司法机关享有这种决策的空间,并且在解释和运用法律的过程中要发挥这种裁量的空间的作用。[3] 该原则主张国家有权平衡条约义务与紧要的社会问题,并且鼓励仲裁庭要尊重国家在履行国际法上的义务时所使用的适当方法。

为了平衡东道国的公共利益和对外国投资保护的义务,考虑到治安权原则的模糊性,有的国家明确规定了对公共事务的管理事项不属于条约的义务范围,例如美国2012年BIT范本就规定,为保护正当的公共利益,如公共健康、安全和环境而制定并适用的非歧视性管理不构成间接征收,将环境管理事项产生的争端从仲裁清单中剔除。有的国家旨在保护国家对

---

[1] Y. Arai-Takahashi, *The Margin of Appreciation Doctrine and the Principle of Proportionality in the Jurisprudence of the ECHR*, 2002.

[2] Case of Handyside v. The United Kindom, Application No. 5493/72, judgment Strasbouge, 7 December, 1976.

[3] Iredand v. United kingdom, ECHR Application No. 5310/71, Judgment (18 January 1978), para. 207.

公共利益的管理权作了更加具体的例外规定，例如刚果共和国和美国的投资条约排除适用于饮水投资。① 20 世纪 90 年代以来的 BITs 都不包含类似为政府提供管理空间的条款，近来随着国际投资协定中环境考虑因素的增加，国家裁量余地学说也在反对仲裁庭重新审查国家的决定，并且提供一定程度规范上的灵活性，允许国家在一个宽泛的"合法地带"中自由行事。②

三 国际投资协定中以国家管理权为中心的环境规制

国际投资协定中对环境问题的规制是围绕国家的经济主权展开的，即国家在投资活动中拥有对环境事务管理的权力，一方面确认国家拥有依据国家的发展水平和实际需要制定、修改环境法律法规和政策的权利，另一方面又要求国家制定较高的环境标准，并在此基础上不断提高国家的环境标准和管理水平。在国际立法实践中，条约从授权性规则和命令性规则两个方面规定了国家在管理投资活动中的权利和义务，已有国际投资协定中环境保护的实体性规则，通常由保留国家环境政策空间和不降低环境管理标准构成。除了环境保护的实体性规则，有的国际投资协定还有关于争端解决中环境专家参与以及缔约方环境争议磋商的程序性规定。在实体和程序性规定之外，国际投资协定还以序言或者条约附录的形式规定投资协定中的环境规则。

（一）序言条款

序言中对环境保护都是一般性地提及，往往不具有实质性法律拘束力，对条约全文具有目标指引、阐明宗旨的意味，一般出现环境和可持续发展的表述，作为缔约方在投资保护中的环境考虑。在 1632 份国际投资协定中，有 66 份采用了这种方法，占 4.1%，第一次在序言中出现环境表述是在 1994 年美国签订的 BITs 中，随后中国、芬兰、德国、日本、新西兰、瑞士、瑞典等采用以下表述："认同/确信这些目标的实现不得放松重大安全利益、健康、安全和环境措施/规则的实施。"美国 2012 年范本序言规定，"期望以与保护健康、安全和环境相一致的、以与促进劳工

---

① Treaty with the People's Republic of the Congo Concerning Reciprocal Encouragement and Protection of Investment, U. S. -Congo, Annex, Feb. 12 1990, S. Treaty Doc. No. 102.

② Simon Baughen, "Expropriation and Envrionment Regulation: The Lessons of NAFTA Chapter Eleven", *J. Envtl. L.*, Vol. 18, 2006, pp. 207, 213–214.

权的方式实现这些目标"。澳大利亚签订的 BITs 采用以下表述:"以一种与可持续发展和保护环境相一致的方式实施本协定。"NAFTA 序言表述为:"对前述内容要以一种与环境保护……加强环境规则实施和发展的方式承担义务。"《能源宪章条约》用很多笔墨在序言中表述了环境保护的宗旨,"……忆及《联合国气候变化框架公约》、《远距离大气跨界污染公约》及其议定书,并承认日益增长的对环境保护措施的紧迫需求,包括能源装置的退役、废物处置的需要以及为此目的的国际公认的目标和标准"。这些序言对环境因素的考虑,并没有表示出环境与投资保护之间的位阶关系,这些倡导性质的表述不同于条约正文的实体与程序性规则,目的不是为了确定缔约方的权利和义务,不具有强制力,意在提供一种行为指引,为了在条约解释的时候为仲裁庭提供目的解释、上下文解释的依据。

(二) 规定实体内容的专门条款

1. 一般环境例外条款

国际经济条约中的一般例外是对该条约所追求价值目标(如 WTO 追求货物、服务流动自由化,国际投资条约追求投资自由化等)具有同等重要地位的其他价值予以确认,在这些价值产生冲突时,依据条约所规定的条件,让本条约所追求的价值暂时作出让步,允许缔约方暂时背离条约义务,在情况结束或者期限届满时自动恢复原来义务的条款,它是一种对多种利益取得平衡的法律技术手段。"一般例外"常见于自由贸易协定中,BITs 中没有普遍设定这一条款,但是随着国家对社会公共事务管理作用的增强,基于平衡东道国公共利益与投资者利益的需要,一般例外条款在投资协定中也快速增加。如 GATT 第 20 条一般例外 (b)、(g) 款,GATS 第 14 条"一般例外"规定了"为保护人类、动物和植物的生命与健康所必需的"例外措施。然而,这些措施要非歧视地在国家之间、国内外投资者之间实施,不能以"在情形相似的国家间构成任意或歧视的方式来适用"或"对国际贸易构成变相限制"。在国际投资协定中一般环境例外的典型是 NAFTA 第 1114 条第 1 款的规定:"在其他方面与本章规定一致的情况下,本章中的任何规定都不得被解释为妨碍任何缔约方采取、维持或执行其认为对确保在其境内的投资活动基于环境考虑因素的方式,实施其认为必要的任何措施。"此款规定几乎成为近年各国双边投资协定和自由贸易协定中纳入保护环境内容的一般例外条款的参考范本。

不同的国际投资协定中对环境方面的规定有不同的表述。有的仅使用依据国内法的概括性规定，有的对环境规定的范围进行了较为明确的列举。NAFTA使用了"环境因素"，其他一些国际投资协定采用依据"其环境立法"、"国内立法"实施环境保护措施，并对本国的环境立法进行修改的表述，还有使用这种表述："协定各方重申：各方有权决定本国的环境保护水平、环境发展政策和优先性事项，这意味着可以依据自己的环境法通过、修改以上事项，依据各自的国内立法开展"①；"每一缔约方应当努力确保其立法符合国际协定的环境保护水平，并努力继续提高环境立法水平"。② 关于环境法，有的国际投资协定中还予以了界定，如卢森堡—瑞士BIT范本在条款中对国内环境法做了界定；美国2012年BIT范本第14条第4款规定，本条的"环境法"是指每一缔约方的法律、法规，或者与此相关的、主要目的是保护环境的规定，通过以下方式保护人类、动物、植物免受危险：阻止、减少和控制释放、排放污染气体或者物质；控制对环境有害和有毒的化学物、微粒、原材料和废弃物，并发布相关的信息；保护野生动、植物族群、包括濒危物种、栖息地、特殊保护区。③

2. 特定事项下环境考虑例外

除了在一般例外条款或者环境例外中规定国家环境管理的政策空间外，国际投资协定还对特定领域的投资法律问题规定了环境例外，因为这些特定领域有适用一般环境例外的困难和特殊性，因此在相关部分专门作了规定。

（1）履行要求中的环境例外。履行要求是东道国政府管制外资的政策措施，随着投资自由化的推进，被纳入IIAs中的履行要求也逐渐增多，其中并非所有的履行要求都被无条件地绝对禁止，而具有一定的层次性、灵活性，这种表现之一就是对履行要求的规制设置某种例外。这种例外最早出现在2001年的加拿大BITs中，对于技术使用要求，东道国可以要求投资必须使用满足一般健康、安全和环境要求的技术。NAFTA第1106条

---

① Belgium/Luxembourg-Panama BIT 2009.
② Belgium/Luxembourg-Barbados BIT 2009, Belgium/Luxembourg-Serbia BIT 2004.
③ 美国2012年BIT范本第12条"投资与环境"第4款。该条第1款规定了缔约方对环境条约的遵守，第2款规定了缔约双方不降低环境管理水平，第3款规定缔约方的环境管理政策空间，第4款规定不排除措施，第5款规定磋商程序，第6款规定缔约方提供公众参与环境决策义务。

"履行要求"第 2 款规定:"一项为满足一般可适用的健康、安全或环境需要,而要求某一投资使用某项技术的措施,不得被解释为与第 1 款(f)项不符。"而该第 1 款(f)项是禁止东道国采取技术转移要求的措施。第 1106 条履行要求的第 6 款规定:"如果此类措施不是任意或不合理地适用,并且不构成对国际贸易及投资的变相限制,第 1 款(b)、(c)项和第 3 款(a)、(b)①项不得被解释为阻止缔约方采取或维持如下包括环境事项的措施:(a)为确保符合并非与本协定不一致之法律或规章所必需的措施;(b)为保护人类、动物或植物之生命或健康所必需的措施;(c)为保护有生命或无生命可枯竭之自然资源所必需的措施。"美国 2012 年 BIT 范本在第 8 条"履行要求"第 3 款(c)项规定了针对环境保护的类似的履行要求例外。

(2)征收补偿的例外规定。20 世纪 90 年代开始,美国和加拿大 BITs 开始规定国家环境管理带来的投资财产的损失不构成"间接征收":"除极少情况,比如一项措施或一系列措施太严厉或从目的与效果看太不相称,被任何缔约方设计和适用于合法公共福利目的,如公共健康、安全和环境的非歧视性质的规范行为,不构成间接征收"。② 如此做法是为了给予国家环境管理保留一定的政策空间。有的国际投资协定将环境条款从投资争端解决机制的清单中排除,例如,美国 2012 年 BIT 范本第 24 条规定,一方违反第 3 条至第 10 条项下的某一义务,另一方即可提交仲裁,但是该范本附件 B 是对条约第 6 条征收予以澄清:"缔约双方在此确认:……(b)除在特殊情况下,缔约一方旨在保护合法公共利益(如公众健康、重大安全和自然环境)的非歧视性规范措施不构成间接征收。"③ 通过对间接征收的解释将非歧视的环境管理行为明确从征收中排除,这一规定在近年来美国和加拿大签订的 FTA 中也得到了采纳。这一规定对认定环境措施构成间接征收的例外设置了两个条件,即为了公共福利的目的以及非歧视性。

在环境保护领域,直接征收并不多见,大多数声称存在征收的案件都是目的性征收或者管理性征收,这两种征收分别对应政府的目的性环境措

---

① NAFTA 第 1106 条第 1 款(b)和(c)项是禁止在其投资设业、购买取得、扩展、经营、管理和操作等过程中的当地成分要求和购买、使用或优先选择,第 3 款(b)(c)是禁止伴随优惠条件使用当地成分要求和购买当地购买要求。

② United States Model BIT 2012, Annex B; Canada Model BIT 2004, Annex B. 13 (1).

③ United States Model BIT 2012, Article 24 (1), Annex B.

施和管理性环境措施。目的性措施比管理性措施更容易被认定为构成征收，目的性措施是针对某些投资者实施的管理行为：（1）目的性措施的效果与直接征收的效果更相似；（2）目的性征收不具有管理性征收的非歧视性，往往针对某些投资或投资者；（3）目的性措施与东道国投资者的具体承诺发生冲突，会很容易辨别，而管理性措施比较难；（4）目的性措施难以运用治安权、裁量余地原则、紧急情况条款从国家管理权的角度对其进行辩护。但并不是所有的目的性措施都会被认定为征收，随着环境意识的深化，环境例外、投资与环境条款的增加，仲裁庭在认定目的性环境措施时也经历了一个变化过程。2003 年以前的环境征收案件[1]，不管是对征收的定性还是赔偿数额的确定，都没有表现出对环境因素的重视，虽然在 SSP v. Egypt 案和 Metaclad v. Mexico 案中仲裁庭减少了申请方索赔的数额，但并不是因为环境因素，而是赔偿确定的未来利益缺少依据。在 Metaclad v. Mexico 案中，政府既实施了一些目的性措施，又实施了管理性措施，如颁布了《生态条例》，仲裁庭虽对这两种不同的措施进行了区分，但是认为都各自构成了间接征收。2000 年仲裁庭依然用传统的国内征收原则作出有利于投资者的裁决，而考虑管理行为是否是国家治安权力的非歧视行使，一概认定为违反投资义务。在 Santa Elana SA v. Coasta Rica 案中，裁决结论认为："征收性环境措施无论给社会带来多大益处，多么值得肯定，都同其他国家为了落实政策而实施的征收措施一样，只要有财产被征收，无论是本国还是外国的，即使是为了环境目的，国家依然要承担赔偿义务。"[2]

仲裁庭在由于环境措施引起投资者索赔的新近案件[3]中，对环境因素在免除东道国赔偿责任方面的态度发生了很大改变。仲裁庭采纳了环境因

---

[1] Southern Pacific Properties (Middle East) Limited (SPP) V. Egupt, ICSID Case No. ARB/843/3, Award (20 May 1992); Metaclad Corp. v. United Mexican States, ICSID Case No. ARB (AF) /97/1, Award (25Auguest 2000); Tecnicas Medioambientales Tecmed S. A. v. United States, ICSID Case No. ARB (AF) /00/2, Award (29 May 2003).

[2] Compania del Desarrollo de Santa Elena SA v. Costa Rica (Santa Elena), ICSID Case No. ARB/96/1, Award 72 (17 Feb. 2000), para. 72.

[3] MTD Equity SdnBhd and MTD Chile SA v. Republic of Chile, ICSID Case No. ARB/01/7, Award (25 May 2004); Chemtura Corporation (formely Crompton Corporation) v. Government of Canada, UNCITRAL, Award (2 Auguest 2010); Suez, Sociedad General de Aguas de Barcelona S. A v. The Argentine Republic, ICSID Case No. ARB/03/17.

素的抗辩,用多种方法解释环境因素的正当性。对于管理性环境措施,目前立法和司法实践都普遍认为,国家有权采取一般管理性措施,即使这种措施给投资者的利益带来了消极影响,也不需要对此造成的损失承担赔偿责任。在几个判例①中,仲裁庭确立了政府的管理行为不构成征收,因此不需要进行赔偿。对于管理措施的变化被认定为一种例外还是原则也是需要回答的一个问题。"从法律上看,管理权是国家主权的基本组成部分,限制管理权即是限制国家主权,与国际法的基本原则相悖;从实践来看,管理上的变化不是例外而是原则,尤其需要高度管理的投资领域,如能源、开采、化学部门,一般性管理措施不断演变是这些部门的常态。"②将一般性的管理措施的变化视为常态,只有在例外的时候才构成征收,这也符合投资者承担的商业风险和东道国承担的政治风险的平衡原则。在认定管理性环境措施是否构成征收时,要认真考察以下四个因素而酌情作出判断:(1)对投资价值的剥夺程度;(2)目的的相关性;(3)管理性措施的非歧视性;(4)治安权原则的适用与具体承诺的影响。在2010年Methanex Corp. v. United States案中,对加利福尼亚采取环境措施给加拿大投资者造成的影响,仲裁庭指出:"一般国际法认为,为了公共利益、依照正当程序、非歧视地实施管理措施,对投资者或者投资造成影响,不应视为征收,也不应进行赔偿,除非投资者在考虑进行投资时,政府对其承诺不会实施该管理措施。"③

3. 不降低环境标准条款

国际投资协定的不降低标准条款多数规定在东道国采取投资激励措施时,不得为吸引外资采取无限制的投资激励竞赛,其中方法之一是降低环境管理标准,让投资者获得"环境套利",有的学者又将这一条款称为"污染避难所"条款。④ 不降低环境标准条款已经发展为处理投资和环境,

---

① Methanex Corp. v. United States, NAFTA (UNCITRAL), Award (3 August 2005), part IV, ch. D, para. 7 – 15.

② Methanex Corp. v. United States, NAFTA (UNCITRAL), Award (3 August 2005), part IV, ch. D, para. 9; Chenrura Corporation (formerly Crompton Corporation) v. Government of Canada, UNCITRAL, Award (2 August 2010), para. 149.

③ Ibid., Para. 230.

④ See John Wickham, "Toward a Green Multilateral Investment Framework: NAFTA and the Search for Models", *Georgetown International Environmental Law Review*, Vol. 12, 2000, p. 4; UNCTAD, *Environment*, UNCTAD/ITE/IIT/23, 2001, p. 36.

平衡经济利益最大化和生态社会和谐发展的重要法律工具。它不仅是规制投资激励竞赛的规则，更是对国家和投资者环境保护义务的制约，因此其正逐渐发展为国际投资协定普遍规定的条款。这一条款比较通行的表述是："环境法规的执行，规定任何缔约方必须有效执行其环境法规；各缔约方承认通过削弱或降低国内环境法规中的保护水平来鼓励贸易和投资是不适当的；任何缔约方要努力确保不以减损或降低这些环境法规中的保护水平的方式，来鼓励与另一方的投资，或作为在其境内设立、获得、扩张以及保持一项投资的激励措施。"[①] 欧盟经济合作伙伴投资专章的谈判草案[②]第8.21条规定关于环境、劳工和人权保护的最低标准，涉及环境的是（A）款和（C）款，前者表明采取高环境保护标准既是缔约方的权利也是缔约方的义务，后者表明缔约方会议将为缔约方规定环境保护的最低标准：（A）承认各缔约方有权制定自己的国内环境保护标准和自己的可持续发展政策以及优先事项，采取或修订其环境法律和法规，各方应确保其法律法规规定高水平的环境保护，并努力不断改善这些法律和法规。（C）各缔约方应制定具有可行性的国内环境影响评价法和社会影响评价法，以满足在缔约方大会上达成的最低标准的需要。

（三）环境专章规定环境保护

此种做法以NAFTA较为典型。为增加环境保护力度，美、加、墨三国在NAFTA基础上签署了一个附属环境合作协定，即NAAEC。该协定内容全面，第一部分规定"协议目标"，即意在为环境保护进行合作；第二部分规定"承诺与义务"，一般承诺包括发布国家环境报告、发展环境紧急措施、促进环境教育和环境损害评估的科学研究与发展等方面，第3条"保护水平"承认环境主权的同时规定了各方保持高环境标准的义务——此后大多数自由贸易协定"环境"专章第1条规定有关缔约方环境保护权利和保持高水平保护义务内容与此相同；第三部分规定设立环境合作委员会，由理事会、秘书处和一个联合咨询委员会组成，理事会为缔约方的环境事项提供指南，在争端解决中就环境事项各个方面提出建议，并监督

---

① NAFTA Article 1114 (2), US BIT (2012) Article12 (3), Canada-Peru BIT (2006), Japan-Uzbekistan BIT (2008).

② 该条约草案的英文原文：(Draft) Agreement establishing an Economic Partnership Agreement between the Pacific Members of the African, Caribbean and Pacific Group of Countries, of the One Part, and the European Community and its Member States, of the Other Part (June 2006).

环境协议的执行；第四部分是有关信息合作与提供的规定；第五部分规定了磋商与争议解决的程序，关于某一缔约方长期不实施其环境法律而产生争议时，当事方应先磋商，磋商不成，任何一方可以要求理事会召开特别会议，理事会建议没有作用的情况下，就可以成立一个由环境专家组成的仲裁小组；最后两个部分是一般条款和最后条款。以《环境合作协定》作为自由贸易协定补充协议的做法，被认为是一种相对成功地解决贸易和环境关系的方法，所以这种模式也被规定在后来美国与中美洲—多米尼加以及与秘鲁等签订的 FTA 中，尽管这些协定本身已有"环境"专章。实际上 NAFTA 之后其他自由贸易协定的"环境"专章，就是在借鉴这类环境合作协定为主要内容的基础上形成的。

  基于投资保护与环境保护的外部冲突关系，需要对投资协定与其他国际协定中的环境义务进行协调，有必要在国际投资协定规定投资协定与环境协定适用的冲突性规则。NAFTA 第 104 条"与环境和自然资源保护的关系"，第 1 款规定，"在投资协定与专门环境协定中与贸易义务不一致的情况下，在不一致的范围内，后者义务优先；假如一方有机会选择合理的又同等有效的方式来达到条约义务的要求，该方应该选择一个与 NAFTA 其他规定最小不一致的方式"[①]。该款以列举的方式明确所包括的环境协定：《濒危野生动植物物种国际贸易公约》（华盛顿，1973 年生效，1979 年修订）、《关于消耗臭氧层物质议定书》（简称《蒙特利尔议定书》，蒙特利尔，1987 年签署，1990 年修订）、《控制危险废物转移及处置巴塞尔公约》（简称《巴塞尔公约》，1989 年生效）及其附件 104.1 中所列的协定，附件 104.1 所列的协定包括加拿大与美国 1986 年签订的《关于危险废物越境转移协定》和墨西哥与美国 1983 年签订的《保护与促进边境地区环境的合作协定》。NAFTA 第 104 条第 2 款规定，"各方以书面形式同意修改附件 104.1 以及包括第 1 款中所涉及的协定修订本，以及其他环境或自然资源保护协定"。[②] 此外，在其他多边投资协定中也有关于环境条约外部冲突的规则，1991 年欧洲国家之间《欧洲能源宪章》签订，后继谈判达成的 1994 年"最终文件"附件 1 为《能源宪章协定》；附件 3 为《能源效率和有关环境方面的能源宪章议定书》，目标在于改善

---

① NAFTA Article 104 Relation to Environmental and Conservation Agreements, 104 (1).

② Ibid., 104 (2).

符合可持续性发展的能源效率政策，创立以经济、效率和对环境有利的方式生产和使用能源的框架模式。附件3特别提到在其规定与附件1《能源宪章协定》的规定有冲突时，后者优先，说明其对后者的补充和辅助地位。

（四）关于争端解决的程序性条款

有的BITs对环境保护在投资争端解决部分作了程序性规定。以"专家报告"为题的条款，允许应争议一方请求或在双方同意的情况下，仲裁庭指定一名或多名专家就一方行为引起的有关环境、健康、安全或其他科学问题的事实提供书面报告。这样的规定最早出现在1992年美国、加拿大和墨西哥达成的NAFTA条款中①，之后有的BITs也在争端解决程序中对环境保护进行了立法借鉴。②"在仲裁规则的授权下，仲裁庭可以在争端一方的请求下，主动采取行动，除非争端方不同意，争端一方在程序中，可以指定一名或多名专家对关于环境、健康、安全或者其他科学事项对争端的事实问题提供书面报告。"③ 此外，还有的IIAs对争端解决的管辖进行限定，甚至有少量的BITs将环境管理产生的争议从投资争端解决中排除，"由本款（条约第7条环境考虑）产生的义务不适用于争端解决机制"④。

余论　国际投资协定中增加投资者环境责任的意义

随着环境保护和可持续发展观念的深入，国际投资与环境保护的相互作用日益明显，作为世界经济增长的最活跃力量，在国际投资活动中加强对环境影响的控制对于改善环保问题必不可少。然而，环境保护的规制还没有在国际层面形成具体和完善的法律体制，投资条约与其他环境条约基于立法宗旨的差异，在所追求的最大化利益方面存在差异，所以反映在条约的原则和

---

① NAFTA, Article 1133.

② 如美国BIT（2004）第32条，加拿大BIT（2004）第24条，澳大利亚—智利FTA（2008）第10.25条。

③ Canada-Jordan BIT（2009）；Mexico-United Kingdom BIT（2006）；Canada Model BIT（2004），Aritic 42；US Model BIT（2004）Article 32.

④ 瑞士/卢森堡—哥伦比亚BIT（2009），Belgium/Luxembourg-Colombia BIT（2009），article 7(5)。

规则方面就体现为纲领性冲突和简单规范冲突（外部冲突和内部冲突），这些冲突是国际投资保护与国际环境保护之间进行协调不可回避的问题。从投资与环境保护、可持续发展的关系来看，这些矛盾和冲突不是同一矛盾体内发生的、贯穿始终而不可协调，对国际投资进行保护提高投资者的积极性增加资本流动效率，与保护生态平衡、人与自然的和谐相处的终极目标都是为了人类能够更加富裕、自由地生存和发展，只要两者进行适度的让步和平衡就可以达到互相支持的协同效应。

现有国际投资协定以及相关的国际法律文件中都可以见到对投资中关于环境保护的规制，但是非常分散，所能起到的作用也有限。我们认为，除了在国际协定中通过序言、实体性和程序性规定对国际投资与环境问题进行协调外，诸多领域的国际协定以及软法性国际行动纲领中，都直接对投资者和投资作出关于环境的义务性规定，这对校正当前投资者权利和义务严重失衡具有启发意义，也是国际投资法的新发展动向之一。所以，国际投资协定在今后的发展中可以尝试在附件或条约正文中增加投资者环境保护义务的条款，尊重国家的环境政策空间和环境治理权，为国家依据本国的国情和需要在环境保护和投资保护中发挥积极作用提供可能，推进国际环境义务的遵守和可持续发展。

（一）相关领域对投资者环境责任的规制

19世纪80年代后期，市场上开始出现投资于环保技术的投资信托如"莫林生态基金"，欧美国家对环保型社会责任投资产品的开发进入新的时期。投资者想要投资这类金融产品必须满足特定的环境指标，如著名的《环境责任经济联盟原则》（Coalition for Environmentally Responsible Economics，CERES Principle）。凡接受该原则的公司要对影响社会发展的一系列问题作出承诺，这包括：保护物种生存环境，对自然资源进行可持续性利用，减少制造垃圾和能源使用，恢复被破坏的环境，等等。承诺该原则意味着企业将持续为改善环境而努力，并且为其全部经济活动对环境造成的影响担负责任。环境责任经济联盟一直在努力推动使所有投资者的投资更环保。环境责任经济联盟每年都要公布一个报告：对环境佼佼者进行报道，并公布10个环境最落后者，同时列出承诺《环境责任经济联盟原则》的公司名录。这些列表名录影响着具有环境和社会意识的投资者。但是，CERES原则的环境标准对跨国公司的影响是间接的，只关注本国的公司表现，与此相比，针对国际融资项目的赤道原则对跨国公司在环境保护履行的影响更加直接、更加全面。

赤道原则是 2002 年 10 月,荷兰银行和国际金融公司在伦敦主持召开的有 9 个国际商业银行参加的会议,专门讨论在项目融资中屡屡碰到的环境与社会问题,会上花旗银行提出倡议,国际金融界制定一个统一的规则来解决这些问题,这就是赤道原则的由来。赤道原则最初由花旗银行、荷兰银行、巴克莱银行和西德意志州立银行等几家国际领军银行起草,以国际金融公司的政策和指南为蓝本,于 2003 年 6 月,由 10 家国际领军银行率先颁布实施,随后,其他世界知名金融机构也纷纷承诺接受这些原则。赤道原则在国际金融发展史上具有里程碑意义,这一原则第一次确立了国际项目融资的环境与社会普遍执行的最低行业标准,并发展成为国际商业惯例,由于赤道原则的核心内容基本上援引了国际金融公司的政策和指南,因此被银行业普遍认可,其效力也在于国际惯例的普遍遵守性。赤道原则只是一个框架,大体包括三项,即环境与社会筛选程序、保全政策和专门指南。2006 年 3 月,赤道原则(EP1)的文本经过修改形成了现在的新版赤道原则(EP2),其修改一方面扩大了项目的适用范围,从适用于 5000 万美元的项目改为 1000 万美元的项目;另一方面要求项目财务顾问执行赤道原则,并对已有项目的扩建和改建也必须执行赤道原则。

作为指导金融机构对投资项目发放贷款的行为指引,赤道原则是通过项目筛选、审查和监督实现所要求的投资活动应该遵守的环境标准。基于国际金融公司的环境社会筛选准则,根据项目潜在的社会影响和风险程度,按照对环境的影响大小从高到低排列,分为 A 类、B 类和 C 类,作为环境审查和审慎调查的基础,对项目的评估也会建议项目适用减缓和管理措施。借款人必须有一份行动计划,要描述采取何种措施来实行减缓措施、纠正行动和检测措施,借款人还要构建磋商和披露机制,确保受影响的公众知情,提供信息和文件以供查阅,承诺遵守东道国社会和环境方面的一切法律法规,对于项目兴建和运营期间的重大计划要符合行动计划,向贷款银行提交项目受当地许可的报告。对于筛选的环境标准,除了遵守所在国的法律法规外,还必须满足《国际金融公司社会和环境可持续绩效标准》和行业标准《环境、健康和安全指引》。这些绩效标准包括社会、环境评估和管理系统、劳动和工作条件、污染防治和控制、社区健康和安全、土地征用和非自愿搬迁、生物多样性的保护和可持续自然资源的管理、土著居民、文化遗产等。

跨国公司虽然不是人权条约意义上的责任主体，但是《跨国公司行动守则》、《全球契约》、《跨国公司和其他商业企业关于人权责任的准则（草案）》、国际标准化组织（ISO）发布的环境质量管理体系（EMS）的标准，都从各个角度和层面对投资者的行为针对环境问题进行了规制，这些软法规范对跨国公司履行环境保护的社会责任主要体现在以下几个方面：第一，对环境保护问题应当采取预防的措施，如投资前的环境评估报告、环境监测；第二，采取有效措施减少环境污染，包括采取更环保的生产技术，对职工培训，等等；第三，要求跨国公司应当定期报告公司履行环境保护责任的情况；第四，对公司侵犯环境权的行为规定相应的法律救济措施。这些措施对于在国际投资协定中，更好地实现投资者保护环境的社会责任起到重要的促进与启示作用。

（二）在国际投资协定中增加投资者的环境保护义务的尝试

当前的国际投资协定对环境保护的关注主要针对国家作了若干规定，即认可缔约方采取环境措施的权利和不得放松环境标准的义务，而没有将环境义务直接指向投资者，更无从谈这方面内容的环境规则模式，这与投资者是投资活动中对环境产生影响的真正责任者的现实不相符合。有鉴于此，欧洲委员会贸易总司（European Commission Directorate General for Trade）向欧盟第133条款委员会提交的为欧盟与非洲、加勒比、太平洋地区国家集团之间谈判经济伙伴协定而准备的投资专章谈判稿①中，设立专门的第三节投资者及其投资的义务（Section 3 Obligations and Duties of Investors and Investments），关于投资者的环境义务不仅对征收直接规定环境例外，为缔约方规定一般性的环境权利和环境义务，而且也直接针对投资和投资者规定了环境义务，为国际投资协定协调投资保护与环境保护的冲突起到了一定的示范作用：

第一，投资准入时的环境义务。这一义务主要体现在环境影响评价程序中，第8.12条"设业前的影响评价"有三款规定涉及环境影响评价，

---

① （Draft）Agreement establishing an Economic Partnership Agreement between the Pacific Members of the African, Caribbean and Pacific Group of Countries, of the One Part, and the European Community and its Member States, of the Other Part（June 2006）. 2013年10月17日布鲁塞尔消息，欧盟已决定搁置与太平洋岛国新的EPA（economic partnership agreement）的谈判，http://www.bilaterals.org/spip.php?article24021&lang=en。

分别是（A）款、（C）款和（D）款：

（A）投资者或投资应遵守投资设业前就存在的适用于拟投资项目的环境评价的审核标准和评估程序。此标准和程序以东道国法律和母国法律要求中更严格者为准。任何场合下，投资者或投资应遵守缔约方在第一次缔约方会议上采用的关于环境影响评价和审核的最低标准，并将此标准适用于该项投资。

（C）在东道国关于投资设业手续的法律规定完成之前，投资者或投资应公布对环境和社会影响评价结果，并使当地社区和东道国利益受影响者能够获知。

（D）在投资者及其投资以及东道国权力机构在做投资决策和环境影响评价时，应适用风险预防原则，任何必要时得减少投资或采用其他手段，或不允许投资。投资者和投资对风险预防原则的适用应在其所做的环境评价中有所反映。

第二，投资营运阶段的环境义务。这主要体现在环境管理体系的适用和执行中，第8.14条"设业后的义务"有两款涉及投资和投资者的此项义务，分别是（A）款和（D）款：

（A）在遵循关于投资规模和性质的良好行为要求的同时，投资应建立环境管理体系，雇佣人数在250和500以上或从事资源开发的公司或高风险工业企业应获得ISO14001认证或遵循相应的环境管理标准。应急反应和报废计划应包括在此环境管理体系之中。

（D）投资者和投资在经营和管理投资的过程中，不得回避东道国和/或母国作为缔约方应承担的国际环境、劳工和人权义务。

其后，2008年10月31日欧盟与加勒比国家签订《欧盟—加勒比国家经济伙伴关系协定》（Economic Partnership Agreement between the Cariforum States, of the one part, and the European Community and its Member States, of the other part），吸收了2006年《建立欧盟—非加太经济伙伴关系（草案）》第三节"投资和投资者的义务、责任"中关于投资者遵守劳工、环境标准义务的规定，其第72条"投资者的行为"规定：

"（b）投资者必须遵守欧盟和加勒比国家参与的国际劳工组织关于工作的基本原则和权利宣言所规定的核心劳工标准。

（c）投资者不得以破坏欧盟和加勒比国家参加的国际协议中的国际

环境和劳工义务的方式管理和运营投资。"①

直接在条约中规定投资者的劳工与环境义务成为该协定的亮点。即对于国际投资中的劳工与环境问题，除了要求东道国不得以降低国际核心标准吸引外资外，同时也直接规定投资者在这方面的义务，突破了国际条约仅规定国家主体权利和义务的模式。鉴于国际投资法律关系中以投资者—国家为主体的特征，国际投资条约也一直缺乏对投资者义务的规定，难以协调投资者在国际条约中权利与义务。《欧盟—加勒比国家经济伙伴关系协定》的立法实践可谓开了在国际投资条约实践中平衡投资者权利义务之先河。

另外，美国签订的 BITs 中有要求缔约国通过规范外国投资者公司治理而实施环境义务。如《美国—新加坡自由贸易协定》对公司治理要求纳入可持续发展和环境保护要求。第 18.9 条"公司管理的原则"，要求缔约方为贯彻协调社会、经济和环境各项目标的可持续发展政策，鼓励其领土内或其管辖范围内的企业自愿将公司良好治理的原则纳入其内部政策；《美国—智利自由贸易协定》第 19.10 条有相同规定。

上述这些实践对投资者的公司治理、准入前的环境影响评价和投资营运的环境义务进行规制，体现了从行动指南、纲领性等不具有直接法律约束性的软法规制逐渐走向具有直接法律约束机制的趋势，投资者的环境义务也有可能在国际投资协定中得到落实，使国际投资的法律规制逐渐平衡化，实现投资者的权利和义务的平衡。尽管跨国公司依然是国际协定谈判中具有谈判影响力的一支力量，国际投资协定中能否纳入相关的条款值得怀疑，但是随着公民环境意识的觉醒、国家环境治理的增强，在跨国公司受到多方面的综合影响下，对投资者设定环境保护义务是国际投资协定必然的趋势。

---

① 该协定第 72 条的（a）规定了投资者不得贿赂的反腐败义务，投资者有义务，不得给予、许诺、提供任何不正当的金钱或其他好处，不论是直接还是通过中间人，给公职官员及其家属、公司，或与官员有紧密关系的人或第三人，为了让此官员或第三人对履行公职作为和不作为，或者实现对投资许可、合同以及其他权利有关的目的；（d）款规定，投资者为其自用而建立与维持社区联络平台（community liaison processes），特别是涉及大范围自然资源为基础的计划时，应不至于使依据特定承诺属于另一方的利益无效或受到损害。

第五章

社会责任投资理念在国际投资法中的兴起与发展

第一节 社会责任投资理念的演变及发展现状

一 社会责任投资理念及其含义

社会责任投资（Socially Responsible Investing，SRI①）理念是一种在追求投资财务回报的同时，结合社会、环境、伦理或道德、公司治理、人权等因素追求投资非财务回报②，旨在利用投资促进经济和社会可持续发展的一种投资理念或投资方式。③ 与 SRI 类似的概念有可持续和负责任投

---

① 英文语境中此概念使用 investment 或 investing，笔者认为 investing 是强调投资的理念、方法、策略或者投资的行为，表示动态；而 investment 则强调投资项目本身，表示静态的投资，故本书将 investing 译作投资理念，以区别静态意义上的投资。简而言之，社会责任投资理念从投资方法、策略层面而言，社会责任投资是运用社会责任投资理念的投资，本书为论述方便，在二者的运用上并未作严格区分。

② 非财务回报可以是道义或道德伦理上的，可以是环境上的，还可以是社会层面或者改善公司治理上的，追求一种或几种非财务回报都可以。

③ 关于社会责任投资目前并没有统一的定义，各个机构也采用不同的术语。
美国可持续负责任投资论坛（The Forum for Sustainable and Responsible Investment，US SIF）使用 Sustainable and responsible investing，这一术语，认为 SRI 是考虑环境的（environmental）、社会的（social）和公司治理（corporate governance）标准以产生长期竞争性财务回报和积极的社会效果的一种投资策略。见 http://www.ussif.org/sribasics，last visit on April 11, 2013。
欧洲可持续投资论坛（the European Sustainable Investment Forum，Eurosif）也采用可持续和负责任投资（Sustainable and Responsible Investment，SRI）的概念，对 SRI 的定义是"SRI 是指将投资者的财务目标与他们对社会的、环境的、道德的（Social, Environmental, Ethical, SEE）关注和公司治理等问题结合起来。SRI 正处在不断演化的过程中，这一概念本身也处于相当大的演化阶段。一些社会责任投资者只参考社会、环境或道德层面的风险（SEE 风险），而其他社会责任投资者考虑环境、社会或公司治理问题（Environmental, Social, Governance, ESG）。Eurosif 相信

资（Sustainable and Responsible Investing）、负责任的投资（Responsible Investing）、道德投资（Ethical Investing）、使命投资（Mission Investing）、双重或三重底线投资（Double or Triple Bottom Line Investing）、可持续投资（Sustainable Investing）或绿色投资（Green Investing）等。这些概念虽

两方面都与 SRI 有关。SRI 建立在大众、投资者、公司以及政府对这些问题给可持续发展以及企业的长期业绩等所带来的风险认识不断加深的基础上"。见 http：//www.eurosif.org/sri，last visit on April 11, 2013。

英国可持续投资和金融协会（UK Sustainable Investment and Finance association，简称 UKSIF），使用可持续投资和金融（Sustainable Investment and Finance）概念，认为可持续投资和金融把环境的、社会的和治理因素融入金融服务的决策当中，与更为传统的财务标准并列。这可能是为了纯粹的财务原因或者为实现与财务目标并列的其他额外目标。它使得更优秀的风险管理成为可能，寻求确定新机会或者确保足够重视长期因素。见 http：//www.uksif.org/resources/faqs。

加拿大社会投资组织（Social Investment Organization，SIO）运用社会责任投资（Socially Responsible Investing）这一术语，对 SRI 的定义是，"SRI 是将环境、社会和治理因素（ESG）的考虑整合进选择和管理投资的过程中"。见 http：//socialinvestment.ca/what-is-socially-responsible-investing/，last visit on April 11, 2013。

澳大利亚负责任投资协会（Responsible Investment Association Australasia，RIAA）运用负责任投资（Responsible Investment）的概念，认为负责任投资是描述考虑环境、社会、治理（ESG）或伦理道德因素的投资过程的一个总称。除此之外，这个过程代表或者纳入通常的基本投资选择和管理过程。这涉及在研究、分析、选择和监管一项投资的过程中包含一种或一种以上的以下行为：负责任投资监管（Responsible Investment Screening），即在监管过程中不仅考虑财务标准还考虑 ESG 因素和伦理因素；最好的领域（Best of Sector），即选择那些有高标准的 ESG 业绩的公司；主题型投资（Thematic Investment），即选择具有积极的特定可持续性主题项目例如环保技术、碳浓度、可持续性农业和林业、水技术、废物管理、社区投资、保障性住房、可持续基础设施、人权、小额信贷或管理；有影响力投资（Impact Investing），即把资本和基金直接投向解决具体的和重大的环境和社会问题的行业；ESG 联合（ESG Integration），即把环境的、社会的和治理因素纳入投资决策过程中；参与企业的 ESG 问题解决（Engagement with Companies on ESG Issues），即资产管理经理、资产所有人或者专业公司与公司接触促进商业项目更好地考虑 ESG 问题的过程；股东参与—选举和议案（Shareholder Activism-Voting and Resolutions），即作为积极所有人的投资者为了实现更好的经营成果，行使其选举权和提出议案的权利。见 http：//www.responsibleinvestment.org/what-is-responsible-investment/responsible-investment-defined/，last visit on April 11, 2013。

亚洲可持续和负责任投资协会（Association for Sustainable & Responsible Investment in Asia，简称 ASRIA）使用可持续和负责任投资（Sustainable and Responsible Investment）这一概念，其将 SRI 定义为，"可持续和善尽社会责任的投资，又称为 SRI，SRI 是一种特别的投资取向，投资者不单对传统的金钱回报感兴趣，还会考虑到社会公义、经济发展、世界和平与环境保护等"。见 http：//www.asria.org/chinese/sri/intro，last visit on April 11, 2013。

各有侧重，但本质一致，都是 SRI 的同义词。① 广义而言，SRI 是在风险既定的前提下选择或者管理投资的过程，不以最大化投资回报为目标而以投资回报最大化符合社会的、环境的和社会伦理标准为目标。② SRI 理念是一种明确承认将与投资者相关的环境、社会和治理诸因素以及一个长期健康和稳定的市场作为整体的投资理念，其认为长期可持续投资回报的产生取决于稳定、运行良好以及良好治理的社会、环境和经济体系。③ SRI 早期体现为"道德投资"，强调投资应与投资者的价值观念一致，表现为当投资对象与投资者个人价值相冲突时，不投资于涉及酒精、赌博、色情、烟草和武器制造的公司的"有罪的股票"（sin stocks）。

随着证券金融市场的发展，机构投资者成为主要投资者且越来越多地接受 SRI 理念。SRI 理念逐渐摆脱了满足小众化需求的边缘地位而获得更广泛的认可。目前，在欧美地区 SRI 理念在间接投资领域已经演变成主流投资策略，SRI 不仅获得巨大增长，而且渐渐发展到成熟阶段。④ 2012 年，全球范围内的金融证券领域有价值 13.6 万亿美元的专业管理资产把环境、社会和治理因素纳入其投资选择和管理中来，SRI 资产占专门管理

---

① 笔者赞同刘波、郭文娜的观点，认为"这些概念都是本文使用的社会责任投资 SRI 一词的同义词，不同的地方在于责任投资、使命投资强调 SRI 中投资者的责任要求（包括对自身的道德责任，对环境、社会和公司治理的责任要求），可持续投资则显示了 SRI 所达到的客观效果。双重或三重底线投资是指 SRI 投资者的环境、社会或公司治理目标中的两者或三者。道德投资狭义上就是 SRI 中涉及投资者道德价值的那部分，在欧洲发达国家，原指教堂和慈善团体的投资行为，但广义上一般也用来指 SRI。绿色投资狭义上指 SRI 涉及投资者环境追求的那部分，即环境责任投资，但广义上也可用来代表 SRI"。见刘波、郭文娜《社会责任投资：观念的演化及界定》，《软科学》2009 年第 12 期。

② 其中的社会标准包括培训人力资源（例如教育和培训，工作场所的健康和安全）和促进劳工权利。环境要求包括污染和碳排放量最小化、非再生资源（例如石油）的保护、宝贵的动物和植物及其维持的生态平衡的保护。伦理要求包含杜绝滥用人权（例如使用童工或者血汗工厂、强迫卖淫或者色情）、禁止对动物进行产品测试、撤销对专制政治体制的隐性支持等。参见 Richard Copp, Michael L Kremmer and Eduardo Roca, "Socially Responsible Investment In Market Downturns Implications For The Fiduciary Responsibilities of Investment Fund Trustees", *Griffith Law Review*, Vol. 19, No. 1, 2010。

③ *Introducing Responsible Investment*, Available at：http://www.unpri.org/about-ri/introducing-responsible-investment/, last visit on Sep. 27, 2013.

④ Russell Sparkes Christopher J. Cowton, "Investment：A Review Of The Developing Link With Corporate Social Responsibility", *Journal of Business Ethics*, Vol. 52, 2004, pp. 45 – 57.

总资产的 21.8%。① 欧洲是拥有 SRI 资产最多的地区，占全球 SRI 专业管理资产的 65%；美国专业管理的资产中每 9 美元就有超过 1 美元的资产，即 3.74 万亿美元总资产是根据 SRI 投资理念进行投资。与欧美等地区的 SRI 呈爆炸式增长并步入成熟阶段不同，SRI 在亚洲仍处于起步阶段。中国首支 SRI 基金——兴业社会责任投资基金于 2008 年 3 月 7 日获得中国证监会批准。

二 社会责任投资与企业社会责任

社会责任投资与企业社会责任（Corporate Social Responsibility，CSR）这两个概念较为接近，为了更完整地认识 SRI 的含义，在此对两者进行辨析。

社会责任投资是运用 SRI 理念的一种投资，SRI 理念是投资者的一种投资策略或投资模式，而 CSR 是从投资者义务角度来强调企业对社会的一种责任，尤其是强调企业投资行为或者经营行为给社会、环境、道德、人权等公共利益造成损害时，必须承担赔偿义务。CSR 与 SRI 在本质上都关注利益相关者②的利益并追求可持续发展，二者本质一样且联系密切。具体而言，SRI 的"投资过程可以理解为基于多方利益相关者模型的公司价值的发现过程"对"各利益相关者进行全面调研和考察，而不仅仅局限在只调研和考察股东的盈利情况上"。SRI 把"股东视为公司价值创造的一方，而不是唯一的利益相关者"，"将顾客、员工、供应商等在内的其他利益相关者纳入了公司价值创造的考量范围之内"。③ CSR 的本质在于要求企业实现股

---

① See Global Sustainable Investment Alliance（GSIA），*2012 Global Sustainable Investment Review*，available at http://www.asria.org/publications.

② 通常的利益相关者包括企业的股东、债权人、雇员、消费者以及交易伙伴，也包括政府部门、企业所在社区、媒体、居民、NGO 等，甚至还包括自然环境、人类后代等受到企业活动直接或间接影响的客体。企业社会责任的"利益相关者"理论认为任何一个公司的发展都离不开各种利益相关者的投入或参与，企业追求的是利益相关者的整体利益，而不仅仅是某个主体的利益。这些利益相关者都对企业的生存和发展注入了一定的专用性投资，或是分担了一定的企业经营风险，或是为企业的经营活动付出了代价，企业的经营决策必须要考虑他们的利益，并给予相应的报酬和补偿。见张彦宁、陈兰通《2007 年中国企业社会责任发展报告》，转引自张薇《国际投资中的社会责任规则研究》，中国政法大学出版社 2011 年版，第 20 页。

③ 于东智、邓雄：《社会责任投资论》，《金融论坛》2009 年第 8 期。

东利益最大化的同时，还要关注其他利益相关者的利益。①

产业实践领域注重经济利益的观念及其受科学与技术的影响方式决定了不可能单凭可持续性意愿就能成功地避免全球性危机的蔓延，除非可持续意愿范围扩展到除人类生活之外的领域。② SRI 为这种扩展提供了可能。企业作为市场主体，具有直接投资中投资主体和间接投资中投资对象的双重身份，这决定了 CSR 是 SRI 在间接投资领域与直接投资领域的结合点。金融证券等间接投资领域的 SRI 可以理解成外部企业社会责任投资③，企业是投资对象，而对直接投资领域的企业 SRI 则可以理解成内部企业社会责任投资，企业是投资主体。CSR 对外部企业社会责任投资而言，是 SRI 投资者衡量投资对象本身表现和其投资价值的一种参考因素；对内部企业社会责任投资而言，是企业作为投资主体时制定投资策略、选择投资项目时本身考虑的因素。

CSR 关注企业对社会的责任与义务，同时强调企业履行社会责任过程中的社会和企业的共同利益，企业承担社会责任并不与企业的盈利目标相违背，要求企业把社会责任与其核心发展战略相结合。此种意义上的 CSR 并不意味着企业在应对社会压力下的一种企业利益的牺牲，是企业的一种负担，而是作为企业核心发展战略的一部分，能为企业带来经济和社会效应，实现企业与社会的共赢。④ 强调企业和社会共同利益作为企业核心发展战略的意义上的 CSR 与 SRI 理念更加契合，CSR 的履行是 SRI 理念运用一种表现形式，同时促进 SRI 向直接投资领域的扩展。

企业社会责任的履行本身能促进企业外部和内部 SRI 发展与互动。企

---

① 崔秀梅：《企业社会责任战略和社会责任投资的对接、耦合》，《财会月刊》2010 年 6 月。

② See Kerul Kassel, "The Circle of Inclusion: Sustainability, CSR and the Values that Drive Them", *Journal of Human Values*, Vol. 18, No. 2, 2012, pp. 133 – 146.

③ 崔秀梅：《企业社会责任战略和社会责任投资的对接、耦合》，《财会月刊》2010 年 6 月。崔秀梅认为企业社会责任投资包括两类：外部企业社会责任投资和内部企业社会责任投资。外部企业社会责任投资是目前学术界泛指的企业社会责任投资，源于发达的欧美金融市场，具体是指金融机构的投资决策，是一种为投资组合设定特定价值的应用方法或投资理念，是一种将投资目的和社会、环境以及伦理等方面的问题相统一的投资模式。内部企业社会责任投资要求企业作出投资决策前不仅要对投资对象短期内的经营绩效进行考察，还要结合社会、环境和伦理方面对投资对象进行价值判断、综合考虑，要将资金投向符合社会责任理念的项目。

④ See Michael E. Porter and Mark R. Kramer, *Strategy and Society: The Link Between Competitive Advantage and Corporate Social Responsibility*, available at www.hbr.org, last visit on January 18, 2013.

业外部的个人、机构、投资公司、财务经理和金融机构运用 SRI 策略,通过资产种类的选择促进公司更强烈的企业社会责任,促进公司及其股东建立长期价值、创造就业或生产能产生社会和环境利益的产品,即间接投资中的 SRI 策略,通过促使企业履行社会责任来促进企业作为投资主体时的投资行为符合 SRI 要求,从而促进 SRI 在直接投资领域的萌芽及发展。换言之,SRI 是考虑环境准则、社会准则、金钱回报准则的投资模式,事实上是基于经济、社会、环境"三种底线",或称作"三重盈余"(又称为"三重盈余投资")考量的投资。企业行为尤其是跨国企业不仅要考虑经济底线,还应当考虑社会底线和环境底线。SRI 促使企业在追求经济利益的同时,积极承担相应的社会责任,从而为投资者和社会带来持续发展的价值。

三 社会责任投资理念在国际直接投资中的运用

实践中,社会责任投资通过以下几种投资模式和策略得以实现[1]:投资筛选(screening of investment)[2]、结合环境、社会和治理因素(integration of ESG factors)[3]、可持续性主题型投资(sustainability themed inves-

---

[1] See 2012 Global Sustainable Investment Review, *Published by Global Sustainable Investment Alliance(GSIA)*, available at http://www.asria.org/publications. Also see http://ussif.org/resources/sriguide/srifacts.cfm.

[2] 投资筛选是指按照社会、环境和伦理标准或准则对投资组合或共同基金中的公开交易股票进行买入、剔除或评估的一种投资决策策略。投资筛选分为消极筛选(negative/exclusionary screening)、积极筛选(positive/best-in-class screening)和基于规范的筛选(norms-based screening)。消极筛选,有时又称为"排除"或"剔除"(exclusion)的股票筛选方法,是指将不符合社会、环境和伦理标准或准则的公司股票从投资组合中剔除出去,或者放弃投资这些公司股票。积极筛选是指在一个给定的投资范围内,选择在可持续发展、公司治理、社会、环境和伦理等一系列标准方面都表现出色的一些公司股票,并将这些公司股票筛选到投资组合中。运用积极筛选方法构建一个积极的投资组合包括以下 4 个步骤:首先,选择一个投资市场(常常是选择盯住一种指数);其次,运用公司治理、社会、环境和伦理等筛选标准来评估投资组合中企业的社会表现;再次,再运用传统的经济(财务)分析方法分析投资组合中企业的经济效益;最后,调整投资组合权重,复制原来盯住的指数权重。基于规范的筛选,是指基于国际规范,筛选出违反商业行为最低标准的投资。

[3] 结合环境、社会、管理因素,是指投资经理把环境、社会和管理因素系统地、明确地纳入传统的金融分析当中。

ting)①、企业参与和股东行动（corporate engagement and shareholder action)② 以及影响力投资或社区投资（impact/community investment)③。这些投资模式和策略所具有的共同 SRI 理念对国际直接投资有重要意义及启示作用，其影响也已超出间接投资领域而扩展到直接投资中来，国际直接投资中也出现了体现 SRI 理念的投资行为。SRI 考虑投资对象或项目本身环境的（environmental）、社会的（social）、治理的（governance）因素，概称为 ESG 因素，或者强调投资的道德层面责任，注重投资与环境、社会、人权等利益的良性互动，追求投资符合投资者的价值观以及促进经济和社会的可持续发展。此种投资理念本身不仅与企业社会责任的要求不谋而合，而且特别适合运用于国际直接投资领域。

例如荷兰 africaJUICE BV 公司和埃塞俄比亚政府组成的合资公司 africa JUICE Tibila Share Company，是促进埃塞俄比亚经济复苏的热带果汁项目④。埃塞俄比亚 Upper Awash 河谷拥有丰富的阳光与水资源，由于缺乏灌溉经验且种植低价值作物的收益潜力有限，河谷社区经常食品短缺。2009 年 4 月，上述合资公司取得河谷地区 Tibila 农场的经营控制权，农场出产的水果除少部分当地出售外，大部分通过 africa JUICE 建好的全新先进设施加工成果汁运送到附近港口投放到欧洲和中东市场，根据世界银行估计非洲农业总产量损失的一半发生在收割、仓储、销售和运输到最终消

---

① 可持续性主题型投资，是指向与可持续性特别相关的主题或者资产进行投资（例如清洁能源、绿色技术或可持续农业）。

② 企业参与和股东行为，包括股东对话（shareholder dialogue）、股东决议（shareholder resolution）和代理投票（proxy voting）三种主要形式，是股东以企业所有者的身份，通过提交建议、代理投票、提交股东决议、企业协议与管理者对话等方式影响企业在社会责任方面的行为，要求企业承担相应的社会责任。简而言之，这种策略是以综合的 ESG 指南为指导，通过直接的企业参与（如与公司的高级管理人员或者委员会对话），发起或共同发起股东议案和代理投票运用股东权力去影响公司行为。另外也有使用"shareholder advocacy"这一概念，但含义基本相同。

③ 影响力投资，是指投资尤其是在自由市场进行的投资，旨在解决社会或环境的问题。社区投资，是指将资本直接投资于被传统金融机构服务所忽视的个人或社区，向其提供所缺乏的信贷、资本和其他基本的银行服务产品，或者向有明显社会或环境目的的商业提供投资。社区投资主要通过社区发展金融机构（Community Development Financial Institutions）向社区进行投资，如社区发展银行、社区发展信用联社、社区发展贷款基金和社区发展风险投资基金。影响力投资包括社区投资。

④ 《MIGA2011 年度报告》（中文版），见 http：//www.miga.org/resources/index.cfm? stid = 1854，2013 年 4 月 5 日访问。

费者的过程中，但工厂的杀菌和包装工艺使产品可以耐受长途运输进入消费市场，最大限度减少了从生产到最终消费者的中间环节损失。

热带果汁项目已推动该地区经济振兴并有良好的社会效益，其充分考虑社会的、环境的、道德的问题（ESG），是直接投资中 SRI 项目的典型。由此可见，社会责任投资理念与国际直接投资本身相契合。Africa JUICE 直接聘用 2400 多人，进行大量投资为农场居住的工人提供清洁饮用水和电力，还通过"厂外种植者计划"雇佣当地农民为公司供应原料，其目标是开发 1000 多公顷当地农场并提供支持例如为其维护灌溉系统，使其组成合作社，为加工厂补充水果供应的同时扩大社区参与度。与之前种植洋葱和西红柿为主相比，参与计划的农民可以赚取更多收入。这克服了当地食品短缺、农业收入潜力低的问题。这有利于促进当地人权的享有和实现，实现了经济效益和社会效益的统一。此外，公司获得了日本政府资助的 MIGA 非洲环保和社会挑战基金（为 MIGA 受保人提供专家咨询意见，实现投资项目在环保和社会层面的改善），拨款资本用于提供技术援助，帮助建立工厂外种植者公平贸易体，这体现了对道德、社会问题的考虑。如果成功，Africa JUICE 将成为撒哈拉以南非洲首个公平贸易的热带果汁生产商。这一综合性业务管理方法吻合该公司立志成为发展中国家 FDI 实现方式基准的愿景："我们的目标是要证明，积极致力于环保和消除贫困，不仅可以带来增长，还是'绝好的生意'，并应成为可选模式。"可见该项目实现了投资与经济、社会可持续发展的良性互动。

据此，国际直接投资中的 SRI 是指在国际直接投资活动中，外国投资者或东道国为了实现投资、东道国社会与经济的可持续发展，结合投资活动本身的道德、社会、环境、管理甚至人权等因素，进行投资项目的立项、评估、批准、设立、运行、监管等投资活动。国际直接投资中的 SRI 更关注外国直接投资项目对社会、环境、公司管理以及人权保护的影响，追求投资本身、经济、社会三者的协调可持续发展。

第二节　国际投资法中的社会责任投资理念

尽管目前在国际投资法中还没有成体系地体现 SRI 理念、促进和鼓励

SRI 的直接、明确的规定，但在以下方面得到体现：有关投资的国内立法中存在体现 SRI 理念的规定；国际组织制定的一系列旨在促进和鼓励 SRI 的软法性规定或准则；国际投资条约中开始出现间接体现 SRI 理念要求的规定；以及在国际仲裁实践中，仲裁裁判方法和考量因素中涉及有关 SRI 的要求。

一 涉及 SRI 的国内立法

目前，有些国家在调整基金投资、证券投资的法律中有关于 SRI 的规定。例如德国 1991 年《可再生能源法》对投资于风能的封闭式基金给予税收优惠政策。澳大利亚 2001 年颁布法案要求所有的投资企业在其投资说明书中披露"考虑劳工、环境、社会或道德伦理标准程度"等内容。法国 2001 年 5 月通过并实施"新经济法规"要求上市公司在其年度报告中披露社会和环境保护等信息。英国在 2000 年 7 月《1995 年养老法案》修改案实施，要求英国的养老基金托管人披露"在筛选、保持和实现投资过程中考虑社会、环境和道德伦理因素的考虑程度"。2001 年 2 月，英国《2000 年信托法案》实施，慈善托管人必须确保投资符合慈善基金的目标，在投资中考虑道德的因素。美国国会 2002 年通过了《萨班斯·奥克斯利法案》，要求公司披露由公司 CEO 和 CFO 签字的伦理声明。①

二 促进和倡导 SRI 理念的国际投资软法

进入 21 世纪以来，国际社会致力于推动社会责任投资，出台了一系列鼓励 SRI 的行业准则，例如"赤道原则"、"负责任投资原则"、企业社会责任与环境管理认证标准。

（一）有关 SRI 的行业准则

2003 年 6 月 4 日在华盛顿 10 家全球性金融机构发起"赤道原则"

---

① 姜涛、任荣明、袁象：《中国社会责任投资的发展路径研究》，《现代管理科学》2010 年第 3 期。

(Equator Principles，EPs)① 是确定、评估和管理项目融资②过程所涉及的环境和社会风险的金融界指标。EPs 以国际金融公司关于社会和环境的可持续性履行标准（International Finance Corporation Performance Standards on social and environmental sustainability）和世界银行的环境、健康和安全指南（World Bank Group Environmental, Health, and Safety Guidelines，EHS Guidelines）为基础，其中重要的投资指标就是公司"社会和环境责任"履行。赤道原则金融机构（Equator Principles Financial Institutions，EPFIs）承诺不向那些不愿意或者不可能遵守其社会和环境政策与程序的项目借款方提供贷款。目前，在全世界有 32 个国家 78 个金融机构正式采用 EPs，覆盖了新兴市场 70% 的国际金融融资项目。EPs 已经成为金融机构、项目投资人及其他认可 EPs 的机构对环境和社会风险管理的行业标准。③

2006 年 4 月，纽约证券交易所发布针对机构投资者的联合国"负责任投资原则"（Principles for Responsible Investment，PRI）。PRI 的六项原则分别是：（1）我们愿意把 ESG 问题纳入投资分析和投资决策过程；（2）我们愿意成为积极的所有人，把 ESG 问题引入我们的所有权政策和行为中；（3）我们将争取适当公开我们所投资的企业有关 ESG 的问题；（4）我们愿意促进原则在投资行业的认可与履行；（5）我们将通力协作以提高我们履行原则的效率；（6）我们愿意各自报告我们在履行原则的

---

① See http://www.equator-principles.com/index.php/about-ep/about-ep/38-about/about/17, last visit on April 12, 2013. 虽然赤道原则通常被认为是国际金融软法，规范的是间接投资，但是，其主体是用来衡量项目融资的社会责任问题，而这些融资项目通常是资助大型基础设施和工业项目建设的，并且在这些基础设施和工业项目的建设过程中同样需要遵守赤道原则，按照赤道银行的融资条件接受监督，所以，它也属于国际投资软法的范畴。

② 项目融资是一种融资方式，贷款方主要以单一项目所产生的收益作为还款的资金来源与风险的抵押品。这类融资一般用于大型、复杂且价值不菲的设施。有关设施可能包括发电厂、化学加工厂、矿井、运输基建、环境和电信基建等。项目融资的形式，可以是新资本设施建设的融资，或现有设施（不论有否改善）的重新融资。在有关交易中，贷款方获支付的款项通常全部或绝大部分来自设施的产品购买合约所产生的款项（如发电厂出售的电力）。借款方通常是特定目的实体（Special Purpose Entity），即除开发、拥有和经营有关设施之外，不可能担当其他职能的实体。因此，还款主要取决于项目的现金流量和项目资产的整体价值。

③ See http://www.equator-principles.com/index.php/about-ep/about-ep, last visit on April 12, 2013.

有关活动和进展。①

此外，在农业领域，鉴于可能的土地掠夺以及外国投资者对当地农民的排挤，UNCTAD、联合国粮食与农业组织（Food and Agriculture Organization，FAO）、国际农业开发基金会（International Fund for Agriculture Development，IFAD）和世界银行已联合推出农业领域的负责任农业投资原则（Principles for Responsible Agricultural Investment，PRAI），提出负责任农业投资（Responsible Agricultural Investment）的七项原则。② 在 2010 年 11 月 G20 首尔峰会上，作为其发展的多年行动计划的一部分，G20 鼓励所有的国家和公司支持负责任农业投资原则，并请求 UNCTAD、世界银行、IFAD、FAO 和其他有关国际组织为促进农业领域的 SRI 提出建议。G20 首脑在 2011 年 11 月的戛纳峰会以及 2012 年 6 月的洛斯卡沃斯峰会上重新确认其对 PRAI 的支持。③

（二）企业社会责任原则

1997 年社会责任国际（Social Accountability International，SAI）④ 发布了根据国际劳工组织公约、世界人权宣言和联合国儿童权益公约制定的有关工作条件的社会责任标准（Social Accountability 8000，SA8000），适用于世界各地、任何行业、不同规范的企业，是全球第一个可用于第三方认证的社会责任标准，旨在通过采购活动改善全球公认的工作条件，确保供应商所供应的产品皆符合社会责任标准要求，为消费者和公众提供了一个可以简单识别的标志，以鉴别哪些公司关注劳工问题。由于来自市场竞争的压力，这种以控制采购为模式的认证做法给各国的生产商执行相关劳

---

① See http：//www.unpri.org/about-pri/the-six-principles/，last visit on April 5，2013.

② PRAI 的七项原则分别是：1. 承认并尊重现存的土地权利和相关的自然资源；2. 投资不能危害粮食安全而应当加强粮食安全；3. 在农业领域有关投资的过程应当透明、可控并确保在适当的商业、法律和监管环境下所有利益相关者的责任承担；4. 咨询所有受到实质影响的主体意见，并且通过协商达成的协议应记录在案并且执行；5. 投资者保证项目遵守法律规则，体现行业最佳做法，在经济上是可行的，以及产生持久的共同价值；6. 投资产生预期的社会的和分担不良影响并且不增加易损性；7. 项目的环境影响是量化的，并且采取措施鼓励持续性的资源利用，并且最小化风险或者负面影响程度，并减轻风险或负面影响。

③ See http：//unctad.org/en/Pages/DIAE/G-20/PRAI.aspx，last visit on April 11，2013.

④ SAI 是一个非政府国际组织，致力于通过发布和执行社会责任标准来改善工作条件和社区。SAI 召集重要的利益相关者发布基于共识的自愿性标准、进行成本—利益研究、委托审计、提供培训和技术援助以及帮助公司在其供应链中提高社会责任。

工标准带来巨大动力,其执行效果甚至可以超过某些国际公约。[①]

1995年召开的世界社会发展首脑会议上,联合国秘书长科菲·安南曾提出"社会规则"、"全球契约"(Global Compact)的设想。1999年1月在达沃斯世界经济论坛年会上,联合国秘书长科菲·安南提出"全球契约"计划,并于2000年7月在联合国总部正式启动。"全球契约"计划号召和要求各企业在各自的影响范围内遵守、支持以及实施一套在人权、劳工标准、环境及反贪污方面的十项基本原则。这些基本原则来自《世界人权宣言》、国际劳工组织的《关于工作中的基本原则和权利宣言》以及关于环境和发展的《里约宣言》,涉及四个方面,分别是:1.人权方面:(1)企业应该尊重和维护国际公认的各项人权;(2)绝不参与任何漠视与践踏人权的行为;2.劳工标准方面:(3)企业应该维护结社自由,承认劳资集体谈判的权利;(4)彻底消除各种形式的强制性劳动;(5)消除童工;(6)杜绝任何在用工与行业方面的歧视行为;3.环境方面:(7)企业应对环境挑战未雨绸缪;(8)主动增加对环保所承担的责任;(9)鼓励无害环境技术的发展与推广;4.反贪污:(10)企业应反对各种形式的贪污,包括敲诈、勒索和行贿受贿。

ISO26000《社会责任指南》是国际标准化组织(ISO)制定的、为组织社会责任活动提供相关指南的一项国际标准。该标准于2010年11月1日由ISO正式发布,并提供各国自愿采用。在ISO26000中,社会责任(social responsibility)被定义为"通过透明和道德行为,组织为其决策和活动给社会和环境带来的影响承担的责任。这些透明和道德行为有助于可持续发展,包括健康和社会福祉,考虑到利益相关方的期望,符合适用法律并与国际行为规范一致,融入整个组织并践行于其各种关系之中"。ISO26000中,组织开展社会责任活动所需遵循的原则是:(1)"应用该标准且遵守国际行为规范时,需充分考虑社会、环境、法律、文化、政治和组织的多样性以及经济条件的差异性";(2)遵循七项核心原则,包括担责、透明、良好道德行为、尊重利益相关方的关切、尊重法治、尊重国际行为规范、尊重人权等。ISO26000为企业和组织以一种对社会负责的方式即有助于社会健康和福利地符合伦理的、透明的方式来运行提供指导,旨在帮助企

[①] 张薇:《国际投资中的社会责任规则研究》,中国政法大学出版社2011年版,第59页。

业或组织实现可持续发展。

（三）有关环境保护的认证标准

国际标准化组织（the International Organization for Standardization，ISO）继 1987 年推出 ISO9000 的质量管理体系认证标准之后，又推出了保护人类环境的 ISO14000 环境管理体系标准。ISO14000 系列标准为企业和组织确定及控制其对环境影响、持续提高其环境表现提供了有力工具。[①] ISO14000 的目标是通过建立符合各国的环境保护法律、法规要求的国际标准，在全球范围内推广 ISO14000 系列标准，达到改善全球环境质量，促进世界贸易，消除贸易壁垒的最终目标。其强调污染预防和持续改进，要求建立职责明确、运作规范、文件化的监控管理体系，通过合理有效的管理方案和运行程序来达到环境目标和指标，实现环境方针。其目的是规范企业和社会团体等的环境行为，以达到节省资源、减少环境污染、改善环境质量、促进经济持续、健康发展。

三　国际投资条约中体现 SRI 理念的实践

国际投资条约中体现 SRI 理念的规则，具体表现为在投资条约中订入环境、健康、劳工权利保护、企业社会责任等条款。

（一）国际投资条约中关于环境、包括劳工权利在内人权的规定

《北美自由贸易协定》（North American Free Trade Agreement，NAFTA）是最早体现环境要求的典型代表。NAFTA 将贸易问题与投资问题一并纳入自由贸易协定（Free Trade Agreement，FTA）的同时，还将环保问题也纳入其立法。NAFTA 明确规定，吸引投资不得以牺牲环保为代价。此外，NAFTA 还达成两个附加协议《北美环境合作协议》和《北美劳工合作协议》，并建立了公众参与的保护机制。

NAFTA 的这种立法模式已经在许多 FTA 中得到效仿，成为一种重要的趋势，许多晚近签订的 FTA 和经济合作协定中含有环保条款或环保章节，有的甚至加入了环保附加协定。例如，加拿大与秘鲁签订的加拿大—秘鲁 FTA 的序言和正文中都含有环保条款。此协定第 17 章为环保专

---

① See http://www.iso.org/iso/home/standards/management-standards/iso14000.htm, last visit on April 10, 2013.

章，而且两国还根据该协定第 1702 条缔结了专门的环保附加协定。① 此种立法模式也已超越北美而延伸到南美、欧洲、亚洲等区域，参与国家也不仅仅限于发达国家相互之间或发达国家与发展中国家之间，发展中国家相互之间签订的 FTAs 也开始纳入环保条款。②

美国—乌拉圭 BIT 对具体的劳工权利进行了界定。其第 13 条第 2 款认为劳动法意味着每一方的法律或规章；国际承认的劳工权利包括：（a）结盟的权利；（b）组织和集体谈判的权利；（c）禁止任何形式的强迫或强制劳动；（d）对儿童与年轻人的劳动保护，包括雇佣儿童的最低年龄和禁止和消除最坏形式的童工；以及（e）有关最低工资、工作时间和职业安全和健康方面的可接受的劳动条件。第 3 款规定本条约中的任何条款不得被解释为阻碍一方当事人采纳、维持或者执行与本条约一致的任何措施，本条约认为确保在其领域内的投资活动以一种对劳工关注敏感的方式进行是恰当的。

国际上还出现了明确提到人权保护的措辞并将人权保护与国际投资直接挂钩的投资条约。例如，2002 年《欧洲自由贸易区与新加坡协定》的序言明确规定：双方确认，有义务遵守联合国宪章和关于人权的普遍宣言中确定的人权保护义务。东南非共同体市场于 2007 年达成的《东南非共同体市场共同投资区投资协定》的第 7 条第 2 款第 4 项提到了一系列社会问题，包括人权保护问题，要求成员国共同努力以制定议程，向共同体投资委员会提供建议，供共同体委员会制定相关政策以便共同体市场投资协定的执行。另外协定要求，在与投资有关的领域，各国应当致力于在以下方面确定最低的共同标准：环境的影响及社会影响评估、劳工标准、尊重人权、反腐败、补贴等。在投资方面所确立的最低共同标准，体现了 SRI 的要求和理念。

（二）国际投资条约中体现 SRI 理念规则的特点

1. 有关 SRI 理念的规定从形式上看，多规定在序言中作为一种鼓励性、愿景式规定。例如在中国与加拿大 2012 年 9 月磋商的《加拿大政府

---

① 参见刘笋《国际法的人本化趋势与国际投资法的革新》，《法学研究》2011 年第 4 期。

② Chang-fa Lo, "Environmental Protection through FTAs: Paradigm Shifting from Multilateral to Multi-Bilateral Approach", 4 *Asian J. WTO & Int'l Health L. & Pol'y*, 2009, footnote 21. 转引自刘笋《国际法的人本化趋势与国际投资法的革新》，《法学研究》2011 年第 4 期。

与中国政府为促进投资和互惠的投资保护的条约》①（以下简称为中—加BIT）的约首部分规定"承认促进基于可持续发展原则的投资的必要性"。又如《美国与乌拉圭间就投资的鼓励和互惠保护的条约》（以下简称为美国—乌拉圭BIT）的前言（约首部分）规定"期望通过与保护健康、安全、环境、促进消费者保护和国际承认的劳工权利一致的方式实现这些目标"。

2. 从内容上看，国际投资条约中体现 SRI 理念的规定是鼓励性的宽泛规定，多是从国家鼓励投资措施的角度消极地规定国家不得以减损或降低有关环境保护、劳工权利等国内法保护作为鼓励投资的手段，条约语词上多使用"认为放弃或减损国内健康、安全或环境措施"作为鼓励投资的手段是不恰当的，或者"本条约的任何规定不得解释为妨碍缔约方采取或维持公共利益的措施"等。例如中—加 BIT 第 18 条第 3 款规定："缔约国承认通过放弃、放松或者在其他方面减损国内的健康、安全或环境措施来鼓励投资是不恰当的。"第 33 条"一般例外"中规定："……本条约中的任何规定不能被解释为阻碍一方缔约国采取或维持包括环境措施在内的措施：（a）确保遵从与本条约条款一致的法律和法规之必须；（b）保护人类、动物或植物的生命或者健康；或者（c）在关系到现存或者非现存的可耗尽自然资源的保护措施是与其对国内生产或消费的限制同时作出的条件下。"

即使有以"投资与环境"或"投资与劳工"等命名的具体条款，条款数量较少，内容也如前所述简单而抽象，体现 SRI 理念多属于宽泛的消极性规定。如美国—乌拉圭 BIT 第 8 条"履行要求"中第 3 款第 c 项有与上述中—加 BIT 中"一般例外"中类似的环境例外。该条约第 12 条以"投资与环境"命名，其中第 1 款规定缔约方认为通过弱化或者降低国内环境法上赋予的保护来鼓励投资是不恰当的。缔约每一方力争确保其不以弱化或降低在法律中规定的保护来作为在其境内投资的设立、收购、扩张或保留的鼓励，不放弃或在其他方面减损，或者提供或放弃或减损这些法律。如果一方认为另一方已经提供这种鼓励，它可以请求与另一方协商，并且双方应当以避免任何这样的鼓励的观点来协商。第 12 条第 2 款规定

---

① See http：//www.unctadxi.org/templates/DocSearch＿＿＿779.aspx? PageIndex = 2&TextWord = "United States of America"，1&CategoryBrowsing = False&syear，last visit on Mar. 6, 2013.

本条约中的任何条款不得被解释为阻碍缔约一方采纳、维持或者执行与本条约一致的任何措施,本条约认为确保在其领域内的投资活动以一种对环境关注敏感的方式进行是恰当的。第 13 条"投资与劳工"第 1 款规定通过弱化或者降低国内劳动法赋予的保护来鼓励投资是不恰当的。缔约每一方应当力争保证它不会放弃或减损,或者提供或放弃或减损这些法律中以削弱或减低根据第 2 款提到国际上承认的劳工权利的方式作为一种在其领域内一项投资的建立、收购、扩展或保留的鼓励的方式。

3. 有关 SRI 规定多为倡导式、鼓励性的建议性规定,缺乏具体的责任和义务规定。以 2008 年《加拿大与哥伦比亚自由贸易协定》第 816 条关于企业社会责任条款的规定为例,"缔约方应鼓励在其境内经营或受其管辖的企业在其内部政策中自愿并入国际承认的企业社会责任标准,例如已被缔约双方签署或者支持的原则声明。这些原则涉及劳工、环境、人权、社群关系和反腐败等问题。缔约方提醒那些企业在其内部政策中并入这些公司社会责任标准的重要性"。

(三) 多边投资担保机构的 SRI 履行标准

多边投资担保机构(Multilateral Investment Guarantee Agency,MIGA)在决定是否为某一投资项目提供担保时注重其所投保项目的积极性发展成果,其中就包括项目的社会和环境的可持续性影响,MIGA 希望通过运用一套综合型的社会和环境履行标准促进投资项目对社会和环境的可持续性发展。MIGA 的履行标准包括社会和环境的评估和管理、劳动者和工作条件、预防和减少污染、社区健康与安全、土地征用和非自愿性重新安置、生物多样性保护和可持续自然资源管理、原住民和文化遗产等方面。[1] 这些履行标准有助于 MIGA 及其客户通过结果导向的方法来管理和提高投资的社会和环境绩效,也是其避免对工人、社区和环境的不利影响的一种持续性手段,或者在不利影响不可避免时减少、缓和或者适当地补偿不利后果。MIGA 旨在确保其提供担保的项目是与履行要求一致的方式运营,以与履行要求一致的手段控制对社会和环境的风险和影响是客户的义务。因此,MIGA 对一项拟保项目的社会和环境审查,是决定是否为一项投资项目提供担保时的重要考虑因素。MIGA 保护环境和社会的政策是确定风险、减低发展成本以及促进项目的可持续性的有利工具,使受投资项目影

---

[1] See http://www.miga.org/projects/index.cfm? stid=1822, last visit on April 5, 2013.

响的社区获益、保护环境。这一政策适用于 2007 年 10 月以后其所有承保的投资项目。根据此项政策，MIGA 基于对拟承保项目对环境和社会的可能性影响评估，根据项目对环境和社会的不利影响程度大小把项目分为 A、B、C、FI 四类。①

四 国际投资仲裁中社会责任投资理念的践行

在发生投资争议时，投资争议的解决关系到投资者以及东道国的利益能否得到保护。关注投资争议解决过程中有关 SRI 理念的运用，有利于在投资设立和运行过程中预防未来的风险，更有助于 SRI 本身的发展。投资仲裁实践中，某些仲裁庭的裁决理由及裁判方法等体现了对 SRI 的倡导和鼓励。

（一）以投资项目本身是否符合 SRI 理念作为考量因素

对于 SRI 项目可以进行更加优惠的区别对待，且不被视为违反最惠国待遇。例如在 Parkerings-Compagniet AS v. Republic of Lithuania② 案中，仲裁庭在分析立陶宛是否违反了最惠国待遇时指出，国家可能合法地、正当地区别对待投资者基于（1）投资者投资项目的社会的、文化的和环境的影响，及（2）投资者的项目将为东道国带来的成本和利益，从而得出立陶宛没有违反最惠国待遇的结论，因为尽管它对待原告与另一家公司不同，但是其拥有合法的理由区别对待两位投资者的投资。③ 仲裁实践确立了对善意投资的国际法保护，间接鼓励 SRI 投资。在 Phoenix Action Ltd. v. Czech Republic④ 一案中，明确提出在进行投资时的诚实善意要求。

---

① 其中 A 类是可能对环境和社会有潜在、重大不利影响，影响是多方面的、不可逆转的和空前的；B 类是可能对环境和社会有潜在的、有限的不利影响，影响在数量上少、一般选址特定、大部分可以恢复并且通过缓和措施使不利影响能得到解决；C 类是项目对社会和环境有很小或者没有不利影响，包括某些有很小或者没有不利风险的金融中介项目；FI 类是被分配到所有金融中介的项目不包括那些属于 C 类的项目。

② Parkerings-Compagniet AS v. Republic of Lithuania, ICSID Case No. ARB/05/8, Award available at http://ita.law.uvic.ca/documents/Pakerings.pdf.

③ See Nathalie Bernasconi-Osterwalder and Lise Johnson, *International Investment Law and Sustainable Development Key cases from 2000—2010*, available at http://www.iisd.org/, last visit on Mar. 2, 2013.

④ Phoenix Action Ltd. v. Czech Republic, ICSID Case No. ARB/06/5, Award available at http://icsid.worldbank.org/ICSID/FrontServlet?requestTyp=CasesRH&actionVal=viewCase&reqFrom=Hom&caseId=C74, last visit on Mar. 2, 2013.

仲裁庭认为,"如果国际投资仲裁的保护违背国际法一般原则(其中善意原则极为重要),不能授予国际投资仲裁的保护"。因此,属于 ICSID 公约范围的投资,必须要符合诚实善意的国际法原则。

(二) 投资必须符合道德、社会利益的要求

在 World Duty Free Co. Ltd. v. Republic of Kenya[①] 案中,有关腐败的公共政策和国际法的一般原则得到适用。原告方据以提请仲裁的 1989 年投资协议规定源于合同的争议应当根据英国和(或)肯尼亚法律来解决。然而仲裁庭考虑到其他仲裁庭也同样基于更普遍的价值进行裁决,认为也应当适用国际法原则尤其是相关的"国际公共政策"规则或"获得认可的在所有法院都必须适用的行为规范",仲裁庭认为腐败违反国际公共政策,必须否认通过腐败而获得的合同或者基于此合同提出的诉求。投资者遵循这些国际法原则的义务即使在腐败是有关东道国"广泛的"和"惯常的行为"的情况下仍然有效,因此投资者必须遵守"客观的最低的行为标准"。

(三) 为维护环境、健康等社会公共利益预留空间

Tecnicas Medioambientales Tecmed S. A. v. United Mexican States[②] 一案中,仲裁庭在判定是否构成征收时突破了"单一效果"标准而第一次适用了"比例"标准。"单一效果"标准几乎没有为仲裁庭留有余地去考虑受到挑战的措施背后的目的或公共利益,比例标准则使得仲裁庭在理解和运用 BIT 条款时,在投资者权利和国内的环境、健康或者其他考虑因素之间达成一个更好的平衡。比例标准的适用意味着在投资争议解决中环境、健康等公共利益因素得到更多的考虑。另外该案中仲裁庭在论证运用比例标准时,完全依赖欧洲人权法院(European Court of Human Rights)作出的四个不同的裁决,这表示仲裁庭在理解国际投资条约下的当事人的权利和义务时,会运用其他领域的法律例如人权、劳动法和环境法。

总之,从投资争议的解决过程,仲裁庭作出裁决时的理由和依据来看,国家有权基于合理的根据区别对待不同类型的投资者,优待 SRI 投

[①] World Duty Free Co. Ltd. v. Republic of Kenya, ICSID Case No. ARB/00/7, Award available at http://ita. law. uvic. ca/documents/WDFv. KenyaAward. pdf, last visit on Mar. 2, 2013.

[②] Tecnicas Medioambientales Tecmed S. A. v. United Mexican States, ICSID Case No. ARB (AF) /00/2, Award available at http://icsid. worldbank. org/ICSID/FrontServlet? requestType = CasesRH&actionVal = showDoc&docId = DC602_ En&caseId = C186, last visit on Mar. 2, 2013.

资者；诚实善意的投资才能享有投资仲裁的保护，投资者行为必须遵循诚实善意的国际法一般原则、反对腐败等国际公共政策。另外在投资争议的解决过程中仲裁庭会考虑环境法、劳工法、人权等其他领域法律的规定。

第三节　国际投资法完善社会责任投资的发展之路

如前所述，国际投资法中尽管存在若干关于鼓励和促进 SRI 理念的规定，但是，这些规定只是从国家角度消极性地规定不得以牺牲环境、社会、公共健康、劳动权利等利益来鼓励投资；规定方式也是以原则性、鼓励性、倡导性规定为主，缺乏积极地鼓励 SRI 的具体条款以及因违反社会责任投资造成危害时的义务性规定。因此现有国际投资法并没有发挥其鼓励和倡导 SRI 应有的作用，国际投资法非常有必要在其体系中完善社会责任投资的规定。

一　国际投资法倡导和鼓励社会责任投资理念的必要性

资本的本性是财富、利润，道德的价值取向是社会责任。只有当社会责任成为资本本身的一个内在环节，即成为资本获取财富的必经之路并成为能给其创造新财富带来机会的手段、工具时，才会为资本所认可并自觉追求。由于资本运行的社会背景不同，资本在好的市场经济中会对道德法则与规范不得不尊重，而在坏的市场经济中则往往会对道德法则与规范不屑一顾。[①] 这很好地解释了跨国公司在发展中国家弱化社会责任，对社会责任的履行存在国别性差异、区别对待不同国家消费者的现象。[②] SRI 本身能很好地将社会责任履行与资本追求财富的本性相结合，即将社会责任的履行作为企业获取财富的手段和工具。企业履行社会责任，有利于外部企业社会责任投资行为发生（即从资本市场上顺利融资，企业外部投资者购买其股票向其投资），企业能获得充足发展所需资金，同时外部企业

[①] 高兆明：《跨国公司：财富与社会责任》，《道德与文明》2006 年第 5 期。

[②] 朱文忠：《跨国公司企业社会责任国别差异性的原因与对策》，《国际经贸探索》2007 年第 5 期。

社会责任投资把企业对社会、环境、道德、公司治理等因素作为评价其业绩的指标,有利于企业内部社会责任投资的发生(即企业作为投资主体对外投资时,会注重考虑投资项目本身对社会、环境、公共健康与安全等因素的影响),企业社会责任有利于实现内外部企业社会责任投资的良性互动。而国际直接投资中的 SRI 考虑投资项目对东道国社会、环境、人权等利益的影响,有利于外国投资者形成与东道国及其居民的良好关系,降低投资风险、减少投资争议发生的可能性,实现 SRI 的可持续发展愿景。

世界上几乎所有国家都意识到可持续发展的重要性,但并不是所有国家尤其发展中国家或最不发达国家都有能力实现可持续发展。"有一个悖论,最需要资金来实现可持续发展的国家却是那些因自身不发达而可能得不到资金的国家"[①],这些国家拥有较少的资源、能力和机会来实现可持续发展。而且目前各国对外国直接投资的资金竞争也日益激烈,降低税收,提供各种优惠,甚至有的还牺牲本国的政策管理空间,以牺牲本国资源和环境乃至本国居民的利益来吸引外国投资。因此这些国家吸引和鼓励 SRI 的能力不足,仍面临着挑战。尽管如此,东道国必须鼓励和促进本国境内的 SRI,为 SRI 创造良好的发展环境,通过吸引和鼓励 SRI,实现本国经济与社会的可持续发展。

联合国贸易与发展会议(United Nations Conference on Trade and Development,UNCTAD)的《2012 年世界投资报告》中提出要追求和倡导负责任投资(Responsible Investment,RI)[②],以此作为新一代投资政策的核心要素。该报告第四章"可持续发展的政策框架分析"在论述新一代投资政策的特征时指出:"(ii) 通过负责任投资追求可持续发展的目标,把社会和环境的目标置于与经济增长与发展目标同样重要的地位;(iii) 共同认识到促进作为经济发展和创造就业的基石的负责任投资的必要性,重申负责任投资是以一种综合性方式去解决投资政策中长期存在的阻碍政策

---

① The International Institute for Sustainable Development (IISD), *Investment Treaty & Why They Matter to Sustainable Development: Questions & Answers*, Available at http://www.iisd.org/investment/, last visit on April 11, 2013.

② 笔者认为报告中使用的 Responsible Investment (RI) 的概念与前述的 SRI 是同义词,其扩大了 SRI 的运用领域,从国家发展的宏观整体层面使用 RI 或 SRI,强调 SRI 对一国经济和社会可持续发展的重要作用,突破了原有的金融投资领域,扩展了 SRI 的范畴。

有效性和为投资者带来不确定性风险的问题和不足的动力。"① 报告把 RI 置于宏观上国家可持续发展政策整体框架设计尤其是国家投资政策的语境中使用,强调把包容性增长与可持续发展放在吸引和利用投资的核心位置,强调国家发布的投资政策指南中也应包含负责任投资政策。

与此相印证的是 2012 年美国发布的双边投资条约范本(2012 U. S. Model Bilateral Investment Treaty)(以下简称 2012 年 BIT 范本或者新范本)②。该新范本尽管保留了之前 2004 年范本力求达成为投资者提供强有力保护与保护政府管理公共利益能力之间的平衡的精神,许多做法仍与 2004 年范本保持一致;③ 然而为了促进对美国公司的保护、提高透明度以及加强对劳工权利和环境的保护,2012 年 BIT 范本作了针对性的变化。例如,将劳工和环境标准提高为一种行政优先权(an Administration priority),新范本从四个重要方面扩大劳工和环境方面的义务:(1)不"放弃或减损"国内法的新义务。范本规定了缔约方不得以放弃或减损其国内劳工和环境法规作为一种投资鼓励。(2)"有效执行"国内法的新义务。范本也规定缔约方不能以放弃有效执行其国内劳工和环境法作为一种投资鼓励。(3)缔约方重新确认和认可国际义务。范本强调缔约国重新确认其在国际劳工组织宣言《International Labor Organization(ILO)Declaration》中的义务和认可多边环境协定的重要性。(4)加强协商程序。与 2004 年 BIT 范本的有关规定相比,2012 年 BIT 范本关于劳工和环境的规定更加细化,扩展了协商程序。④

---

① See United Nations Conference on Trade and Development (UNCTAD), *World Investment Report 2012*, Chapter IV, Investment Policy Framework for Sustainable Development, p. 102.

② See http://www.state.gov/documents/organization/188371.pdf, last visit on April 11, 2013.

③ 例如,2012 年 BIT 范本保留了 2004 年 BIT 范本的做法:在序言中规定条约所追求的促进经济增长等目标,必须以符合保护健康、安全、环境及促进国际上认可的劳工权利的方式去实现。范本第 8 条除致力于禁止多种履行要求外,特别规定:第 8 条的若干款不得解释成妨碍各缔约方采取或维持保护人类、动植物生命健康或保护有生命或无生命的可用竭之自然资源有关的环境措施。第 12 条标题为"投资与环境",专条论述投资与环境的关系。第 12 条第 2 款明确指出,以削弱或减少国内环保法提供的环境保护的方式激励国际资本的方式是不合适的。各缔约方应确保其不放弃或减损国内环境法的保护,或者不以持续的作为或不作为的方式不有效执行环境法,以之作为一种鼓励投资的方式。第 12 条第 3 款规定了缔约方保留在监管、合规性、调查、检察事务方面以及为履行其他环境事务方面决定采用更高标准等方面的自由裁量权。

④ See http://www.state.gov/r/pa/prs/ps/2012/04/188199.htm, last visit on April 11, 2013.

这些国际实践表明，国际投资法力图在给予投资者强有力保护的同时，更加注重追求投资与经济、社会的可持续发展，国际投资法应当促进和鼓励 SRI 投资理念的发展。

二　国际投资法促进 SRI 的路径——国际投资条约中规定社会责任投资条款

诚如前述，在国际投资条约中规定 SRI 条款十分必要。当前大部分国际投资条约尤其是 BIT 的宗旨和目的是促进和保护投资，条约从形式到内容多以保护投资者的利益为核心，基本上没有或很少考虑到维护东道国的权益问题。而近年的国际投资条约仲裁实践中，有些仲裁庭过于强调投资者保护，进一步导致投资者与东道国权益保护的失衡，加剧了东道国与投资者间的矛盾与冲突。① 现有 BIT 实体内容通常规定的是缔约国保护投资者及其投资的义务，而很少规定缔约国的权利和投资者的义务，东道国与投资者间的权利与义务关系处于失衡的状态。国际投资条约及其仲裁，应该在投资者和东道国权益保护之间寻求合理平衡，在保护投资者的利益的同时，为东道国维护国家安全和公共利益预留必要的空间。今后国际投资条约的发展趋势应该是明确地包含促进负责任投资内容的专门条款，要求投资者承担这方面的义务。

1. 国际投资条约应追求投资者和东道国权利和义务的平衡

在现有的国际投资条约及投资仲裁框架下，东道国与投资者作为国际投资关系的主体，二者的权利义务处于一种失衡状态。大多数国际投资条约注重投资的保护，多从赋予投资者各种权利的角度来保护其利益，而与投资者权利相对，东道国承担更多的义务。这种状况使得东道国难以主动借助国际法保障本国维护人权和环保价值的立法、司法和行政管理权力；而且东道国国民，无论是个人还是社会群体在受到跨国投资者人权、环保等方面的侵害时，也无法借助投资条约寻求国际法上的救济。② 国际投资条约对东道国的政策和管理空间的忽视，不利于实现投资和东道国经济社会的可持续发展。二者权利义务的不对等，极易导致投

---

① 余劲松：《国际投资条约仲裁中投资者与东道国权益保护平衡问题研究》，《中国法学》2011 年第 2 期。

② 参见刘笋《国际法的人本化趋势与国际投资法的革新》，《法学研究》2011 年第 4 期。

资争议激增。

因此，国际投资条约在其今后的实践中应该倡导、鼓励和促进 SRI，成为追求投资、东道国社会和经济的可持续发展的条约，通过投资者与东道国之间权利与义务的平衡，追求保护投资及投资者的利益与保护东道国利益的平衡。

这种平衡可以通过强调国际投资条约的发展维度——确保可持续发展要求的政策空间来实现。在国际投资条约中使促进投资的条款更加具体并符合可持续发展目标。平衡国家与投资者的权利与义务，要求在国际投资条约中规定投资者的义务，学习并建立起企业社会责任原则。[①] 条约中应该明确规定东道国及其国民的权利，赋予东道国及其国民与投资者相同的根据投资条约发起投资仲裁、寻求救济的合法权利。

2. 一般例外条款应该成为国际投资条约的普遍实践

SRI 对投资者和东道国而言，均强调投资项目及投资过程中，考虑东道国社会、环境、道德、人权等因素，关注投资者的社会责任与义务，有利于投资项目及东道国社会和经济的可持续发展，因此在国际投资条约中规定 SRI 意义重大。无论何种经济活动，不管是贸易还是投资，都必须以不影响公共秩序或公共道德、公共健康为前提，这应该成为协调国际经济活动的一个准则。[②] 据此，为协调保护投资者与公共秩序、公共道德或公共健康之间的关系必须在国际投资条约中确立"公共道德、公共秩序和公共健康例外（或一般例外）"[③]。实践中有的国际投资条约已经开始采用此种例外规定，例如中国与东盟 2009 年的投资协定中就采用了与 GATT 第 20 条基本相同的一般例外规定。此种一般例外是从国家尤其是东道国

---

① See United Nations Conference on Trade and Development (UNCTAD), *World Investment Report 2012*, Chapter IV, Investment Policy Framework for Sustainable Development, p. 102.

② 余劲松：《国际投资条约仲裁中投资者与东道国权益保护平衡问题研究》，《中国法学》2011 年第 2 期。

③ 在贸易领域，多边贸易体制已经将公共道德、公共秩序、公共健康作为一般例外，其已经得到确认和重视。在 WTO 体制中，1994 年《关税与贸易总协定》（GATT）第 20 条、服务贸易总协定（GATS）第 14 条均规定：在此类措施的实施不在情形类似的国家之间构成任意或不合理歧视的手段或构成变相限制的前提下，本协定的任何规定不得解释为阻止任何成员采取或实施以下措施：（1）为保护公共道德或维护公共秩序所必需的措施；（2）为保护人类、动物或植物的生命或健康所必需的措施；（3）为使与本协定的规定不相抵触的法律或法规得到遵守所必需的措施……

监管外国直接投资的角度规定的，无疑为国家管理外商直接投资的政策空间提供更大的余地，保障国家的经济管理自主权。其可以对国际投资条约中的各个条款适用，从而可以防止投资者置东道国的公共利益于不顾而通过选择适用国际投资条约的相关条款进行索赔，东道国为维护环境、公共健康、人权、公共道德等公共利益而采取必要的管理措施时，即使对私人投资者的利益有影响，尤其是在投资活动本身危害到东道国的公共利益时，不构成违反国际投资条约，不应对投资者予以赔偿。所以，这种一般例外条款在今后的国际投资条约中不仅应成为普遍行为，而且应该规定得更加详细、明确与具体。

3. 国际投资条约中应当确立投资者的 SRI 义务

SRI 在 UNCTAD《世界投资报告 2012》倡导的新型投资政策中占有重要地位，其要求国家制定负责任的投资政策的同时，明确了国际投资条约在国家发展战略和投资政策中的作用，要求国家协商和制定可持续性—发展友好型的国际投资条约，实现可持续发展。SRI 条约应该鼓励和促进在全球范围内的 SRI 的发展，通过给予 SRI 优惠政策与待遇，吸引投资者进行 SRI 投资，敦促投资者承担社会责任，从而实现东道国与投资者共赢，减少投资争议，促进投资本身、东道国的社会与经济的可持续发展。

近年来，全球范围内对跨国公司行为进行管制并要求其承担社会责任的呼声日益高涨。国际社会要求跨国公司承担人权与环保责任。在发达国家，跨国公司正日益受到政府约束以要求其对环境问题负责。[1] 跨国公司公开其环境责任信息已成为通行做法。[2] 国际社会应当加强对跨国公司行为的规制、促进其承担社会责任。在投资设立、运行阶段，进行 SRI 投资本身意味着跨国公司社会责任的承担，而且还能为其带来经济回报并赢得良好的社会声誉。因此，SRI 关注投资的 ESG 问题及其对公司治理的影响，有利于实现投资的可持续发展，获得长期利益。国际直接投资本身具有资金投入大、风险高、时间周期长等特点，关注投资项目的长远利益，有利于投资者承担社会责任，减少其与东道国及其国民间的冲突，缓解当前投资争议不断上升的状况。

---

[1] Kristina Herrmann, "Corporate Social Responsibility and Sustainable Development: The European Union Initiative as a Case Study", 11 *Ind. J. of Global Legal Stud*, 2004, p. 226.

[2] Erik Assadourian, "The State of Corporate Responsibility and the Environment", 18 Geo. *Int'l Envtl. L. Rev.*, 2006, p. 571.

这符合国际投资条约发展的新趋势即由保护投资者利益到注重私人利益与公共利益的平衡。SRI 条款旨在促进社会责任投资的发展，其注重投资的发展维度、为投资及东道国的可持续发展提供足够政策空间。该条款所鼓励的 SRI 强调选择投资项目及进行投资过程中，要考虑东道国社会、环境、道德、人权等因素，关注投资者的社会责任与义务，从而有利于投资项目及东道国社会和经济的可持续发展，有助于实现私人投资者利益与东道国公共利益的平衡。因此在投资条约中确立 SRI 条款、规定投资者的 SRI 义务意义重大。

总之，明确倡导、鼓励和促进 SRI，规定体现 SRI 理念的 SRI 条款，符合追求投资、东道国社会和经济的可持续发展的要求，其与国际投资条约的发展趋势相适应，有利于实现投资者利益与东道国公共利益的平衡。SRI 条款能够体现、强调国际投资条约的发展维度，确保可持续发展要求的政策空间，符合投资、经济和社会统一、可持续发展的目标，是国际投资法促进和鼓励 SRI 的有效路径。

第六章

《里斯本条约》对欧盟国际投资法制的影响

第一节 欧盟国际投资法律制度的演进

一 欧盟在国际投资领域的法律基础

(一) 共同商业政策与国际直接投资

国际直接投资，又称外国直接投资（Foreign Direct Investment，FDI），一般是指一国（地区）的私人（包括自然人和法人）以营利为目的，以有形财产或无形财产投资外国的企业，直接或间接控制其投资企业的经营活动。① 作为最重要的国际经济活动之一，国际直接投资在诞生伊始就是为了规避国际贸易中的诸多壁垒，因此各国经济学者对国际直接投资与国际贸易的相互关系研究一直给予高度关注。20 世纪 80 年代以来，随着全球化趋势的增强、世界经济一体化的深入，国际直接投资与国际贸易的联系越发紧密，二者相互替代、相互促进、相互融合的发展趋向不断得到加强。在此背景下，不论是对一国经济还是整个世界经济而言，国际投资法律制度与国际贸易法律制度在发展程度上相互协调都显得尤为重要。世界上越来越多的国家都深谙此理，不断研制促进国际直接投资和国际贸易共同繁荣的政策框架。在关贸总协定和世界贸易组织的框架内，国际投资与国际贸易法律政策的协调也取得了令人惊喜的成果：《与贸易有关的投资协定》（TRIMs）已成为目前全球范围内调整投资与贸易关系最具约束力的法律文件，为其他国际经济组织、区域经济组织、各国政府制定和调整国际直接投资和国际贸易法律政策提供指导。

---

① 陈安主编：《国际经济法学专论》（第二版），高等教育出版社 2007 年版，第 630 页。

在整个国际投资格局中,欧盟始终扮演着一个至关重要的角色。然而,与其最大国际投资主体的身份不符的是:在欧盟 50 多年的一体化进程中,与国际贸易政策(以共同商业政策为主要内容)的一体化相比,国际(直接)投资政策一体化的发展相对滞后,国际投资法律制度一直未能实现与国际贸易法律制度发展相协调的目标。

从《罗马条约》到《尼斯条约》,欧盟已经逐步建立起统一的国际贸易法律制度,所有成员国与任何第三国进行贸易往来都需要适用欧盟统一的国际贸易法律规则。这一制度的基础是《欧洲经济共同体条约》(即《罗马条约》,以下简称《欧共体条约》)第 113 条规定的"共同商业政策"(Common Commercial Policy, CCP)。虽然没有使用"对外贸易"的概念,但从其内涵和外延看,共同商业政策与国家外贸政策在内容上基本一致,前者只是后者在欧盟背景下的变通说法。《欧共体条约》并没有明确欧共体在共同商业政策上的专属权能,但欧洲法院(ECJ)的司法判例事实上已对此予以确认。[①] 共同商业政策创立伊始并未涵盖所有与贸易有关的领域,正如欧洲法院的见解,在 WTO 领域,欧共体并非拥有广泛的专属权能,成员国仍保有对特定事务的权能,特别是关于服务贸易和知识产权的议题——由欧共体和成员国共同签署与批准混合协定(mixed agreement)。这是因为关贸总协定涵盖的境外消费、自然人流动等服务贸易并不属于共同商业政策的范围。《欧共体条约》第 3 条已经清楚地区分了共同贸易政策和关于人员、服务的自由移动的措施,第三国国民在成员国境内提供的服务并不属于共同商业政策的范畴。

如果考虑到国际贸易活动与国际直接投资活动之间的紧密联系,最有可能使共同体在投资方面获得专属权能的方法就是把投资问题纳入共同商业政策。从最初的建议到《里斯本条约》的最终落实,这一想法的实现可谓步履蹒跚。在历次政府间谈判及条约修改中,欧盟委员会都曾提议扩大欧盟专属权能的领域,但成员国显然不愿意在投资这一敏感领域放权。欧盟委员会在《对 1996 年政府间会议的主张》中就指出,共同商业政策应该予以明确,以便能够"考虑到世界经济结构所发生的深刻变化,其中知识产权与外国直接投资扮演着越来越重要的角色"。欧洲议会在 2000

[①] 参见蒋小红《〈里斯本条约〉对欧盟对外贸易法律制度的影响》,《国际贸易》2010 年第 3 期。

年欧盟政府间会议期间,也提议将《欧共体条约》第113条1款的"缔结关税与贸易协定"扩展为"缔结与货物贸易、服务贸易、投资及知识产权有关的关税与贸易协定",但最终《尼斯条约》仅仅将其扩大适用于"在服务贸易及知识产权中的商业问题领域举行谈判并达成协定",而未接受投资问题。至此,"投资"仍是一个受政府间主义(inter-governmentalism)而非"共同体方式"(community approach)处理的敏感词。与欧盟委员会、欧洲议会的不懈努力相反,在1994年针对WTO第1号意见开始,欧洲法院就拒绝对共同商业政策作宽泛解释,从而将投资问题排除在外。① 法院认为:"国民待遇本质上是关于国际直接投资活动的规则,充其量只是部分、间接涉及与非共同体成员国间的国际贸易,因此《罗马条约》第113条(它是第133条的前身)不能作为共同体在投资事务方面主张专属管辖权的法律依据。"② 其后,共同商业政策在《欧洲联盟条约》(即《马斯特里赫特条约》)、《阿姆斯特丹条约》、《尼斯条约》中都获得修订与补充,但几次的进步与外国投资问题的相关性实在有限。③

(二) 其他与国际直接投资有关的法律规定

虽然与日渐成熟的贸易政策相比,欧盟一直缺乏共同、明确的国际投资政策,更没有专门负责处理投资问题的部门机构,但必须承认,欧盟法律体系内的许多规定都不同程度地触及甚至密切联系投资问题。因此,考察《里斯本条约》之前欧盟在国际投资领域的法律权限,有必要对这些条款内容予以关注。

1957年的《罗马条约》要求在共同体内逐步废止对成员国国民在另一成员国领土内营业自由和资本流动的限制,以及基于国籍、当事人的住址或投资地方所施加的任何歧视。《欧共体条约》第43条到第48条表明,《欧共体条约》既未规定非共同体成员国国民在共同体内享有首次开业权,也未规定他们可以从事独立雇佣活动。因此,对共同体内非共同体

---

① 根据欧洲法院1994年第1号意见(Opinion 1/94 ECR [1994] I—5267),共同商业政策不能涵盖通过"商业存在"形式提供的服务,而普遍认为"商业存在"实际上就是外商投资的服务企业。

② 参见单文华《欧盟对华投资的法律框架:结构与建构》,蔡从燕译,北京大学出版社2007年版,第54页。

③ Jan Ceyssens, "Towards a Common Foreign Investment Policy? - Foreign Investment in the European Constitution", *Legal Issues of Economic Integration*, Vol. 32, No. 3, 2005, p. 259.

成员国国民的开业权问题,欧共体没有管辖权。第 56 条不仅明确将资本流动和支付自由从成员国间扩展到成员国与非共同体成员国间,而且对二者明确予以等量齐观,故共同体对于共同体内部进行的及共同体与非共同体地区间进行的资本流动和支付都有管辖权。第 57 条第 1 款属于"祖父条款",它规定了截至 1993 年前存在的针对直接投资所设的对外资本流动的限制措施不受影响。第 2 款证实了共同体对共同体内部进行的资本流动和支付自由及共同体与非共同体地区间进行的资本流动和支付自由都具有管辖权。依据《欧共体条约》第 93 条的规定,欧盟理事会有权通过有关规定,实现销售税、货物税和其他间接税的趋同化,这意味着共同体在间接税方面拥有权能,但不涉及对于国际直接投资来说十分重要的直接税,如企业所得税。《欧共体条约》第 94、95 条规定,欧盟理事会有权采取措施,以促进成员国那些"影响内部市场的建立与运转"的法律、法规或行政行为中的有关规定趋向统一。第 308 条更是规定,如果在共同市场运行过程中,共同体为实现某一共同体宗旨所必需,当共同体条约未授予共同体必要权能时,共同体也可以采取适当措施。

诚然,这些规定都与投资问题有着密切联系,对于国际投资法律制度具有重要影响,但它们本身还不足以全面涵盖或被欧共体法院明确认定为可以全面涵盖投资问题。不仅它们中的任何一个单独条款不能独立担当欧共体在投资方面主张权能的法律基础,即便将这些规定结合起来考虑恐怕也并不具有这种效果。①

二 欧盟在国际投资领域的法律实践

《里斯本条约》前,虽然欧洲共同体不能根据欧洲共同体法所蕴含的明示权利主张投资专属权能,但从共同体制定的一些政策和采取的措施以及积极对外缔结相关国际协定的实践看,它在这一领域拥有与成员国分享的共享权能(shared competence)。

(一)欧盟在促进国际投资方面的多边行动

1988 年,随着欧共体国际投资伙伴(EC-IIP)计划的启动,为鼓励欧洲公司向发展中国家(特别是拉美、亚洲和地中海国家)投资,欧盟

---

① 单文华:《欧盟对华投资的法律框架:结构与建构》,蔡从燕译,北京大学出版社 2007 年版,第 55 页。

委员会通过欧洲中小企业协会向在这些地区开展有利于东道国经济发展项目的合资企业提供扩张所需的金融支持。这些初期的尝试在随后几年逐渐发展为更积极的战略布局和政策工具，一方面促进了欧洲跨国公司的崛起，另一方面构建了一个以世界贸易组织（WTO）、自由贸易协定（FTAs）、双边投资协定（BITs）、国际货币基金组织（IMF）和世界银行（WB）的规范等主要国际商事规则为基础的政治、经济和司法框架。该框架允许欧洲跨国公司渗入发展中国家的关键性经济领域，同时保证其能够在豁免的结构（architecture of impunity）内经营运作。欧共体通过这些项目积极推动欧共体的海外投资，也证明了欧共体在国际投资领域的话语权。

1995年，欧共体发布了题为"全球直接投资公平竞争环境"（A Level Playing Field for Direct investment World-Wide）的通报。在这份通报中，欧共体表达了对双边投资协定和区域贸易协定（如NAFTA）中非透明和歧视性制度（针对欧洲投资而言）的担忧。他们一边坚持所谓"游戏的主要规则"，包括"投资者和投资的自由进入"、"给予投资者和投资的国民待遇"以及"兑现和执行向外国投资者作出的承诺的配套措施"；另一边又同时以明显的双重标准规定：任何时候，为了共同体的利益可以在任何关于投资的国际条约下保留权利，以推动共同体地区的一体化，而非必须将这些互惠的自由化措施在法律上给予第三国。

此外，欧共体一直积极致力于推动在WTO和OECD的框架体系内，建立一个以多边投资协定（MAI）为基础的多边投资保护框架。1995—2003年，作为WTO贸易与投资关系工作组的积极成员，欧盟力推将投资纳入WTO多哈发展议程。在这九年期间，欧盟倾力说服WTO成员同意建立一个多边投资框架，以保证投资者的权利，禁止对外国资本采取歧视性措施。与此并行的是以"缔结欧盟—第三国双边投资条约"为目标的战略设想。当时负责对外经济关系事务的委员列昂·布里坦（Leon Brittan）先生这样解释欧盟计划的基本特点："在乌拉圭回合移除贸易壁垒的有力推动下，投资应成为下一个拉动世界经济的增长点。欲将其变为现实，则必须拆毁目前存在的投资障碍，并且不再设置新的路障。一套综合全面、有约束力的国际规则将为投资打开目前还未开放的领域，为国际投资者创造一个公平竞争的环境——这对欧洲的经济至关重要。"

(二) 通过贸易协定促进对外投资——欧盟经验

过去，欧盟通过与前殖民地国家签署优惠贸易安排参与区域外的区域经济一体化。在这些与第三国之间签订的各类贸易、框架性协定中，很多都包含与投资有关的条款，尤以欧盟与发展中国家签订的合作协定、伙伴协定和自由贸易协定最为典型。如欧共体与非洲、加勒比和太平洋国家（非加太）之间的《洛美协定》就包含大量规范投资的条款。值得注意的是，近些年来欧盟已经开始谈判、缔结投资自由化、投资保护标准相对较高的国际协定，如 2002 年《欧盟—智利联系协定》规定了一般性的开业权、适用于开业前和开业后阶段的充分国民待遇和同意将国家—国家间争端提交至仲裁解决；2008 年的《欧盟—非加太经济伙伴协定》专设一章，规定了投资自由化、对与 FDI 有关的货币支付和资本流动进行保护的内容。

WTO 多哈议程的停滞不前，使欧盟对外贸易政策发生了变化。2006 年 10 月 4 日，欧盟委员会公布了《全球的欧洲：在世界中的竞争》报告。该报告确立了欧盟将在全球实施 FTA（自由贸易协定）战略。FTA 战略的目标是通过削减关税与非关税壁垒推进贸易自由化，并促使投资自由化，以应对经济全球化的需要。2006 年 11 月 27 日，欧盟理事会通过了《欧盟自由贸易协定投资最低纲领》（The Minimum Platform on Investment for EU FTAs），[①] 为与第三国之间的自由贸易协定（FTAs）提供标准化的谈判蓝本。这份文件不是一项正式的条例，其更多的影响或许仅在于象征意义。但应当注意到，它已经颇具欧盟式 BIT 的雏形。纲领的适用范围限于"缔约方影响开业设立（establishment）的措施"——可谓直接瞄准外国直接投资，尽管集中于通过最惠国待遇、市场准入以及国民待遇达到投资的自由化，并不涉及与征收有关的措施和投资者—东道国间争端的解决，但此举无疑释放出一个信号：欧盟急切想要获得对外投资谈判所需的所有权能。

相较 WTO 框架内规定的服务业的商业存在，欧盟走在更前一步：实行自由化政策的领域覆盖所有部门的商业存在（服务业与非服务业），但目前开放的程度还不及美国。欧盟采用肯定式列表的方式说明开放的部门，而美国一直凭借"设立权"（right of establishment）模式以否定式列表的方式规定投资自由化政策的例外与保留。并且，目前欧盟层面只有国与国之间的争端解决机制，与美国同时拥有"国家—国家"和"投资

[①] Council of the European Union, 15375/06, 27 November 2006.

者—国家"两种争议解决方式相比还有不小的差距。如此,《里斯本条约》前在欧盟层面的市场准入政策就可分为:1. 服务领域适用《WTO 服务贸易总协定》(GATS)模式3(商业存在)的原则;2. 非服务领域通过 FTAs 投资最低纲领缔结双边的自由贸易协定来解决。至于投资保护和投资促进,欧盟的这些法律文件鲜有涉及,仅有的一个例外就是《能源宪章条约》(ECT)。

总之,欧盟在这一时期难以根据《欧共体条约》明示的规定确立其在国际投资问题上的专属权能,只能通过默示的方式获得与成员国的共享权能(shared competence)。这种"权力的分享"体现了这一时期的欧盟有两套相对独立的国际投资法律制度并行:一套以成员国对外缔结的投资条约网为基础,受国际投资法约束;另一套由欧盟法建立并规范。两套体系的并存逐渐演变为国际投资法与欧盟法日渐活跃的互动,这一互动过程以争夺"最高效力"为主要特征,充分展示了欧盟法对国际投资法与日俱增的影响力,也不可避免地使成员国缔结的双边投资协定和欧盟的法律体系之间产生诸多重叠与不协调,欧盟与成员国在投资政策领域长期权责不清,国际直接投资领域乱象丛生。关于外国直接投资的国际立法多由各成员国自行其是,成员国对于本国的国际直接投资政策具有更大的决策自主权;另外,由于缺乏统一的共同投资政策,在全球经济竞赛中欧盟不得不面对来自美国、日本等国家的巨大竞争压力。这两点成为国际直接投资权能变革的最大动因。

三 欧盟国际投资法制的新发展

(一)《里斯本条约》对欧盟国际投资法制的调整

2011年12月1日,《里斯本条约》正式生效,终于将外国直接投资纳入共同商业政策框架,使欧盟的国际投资法制取得实质性的进展,为欧盟达成统一的共同投资政策铺平了道路,为世界国际投资法律制度注入了新鲜的元素。

被寄予厚望的《欧盟宪法条约》陷入僵局后,《里斯本条约》一方面不再纠结于表面的形象符号——盟旗、盟歌不再被提及;另一方面却坚持了《欧盟宪法条约》实质方面的目标——提高欧盟决策的效率。最终,定位于改革而非宪法性质的《里斯本条约》作为相对妥协的替代方案获得通过。它从制宪路上退了回来,重新采取欧盟传统的修订条约的方式,修订了《欧洲联盟条约》与《欧共体条约》。由修订后的《欧洲联盟条约》第1条和第47条可知,以《里斯本条约》为转折点,欧盟成了一个新的具有法律人格的主体,以欧洲共同体继承人的身份在国际社会活跃,欧共体的概念终于退出了历史的舞台。

仍采纳《欧盟宪法条约》的做法,《里斯本条约》明确将欧盟的权能范围从货物贸易扩大到了服务贸易服务、与贸易有关的知识产权以及外国直接投资等领域。这些领域均被纳入《欧共体条约》——现名为《欧洲联盟运行条约》(简称 TFEU)的"共同商业政策"的范围内。《欧洲联盟运行条约》第3条首次明确,共同商业政策属于欧盟专属权能的特定范围。条约第2条第1款对"专属权能"有专门规定:"当条约在特定领域给予欧盟专有权限时,只有欧盟可以立法并采纳具有法律约束力的法案,成员国只有在得到欧盟授权或在实施欧盟法案时方可自行立法和通过法案。"因此,《里斯本条约》将外国直接投资归入共同商业政策的举动事实上明确了一项欧盟在"外国直接投资"事项上的专属权能(exclusive competence)。

与"外国直接投资"直接相关的规定主要包含在《欧洲联盟运行条约》第206条和第207条中。第206条对《欧共体条约》第131条作了修正,清楚地阐明了共同商业政策的目标和宗旨。它在原《欧共体条约》第131条的基础上加入"外国直接投资",与"国际贸易"并行成为联盟逐渐禁止采取限制措施的领域。第207条作为共同商业政策的实体条款,主要承袭原《欧共体条约》第133条的规定(有一些修改),并加入"外国直接投资"的内容:"共同商业政策应基于一致的原则,特别是在关税税率的变化、与商品和服务贸易相关的关税和贸易协议的缔结、知识产权的商业方面、外国直接投资、自由化措施的一致性、出口政策和为保护贸易(如发生倾销和贸易补贴情况时)所采取的措施等方面……"该条成为欧盟推行共同投资政策的直接法律依据,对欧盟框架下的国际投资法律制度产生直接而深远的影响,但该条规定并非无懈可击,其简单笼统的表述给欧盟未来行使这一权能增加了许多不确定性。

(二)《里斯本条约》后欧盟在国际投资领域的新举措

凭借《里斯本条约》的授权,欧盟一改过去成员国各自对外签订双边投资协定的路线,开始着手布局属于欧盟一体的共同投资政策(common investment policy),出台了一系列与欧盟国际投资权能运行配套的法律文件，同时更加积极地开展与第三国的投资谈判活动。

2010年7月7日，作为欧洲共同投资政策发展的第一步，欧盟委员会公布了《关于迈向全面的欧洲投资政策的通报》。这份通报初步探究了欧盟应如何出台一套共同的国际投资政策。值得注意的是，文件中将中国和俄罗斯视为欧盟作为一个整体对外缔结投资协定的首选对象——欧盟认为，中国非完全市场经济国家，俄罗斯刚刚加入世界贸易组织，与二者商谈自由贸易协定为时尚早，但两国持续高增长的经济形势又有巨大的吸引力。同日，欧盟委员会还公布了对欧盟成员国与欧盟外第三国缔结的双边投资协定实施过渡性安排的文件，首次明确了有条件的授权有效原则，在坚持欧盟绝对话语权的同时以灵活的方式做了相对温和的处理。

2010年10月6日签署、2011年7月1日正式生效实施的《欧盟—韩国自由贸易协定》是欧盟实施FTA战略的成功结果。该协定被评价为迄今为止在全球范围内也称得上很全面的贸易自由化协定，开放深度和广度远远超过世界贸易组织。① 欧盟贸易委员卡雷尔·德古特说，这一自由贸易协定是欧盟迄今为止签署的最雄心勃勃的协定，未来的谈判将以此协定为模板。② 欧—韩自由贸易协定的基本框架类似其他普通的自由贸易协定，最大的亮点主要体现在服务市场，规定了更多投资自由化（解决的问题远超出WTO框架下能实现的市场开放，对服务和工业部门的投资条款进行了深远的自由化）与投资促进（如关税管理）的内容。

2011年11月29日，美国内阁级官员和欧盟委员会召开泛大西洋经济委员会会议，同意共同制定国际投资规则，促进国际投资政策的开放。美国和欧盟将引导第三方国家在将来制定投资政策时遵守一些共享核心价值：承诺制定开放非歧视的投资政策、创造公平竞争环境、对投资者及其投资项目进行保护、国际争端解决的中立、强化透明度和公共参与原则、负责的商业行为、对国家安全考虑的审查、环保、健康、安全、劳工和文化多样性等原则。2012年4月，美国和欧盟就国际投资的共享规则达成正式协议。双方将在各自的投资机制中执行以上规则，并号召其他国家参

---

① 朱颖、王玮：《解析欧盟韩国自由贸易协定》，《世界贸易组织动态与研究》2012年第1期。
② 新华网：《欧盟表示欧韩自由贸易协定将成模板》，http://news.xinhuanet.com/world/2011-07/01/c_121612636.htm，2012年5月5日访问。

照这些规则，共同促进国际投资市场的壮大。①

作为全球最大的国际投资输出主体，同时也是世界主要的外资接受体，②欧盟在投资领域的法律创新势必会影响整个国际投资法律制度，对于第三国来说，欧盟和成员国之间权能的划分，直接影响到欧盟对外缔结国际协定的能力，给第三国投资者的投资活动带来更多发展机遇与生存挑战，影响地区和全球的外国直接投资流动。对于困扰欧盟已久的投资管辖权限问题，《里斯本条约》这把"快刀"，是否可以"立斩"乱麻，并非一目了然；对欧盟及其成员国的国际投资协定影响几何，也须以法律文本为基础，结合条约实践慎重考察。

第二节　欧盟国际直接投资权能的适用范围

几经波折，欧盟终于获得了外国直接投资问题上的专属权能，然而在正式着手运行这一权力、开始布局欧盟未来统一的投资政策时，它还需从另一场大讨论中得出结论：对《欧洲联盟运行条约》第 206 条和第 207 条背景下的"外国直接投资"应作何解释？新权能的适用范围和主要内容如何，是否仅仅适用于外国投资在设立前的进入市场阶段？在《里斯本条约》出台不久，围绕这些问题欧洲学界展开了颇为激烈的讨论。虽然到今天，从欧盟后续出台的一系列配套法律文件中，有些问题已经拨云见日，有了实践的定论，但回顾与反思当初学界对欧盟国际直接投资权能的不同看法，无疑有助于我们从根本上厘清欧盟在国际投资法制中的定位。只有不回避对这些问题的不同观点，才能更准确地把握欧盟权力运行的界限。

一　关于外国直接投资的含义

（一）国际上对外国直接投资的一般定义

在国际投资协定中，"投资"属于关键术语。当外国投资者在东道国

---

①　中国贸易救济信息网：《美国与欧盟就国际投资规则达成协议》，http://www.cacs.gov.cn/news/newshow.aspx?articleId=96866，2012 年 5 月 4 日访问。

②　截至 2010 年，欧盟对外输出 FDI 总计 3.88 万亿欧元，接受输入 FDI 达 3.6 万亿欧元。过去三年间，欧盟占全球 FDI 流量的近 30%。最新数据可见欧盟统计局（Eurostat）网站，http://epp.eurostat.ec.europa.eu/portal/page/portal/eurostat/home。

投资以后，什么是"投资"及其所涵盖的范围，对于为外国投资者提供高水平的保护非常重要。关于"投资"的概念应该适用宽泛的定义还是狭义的定义一直争论不休。现行的双边和区域性投资协定，大多采用宽泛的定义，即投资不仅包括外国直接投资（FDI），也包括各种形式的间接投资。《欧洲联盟运行条约》第 207 条没有给予"外国直接投资"这一概念明确的定义，导致欧盟国际直接投资权能在该条约下的具体身份和界限模糊不清。我们仅仅可以得出：这一概念绝不是更宽泛的"投资"的同义词。条约起草者选择这一术语明显是将欧盟的权能限定在传统意义上对 FDI 的理解。

目前，在世界贸易组织和联合国贸发会议的审议中，多数国家倾向于在未来多边投资框架中使用狭义的投资定义，即仅适用于外国直接投资，排除间接投资[1]——投资者以稳定长期经营为目标，以所有权和管理作为控制手段，牟取投资利益。

国际货币基金组织（IMF）定义的外国直接投资是指一国的投资者将资本用于他国的生产或经营，并掌握一定经营控制权的投资行为。也可以说是一国（地区）的居民实体（对外直接投资者或母公司）在其本国（地区）以外的另一国的企业（外国直接投资企业、分支企业或国外分支机构）中建立长期关系，享有持久利益并对之进行控制的投资，这种投资既涉及两个实体之间最初的交易，也涉及二者之间以及不论是联合的还是非联合的国外分支机构之间的所有后续交易。经济合作与发展组织（OECD）也将其描述为一种通过建立长期关系，并对企业管理施加影响从而享有持久利益的投资。[2]

针对以上两个定义都强调的"持续性收益"（lasting interest），IMF 认为这不是一个时间的概念，而是注重投资者在所投资企业内的股份。通常规定具有 10% 或以上股份的投资者拥有长期的利益。如果不足 10%，但对企业的管理和决策具有直接影响，东道国也能够将之视为外国直接投资。如丹麦和波兰两国签署的双边投资协定中对投资的定义是：在既定投资者对公司的管理事宜具有直接影响前提下，使投资者和公司之间建立一

---

[1] 詹晓宁、葛顺奇：《国际投资协定："投资"和"投资者"的范围与定义》，《国际经济合作》2003 年第 1 期。

[2] 参见 OECD，*OECD Benchmark Definition of Foreign Direct Investment-4th Edition*，available at http://www.oecd.org/dataoecd/26/50/40193734.pdf。

种可持续的经济联系的所有投资。还有一些双边和区域投资协定引入"外国控制权"作为限制条件,从而限定投资的范围,作为区别直接投资与间接投资的关键因素。

(二)欧盟有关外国直接投资的解释

IMF 和 OECD 的定义方式在欧洲法院对原《欧共体条约》第57条2款(现《欧洲联盟运行条约》第64条)出现的"直接投资"的解释中也有所体现——同样强调投资者与投资之间"持久而直接的联系"。[①] 2002年,欧盟委员会在向 WTO 工作组提交的有关贸易与投资关系的报告中也主张,间接投资不应包括在 FDI 中。由此可知,尽管《里斯本条约》并没有对此作出进一步说明,间接和资产组合投资(indirect and portfolio investment),如短期贷款、合同债权或知识产权都不属于共同商业政策中外国直接投资的范畴。

德国联邦宪法法院在 2009 年 6 月 30 日针对《里斯本条约》的违宪诉讼判决中认为:外国直接投资的概念,仅仅包括以取得企业经营权为目的的投资,间接投资不包括在内。欧盟在外国直接投资上的专属权能,仍须与成员国的权能"混合"才能对外缔结双边的投资协定。[②]

对于德国联邦宪法法院的这一结论,欧洲学界和官方均有不同的声音。欧盟委员会在《迈向全面欧洲投资政策的通报》中主张:虽然 FDI 不包括间接投资,但将共同商业政策严格局限于外国直接投资而绝对排斥间接投资的做法,不符合主张共同贸易政策的《欧共体条约》的目标宗旨,共同投资政策不应仅仅围绕实现直接投资本身,还要促进和保护与这些投资相伴的活动:支付、无形资产(如知识产权)的保护等。因此,如果考虑《欧洲联盟运行条约》第 63 条至第 66 条有关资本流动与支付的规定,欧盟的该项专属性权能在相应的程度上隐含间接投资。欧盟对间接投资有话语权。[③] 有学者甚至建议为了保护投资者的知识产权,应对投

---

① 参见 Council Dir. 88/361/EEC of 24 June 1988 for the implementation of Art. 67 of the Treaty, OJ (1988) L178/11, available at: ttp://eurlex.europa.eu/LexUriServ/LexUriServ.do?uri = CELEX:31988L0361:EN:HTML。

② 详见判决正文第 329 段, available at http://www.bundesverfassungsgericht.de/entscheidungen/es20090630_2bve000208en.html。

③ 参见 European Commission, "Towards a comprehensive European international investment policy"(《迈向全面的欧洲投资政策的通报》), p. 9。

资作广义理解，使知识产权可以作为未来投资协定中的投资者财产。

严格从字面意思出发，这项新的权能虽然可以适用于欧盟目前进行的与投资有关的活动，如 WTO 多哈回合谈判的授权、欧盟双边协定以及可能诞生的欧盟投资保险计划，但也只能"部分覆盖"传统的双边投资协定和其他综合性的双边、多边投资文件——这些文件多数都给"投资"下了一个宽泛的定义，直接投资和间接投资同为其保护和促进的对象。因此，明确指出仅仅将外国直接投资纳入共同商业政策的《里斯本条约》，其实已经把外国投资的许多类型挡在了欧盟专属权能的大门之外。当然，这并不是说欧盟无法缔结综合性的投资条约，只是意味着欧盟采取此类行动时必须有成员国的参与，毕竟对间接或资产组合投资的决策权仍然属于欧洲联盟与成员国的共享权能（shared competence）。有理由相信，这一点最可能被单独的成员国加以利用，作为继续参与签订 BIT 的依据——即使他们手中只剩间接投资这一张"底牌"。

有鉴于此，有学者预测未来的欧盟投资协定很大可能仍以混合协定（mixed agreement）的形式登场：(1) 间接投资涉及许多非直接金融工具，不属第 207 条所辖；(2) 由《欧洲联盟运行条约》第 345 条"两部条约不应以任何方式有损成员国规范其财产权制度的规则"可知，成员国对某些征收行为仍享有权能。[1]

二 关于欧盟国际直接投资权能的范围

《欧洲联盟运行条约》第 207 条规定："共同商业政策应建立在统一原则的基础之上，特别是应考虑关税税率的变化、涉及货物与服务贸易的关税与贸易协定的缔结、知识产权的商业方面、外国直接投资、贸易自由化措施的统一、出口政策，以及在倾销或补贴等情况下采取的贸易保护措施。共同商业政策应在联盟对外行动的原则与目标框架内实施……"[2] 从该条款的表面文义看，只能肯定欧盟现在握有国际投资领域的排他性专属权能，但如果进一步考察对这一权能的具体解释，条约只字未提无疑留下

---

[1] Julien Chaisse, "Promises and Pitfalls of the European Union Policy on Foreign Investment—How will the New EU Competence on FDI affect the Emerging Global Regime?", *International Economic Law*, Vol. 15, Issue 1, 2012, pp. 51–84.

[2] 程卫东、李靖堃：《欧洲联盟基础条约——经〈里斯本条约〉修订》，社会科学文献出版社 2010 年版，第 125 页。

了巨大的争议空间。事实上，在《里斯本条约》问世伊始，欧盟国际投资政策的运行趋势还未明朗之时，针对欧盟这一新专属权能的范围与内容，欧洲和国际学者众说纷纭莫衷一是，出现了多种不同的学理解释。

(一) 与贸易有关解释说

这可能是对共同商业政策（以下简称 CCP）中投资事项范围的最狭隘解释。持这种观点的学者认为，依据《里斯本条约》的语境、目标以及谈判历史，"共同商业政策扩张到外国直接投资可以并且应该从狭义的角度去解读……因此引入 FDI 应被理解为仅仅指那些与国际贸易协定直接有关的方面"[①]。科拉耶夫斯基（Krajewiki）教授提出，在欧洲宪法的前期审议期间并没出现任何关于将 CCP 扩张至 FDI 的讨论，这说明欧盟并没有想要超越"与贸易有关"这一界限的意图。[②]

笔者认为这种解释过于狭窄：首先，不能否认 CCP 直接的字面内容是"商业"，即传统的"贸易"之义，但是欧盟的基本文件一直没有对共同商业政策的概念和范围作出明确的界定，而根据欧洲法院的判例实践，可以明确断定它不限于贸易的数量和流量，而是一个能动的概念，具有不确定性，其范围一方面随着欧盟经济一体化的演进而扩展，另一方面又根据国际经贸秩序的变化和需要而更新。[③] 现在，CCP 的范围已经广泛包括各类经济活动，如服务贸易与知识产权等，甚至名为"贸易"的组织 WTO 也一直尝试推出多边投资协定——虽然在多哈回合中遇挫，但投资协定可以置于贸易组织的保护下已不存争议。况且如果《里斯本条约》本有此意，也应该像描述知识产权一样，明确使用"与贸易有关"的限定条件。其次，正如上文所说，CCP 的目标和宗旨将"国际贸易"和"外国直接投资"作为两个并行的禁止限制的领域，证明后者完全可以越过前者的界限而不仅仅被困于"与贸易有关"的方面。

(二) 投资自由化解释说

第二种观点认为新加入的 FDI 仅仅涉及"投资自由化"或"市场准

[①] Cardwell, P. J. &French, D. , "The European Union as a global investment partner: law, policy and rhetoric in the attainment of development assistance and market liberalization?" in Brown, C. And Miles, K. (eds.), *Evolution in Investment Treaty Law and Arbitration*, Cambridge University Press, 2011, p. 6.

[②] M. Krajewiki, "External Trade Law and the Constitution Treaty: Towards a Federal and More Democratic Common Commercial Policy?", 42 *CML Rev.* (2005) 91, pp. 112 – 1114.

[③] 邵景春：《欧洲联盟的法律与制度》，人民法院出版社 1999 年版，第 587—589 页。

入"——排除了"投资保护"下的措施和工具。这一说法的依据是《欧洲联盟运行条约》第 206 条对 CCP 目标的阐述——"逐步取消对国际贸易和外国直接投资的限制"。有学者据此主张:"外国投资只是共同商业政策中与限制外国直接投资有关的部分,而并不涉及针对征收的投资保护。"① 伦敦经济学院的学者斯蒂芬·沃尔库克(Dr. Stephen Woolcock)也指出,某些成员国在解释第 207 条时,将其视为授予欧盟的一项仅与投资自由化有关的专属权能。② 在这种狭义解释下,欧盟只能谈判和缔结一些内容限于准入前的国民待遇而非进入该国市场后的投资保护的国际投资协定,局限性十分明显。

首先,联合国贸发会议的研究显示,东道国法制环境缺乏可预测性已成为阻碍国际资本流入的主要因素。非自由化措施(如征收补偿)和自由化政策一样是整个投资制度的重要部分。其次,欧洲法院在 1/78 号咨询意见中曾说明,共同商业政策的目标不能仅限定于贸易自由化,应该同时包括贸易管制。③ 最后,欧盟专门将 FDI 纳入共同商业政策,目的就在于提高涉外投资谈判的效率,消除错综复杂的权能体系带来的现实障碍。但如果采纳这种解释,成员国缔结国际投资协定的权限就得以保留——这显然与创设新权能的原旨相去甚远。

(三) 实质受限的综合权限解释说

学者塞桑(Ceyssens)主要根据《欧洲联盟运行条约》第 207 条第 6 款④得出,对新的国际投资权能作广义的理解,包括投资自由化和投资管制,但应同时排除两项重要内容:针对征收的投资保护和公平公正待遇的一般标准。他认为,欧洲法院 1/94 号咨询意见暗含的"平行原则"表明,当欧盟在内部市场也不享有关于以上两类政策的内部权能时,就没有必要通过执行一个共同商业政策来保证欧盟对外规则的一致性。⑤

---

① Leczykiewicz, "Common Commercial Policy: The Expanding Competence of the European Union in the Area of International Trade", 6 *German LJ* (2005) 1673, p. 1678.

② Stephen Woolcock, "The Potential Impact of the Lisbon Treaty on European Union External Trade Policy", *Swedish Inst. For Eur. Pol'y Analysis*, June 2008, p. 4.

③ Opinion 1/78, Nature Rubber Agreement (1979) ECR 2871, paras. 39 – 49.

④ 第 6 款规定:"行使由本条赋予的共同商业政策领域的权能,不应影响联盟与成员国权能的划分。此外,在两部条约未要求协调的情况下,也不导致对成员国法律法规的协调。"

⑤ Jan Ceyssens, "Towards a Common Foreign Investment Policy? – Foreign Investment in the European Constitution", *Legal Issues of Economic Integration*, Vol. 32, No. 3, 2005, p. 274.

这一看法也没有得到广泛的支持。首先，有学者指出平行原则对《欧洲联盟运行条约》第 207 条第 6 款并不适用，该原则只能用来决定默示而非明示的外部权能。第 207 条是"在缺乏既存的内部措施时就明示授予了一项专属的外部权能"，因此欧盟在国际直接投资上的权能不应被其目前行使内部权能的那些领域所局限。① 其次，《欧洲联盟运行条约》第 345 条已被作狭义解释为仅仅使成员国保留决定征收是否发生和何时发生的权力，而不包括实施征收的条件。因此欧盟有权决定由欧盟采取的措施对外国投资构成间接征收的条件，同时也有权协调与成员国措施产生的征收有关的成员国法律。最后，公平与公正待遇已经是习惯国际法的一项普遍原则，不论欧盟与成员国之间的权能如何划分，它都应该被支持。排除公平与公正待遇从实践的角度毫无意义。

（四）谈判权解释说

学者洛伦扎·莫拉（Lorenza Mola）认为，新权能只是指在国际投资问题上进行谈判和缔结国际协定的权限，并没有深入涉及任何实质性的权利和义务。换句话说，欧盟只是收获了一项"谈判权"，而非含金量更高的"实权"。这种学说主张，综合考虑欧盟在服务贸易（GATS 和特惠贸易协定）领域的对外权能，欧盟委员会不能宣布放弃履行承诺，而是要寻找成员国间最低限度的共同点，在国际谈判中只能作包容成员国差异的承诺，这样的解释才能与欧共体及其成员国在 GATS 下的具体承诺表相符。因此《欧洲联盟运行条约》第 207 条应解释为：成员国仍保留外国投资问题上的权能，不过需要全体一致的行动，而欧盟理事会授权只有欧盟委员会有权代表成员国发言。②

这种说法也很难站住脚。《欧洲联盟运行条约》第 207 条很明显既包括立法等内部行为，也包括谈判缔结条约等对外行为。相应地，该条不仅授予欧盟条约谈判等程序性的权利，同时也有投资管制等实体性权利。在投资条约的谈判过程中，联盟不能仅仅扮演一个代表联盟和成员国"发

---

① Wouters, Coppens, and De Meester, "The European Union's External Relations after the Lisbon Treaty", in S. Griller and J. Ziller (eds.), *The Lisbon Treaty: EU Constitutionalism without a Constitutional Treaty?* 2008, p. 173.

② Lorenza Mola, *Which Role for the EU in the Development of International Investment Law?* Society of International Economic Law Inaugural Conference, Geneva, 15 – 17 July 2008, available at http://papers.ssrn.com/sol3/papers.cfm? abstract_ id = 1154583.

言人"的角色，应同时享有决定条约实质性条款的权力，否则，引入 FDI 对于加强欧盟的运行效率——《里斯本条约》主要目标之一，作用实在有限。主张这一解释的学者也承认，在国际谈判中，这两种权力很难完全分开。

（五）综合权限解释说

从效率和可行性的角度，如果欧盟采纳前述几种对第 207 条的狭义解释，引入 FDI 的初衷恐怕很难实现，欧盟仍会在共享权能体系"营造"的不协调与不一致的困境中挣扎。《里斯本条约》如此大动作的权力让渡，无非是为了加强欧盟在投资政策的双边或多边谈判中的角色分量。尤其在欧盟近年来忙于新一代自由贸易协定谈判的背景下，这一愿望更显迫切。在这样的呼声下，综合性的国际投资权能说渐渐获得多数学者们的认同和支持。如学者季莫普洛斯（Dimopoulos）就主张，欧盟的 FDI 权能应该广泛涵盖市场准入、资本流动、准入后的待遇（包括最惠国待遇、履行要求和人员自由流动、征收以及投资者—东道国争端解决等）问题。① 这种解释方法有效地囊括了一个典型双边投资条约（BIT）的所有主要内容。事实上，欧盟委员会甚至一些成员国也都赞成对第 207 条作宽泛的解释。不过，这里的"综合性"仍无力彻底解决欧盟不能独立缔结广泛性的投资条约这一"顽疾"。

《里斯本条约》诞生至今已过去两年多，从欧盟后续出台的一系列配套实施文件和采取的具体行动中不难看出，欧盟官方还是坚持自己的立场：新的国际直接投资权能在内容上应是综合性的，不论是投资自由化还是投资保护，不管是投资协定的实体性条款还是解决投资争议的程序性条款，欧盟都拥有决定性的话语权。成员国即使参与，也必须在欧盟的授权或领导下——这已经没有任何争议。但投资促进仍然是各成员国的职权范畴，各国可根据自身情况制定和实施投资促进政策。② 目前仍困扰欧盟的是：虽然《里斯本条约》确认欧盟对 FDI 的专属权能具有里程碑意义，但其赋予欧盟的新权能对于处理国际投资协定的谈判与缔结问题不够全

---

① Dimopoulos, "The Common Commercial Policy After the Lisbon Treaty: Establishing Parallelism Between Internal and External Economic Relations?" 4 *Croatian Yrbk European L. and Policy*, 2008, p. 101.

② 商务部：《欧盟对外投资政策》，http://eu.mofcom.gov.cn/aarticle/ddfg/o/201108/20110807697294.html，2012 年 5 月 4 日访问。

面，欧盟委员会与成员国在这一权能的行使范围上仍不时发生冲突。关于成员国现有的投资协定与欧盟权能的关系，欧盟如何利用该项权能成为未来新国际投资协定的谈判和缔约方，欧盟的对外投资政策将因此朝何方向发展——《里斯本条约》的变化带来了太多理论与实践的疑问。即使是在条约已运行近三年的今天，新权能的行使情况仍未完全明晰，因此针对《里斯本条约》对欧盟在国际投资领域产生的影响作些详尽的梳理和分析十分必要。

第三节 《里斯本条约》对成员国投资条约的法律影响

每当欧盟将其触角延伸到一个已经被成员国已有条约所广泛覆盖的领域——不管是环境、航空运输还是这次的外国直接投资——已有的双边条约应该在什么范围内被修改或替代总会产生诸多问题。

现代 BITs 起源于第二次世界大战后的欧洲，尽管经过五十多年的发展，由 BIT 构建的"国际投资法基础设施"已在世界范围内广泛运行，但 BIT 在欧洲的绝对盛行仍然是毋庸置疑的事实。随着欧盟成员国缔结 BITs 数量的持续攀升，BITs 与欧盟法律体系的关系问题越来越引起人们的重视。以《里斯本条约》的生效为契机，新的国际投资权能是否会改变或者将在什么范围内改变欧盟内部、外部 BITs 的法律环境，值得我们进行深入的讨论，从而理清欧盟在国际投资管辖上的法律模式、发展水平和现实障碍。

一 欧盟内部 BITs

本书所称的欧盟内部 BITs（intra-EU BITs）系指欧盟成员国与成员国之间的双边投资协定。鉴于北北 BITs（发达国家与发达国家之间的双边投资协定）在全球范围内并不常见，所以严格来讲并没有国家以欧盟成员国的身份互相签订过双边投资协定，正如欧盟委员会指出，这些内部 BITs 的存在是欧盟内部市场的一种畸形现象。所有的此类协定都是在缔约国加入联盟后被打上内部 BITs 标签的，如第一代的内部 BITs 就是德国与西班牙、希腊在它们加入共同体之前签订的。① 20 世纪 90 年代初期，随着苏联东欧共产党纷纷丧失政权，东欧国家与欧盟的创始成员国（法国、联邦德国、意大利、荷兰、比利时和卢森堡）签订了不少双边投资保护协定，以期吸引外国投资至刚刚开放的东欧市场。然而随着东欧国家陆续加入欧盟，这些投资协定不得不面对缔约双方均为欧盟成员国的窘境。2004 年前，只有两个欧盟内部 BITs（由德国分别与希腊和葡萄牙签订）。2004 年 10 个新成员国带来了约 150 个内部 BITs，其中多数是 20 世纪 90 年代东欧国家开始向市场经济过渡时签订的。2007 年，这一数字上升到了 191 个。② 在 2004 年和 2007 年两次新成员国的"入会"后，如今的欧盟内部 BITs "大军"蔚为大观，且仍有约 190 个在发挥效力，带来的后果之一就是由欧盟内部 BITs 引发的争端也纷至沓来。

欧盟内部 BITs 本质上都是"加入欧盟前的 BITs"，毫无疑问，它们与欧盟内部市场的规定至少存在部分的重叠。内部 BITs 的现实存在对如何处理欧共体现行法（acquis communautaire）与成员国在 BITs 下的国际法义务之间的关系提出了挑战，包括内部 BITs 究竟归欧盟法还是成员国的国内法所辖、内部 BITs 或它们的条款是否能够继续有效适用以及发生在欧盟内部的投资者—东道国仲裁案件是否与欧盟法律体系冲突等一系列难题。解决这些问题的过程中，可能需要检视内部 BITs 的有些规定是否符合欧盟法的强制性规定。

（一）关于欧盟内部 BITs 的司法实践

荷兰东糖公司诉捷克共和国（Eastern Sugar B. V. v. Czech Republic）一案验证了内部 BITs 的"前途未卜"。1991 年 4 月 29 日，当时的捷克和斯洛伐克联邦共和国为吸引外国投资者到新建立的自由市场经济体投资，与荷兰签署了一项促进与保护投资协定。1993 年，捷克和斯洛伐克联邦共和国分裂为两个主权国家，由捷克共和国继承前述投资协定下的国际义务。2003 年，荷兰砂糖生产商 Eastern Sugar B. V. 与捷克共和国之间产生了投资争端。③ 同年 12 月，依据捷克—荷兰 BIT 第 8 条的约定，争端被提

---

① 希腊于 1981 年、西班牙于 1986 年加入欧洲共同体。

② Hanno Wehland, "Intra-EU Investment Agreements and Arbitration: Is European Community Law an Obstacle?" *International and Comparative Law Quarterly*, Vol. l 58, April 2009, p. 298.

③ Eastern Sugar B. V. v. Czech Republic, Partial Award, SCC No. 088/2004, UNCITRAL, Mar 27, 2007.

交至依据联合国国际贸易委员会仲裁规则（UNCITRAL）成立的临时仲裁庭。同年，捷克共和国于4月16日加入欧盟条约（Accession Treaty），正式成为欧盟成员国，考虑到荷兰原就是欧盟成员国的事实，捷克—荷兰BIT顺理成章变身为欧盟内部BIT。

在本案中，作为外国投资者的东糖公司（Eastern Sugar B. V.）声称，捷克当局对于特定公司采取了差别待遇与不合理措施，从而构成歧视并因此使其遭受损害。仲裁庭经调查后认定：捷克共和国发布的政令不适当地（unduly）"瞄准"了（targeted）东糖公司从而构成一项"不合理的歧视性措施"，违反了投资协定第3条第1项规定的公平和公正待遇（fair and equitable treatment），最后裁决捷克向东糖公司支付2500万欧元的补偿金。捷克共和国辩称：在2004年捷克加入欧盟后，它与荷兰的关系也随之发生变化，捷克—荷兰BIT与欧盟法构成竞合，根据欧盟法的优先性，应自动终止或限制适用先前与荷兰缔结的双边投资协定，因此（1）终止荷兰投资者因BIT享受的利益与保护的做法并无不妥，（2）仲裁庭对该案也缺乏管辖权。

根据联合国国际贸易委员会仲裁规则，是否具有对争端案件的管辖权应由仲裁庭自身认定。对此，仲裁庭坚持认为仅凭一国加入欧盟的事实并不能得出欧盟内部BITs失效、无意义的结论。仲裁庭指出，它一方面注意到不论是捷克作为候选国时的欧盟条约还是捷克加入的欧盟条约，都没有明确规定该投资协定应予以废止；另一方面投资协定本身也没有"如果双方均成为欧盟成员国则该条约即被终止"的说法。这种情况下，仲裁庭只能依据《维也纳条约法公约》继续分析捷克—荷兰BIT与欧盟法的关系。《维也纳条约法公约》第42条第2项规定："终止条约、废止条约，或一当事国退出条约，仅因该条约或本公约规定之适用结果始得为之。"第59条规定："一、任何条约于其全体当事国就同一事项缔结后订条约，且有下列情形之一时，应视为业已终止：（甲）自后订条约可见或另经确定当事国之意思为此一事项应以该条约为准；或（乙）后订条约与前订条约之规定不合之程度使两者不可能同时适用。二、倘自后订条约可见或另经确定当事国有此意思，前订条约应仅视为停止施行。"经考察，仲裁庭认为捷克—荷兰投资协定对这些条件无一满足，因此得出结论：捷克加入欧盟后欧盟法不能自动取代两国之间的双边投资协定，从而确认了自己对该案的管辖权。

考虑到目前有效的内部 BITs 数量众多，在未来仲裁程序中这些 BITs 与欧盟法律体系继续纠缠的可能性，东糖公司一案的意义早已超越了个案的裁决，凸显出在欧盟法律框架内，对所有成员国与投资者统一适用平等权的重要性。

显然，从欧盟的立场看，内部 BITs 可能导致欧盟法的有关问题没有提交到欧盟委员会或欧洲法院，而由有关的国际仲裁庭来处理。一直强调统一、连贯的解释和适用欧盟法的重要性，欧洲法院不会愿意看到其他国际法庭或仲裁庭威胁自己的专属管辖权。早在 1987 年的马泰乌奇（Matteucci）案[①]中，欧洲法院就认为成员国间的双边协定并不能阻止适用欧盟法的平等待遇原则，即便是双边协定的内容不属于欧盟的职权范围，并且在欧盟基础条约缔结前就已签署的双边协定，仍应优先适用欧盟法规定的原则。这一禁止差别待遇原则的重要体现之一即为防止某一成员国仅给特定国籍的国民进行仲裁的机会。同样地，作为欧盟条约的守护者，欧盟委员会也坚决维护欧洲法院的排他性管辖权，如若不然，案件的实体处理结果有可能导致不同成员国的投资者受到的待遇并不平等。2006 年 1 月 13 日，应捷克政府要求，欧盟委员会内部市场与服务总司（Directorate-General of Internal Market and Services）回复指出，为维持法律的安定性，成员国间不应再适用先前缔结的双边投资协定，以避免适用双边投资协定造成的欧盟内部的差别待遇。欧盟委员会在向欧盟理事会经济与金融委员会提出的有关欧盟内部 BITs 的非正式注意（informal note），重申其认为欧盟内部 BITs 没有必要继续存在，应在东欧国家加入欧盟后无保留终止的看法。[②] 经济与金融委员会随后要求全体成员国查核这些双边协定的必要性，并将其计划采取的措施告之。虽然数个欧盟成员国采纳委员会的建议，已宣布终止内部 BITs 的计划，这其中捷克就身先士卒，宣称会终止与其他欧盟成员国签订的所有 BITs，但另外一些成员国对捷克的做法不以为然，包括比利时、德国、荷兰和英国——近年来许多针对捷克的争端均产生于这些国家的投资者。事实上，大多数成员国并不想分担欧盟委员会的忧虑，它们更倾向于维持目前的 BIT 框架，特别是有关征收补偿、投

---

① Case 235/87, Matteucci, 1988 ECR 5589.

② Damon Vis-Dunbar, "EU Members Review Intra-European BITs in Light of Potential Overlap with EU Law", *Investment Treaty News*, 20 June 2007.

资争端解决的议题。① 虽然到目前为止，有关内部 BITs 的争论还未被提至欧洲法院（ECJ），但不同仲裁庭作出不一致裁决的可能性让欧盟内部 BITs 的地位更加扑朔迷离。

（二）《里斯本条约》对欧盟内部 BITs 的影响

当欧盟内部 BITs 遇到《里斯本条约》，当年的东糖公司案是否会有不同的结果呢？换言之，后里斯本时代的欧盟内部 BITs 是否将自动、完全地被终止或被取代呢？即使是《里斯本条约》已运行近三年的今天，各欧盟成员国仍未能给出一致的答案。

首先，由前文所提《维也纳条约法公约》第 59 条可知，作为完全终止某一条约的前提条件，后订条约须与前订条约"为此一事项"（the same subject matter），对于这一点当时的仲裁庭得出否定的结论，因为长期以来在欧盟的法律制度中一直未明确地规范外国投资，欧共体条约（后订条约）与成员国之间的双边投资协定二者在内容上并不相同，尤其是后订条约并没有提供投资者—东道国争端的解决机制——这可是双边投资协定所包含的重要内容！《里斯本条约》生效后，欧盟通过新的专属权能可以提供原先只有双边投资协定才能提供的保护——当然也包括投资争端解决机制，有人据此认为新的欧盟法体系完全可以涵盖传统欧盟内部 BITs 的内容，"为此一事项"将不成问题。但正如前文深入考察所知，欧盟的外国直接投资权能对间接投资"鞭长莫及"，双边投资协定中保护间接投资的部分是欧盟法与 BITs"为此一事项"的最直接障碍，因而很难说内部 BITs 可以被欧盟的外国直接投资权能所终止。

其次，《维也纳条约法公约》第 30 条第 3 项有云："遇先订条约全体当事国亦为后订条约当事国但不依第五十九条终止或停止施行先订条约时，先订条约仅于其规定与后订条约规定相合之范围内适用之。"由此可知，如果欧盟内部 BITs 的具体条款与欧盟法的规定不协调，就无法继续适用。因此有必要考察欧盟内部 BITs 与目前的欧盟条约是否存在"不协调"之处。《里斯本条约》仅规定了一般性（虽然是排他性的）的投资权能，而未对欧盟处理和监管外国投资的细节作进一步说明，如果考虑到目前欧盟还未采取任何行动缔结投资性质的双边条约，就很难说现有的内部

---

① Damon Vis-Dunbar, "EU Member States Reject the Call to Terminate Intra-EU Bilateral Investment Treaties", *Investment Treaty News*, 10 February 2009.

BITs 与欧盟条约存在"不协调"。当然，可能也有人会从另一角度考虑认为，应该通过欧洲层面的适当立法行动让内部 BITs 给予投资者的额外好处普及所有的欧洲投资者，而不是武断地终止已有的权利。换句话说，欧盟应该将现有最高标准的保护广泛适用于欧盟内部。要知道欧盟从成员国手中获得这项投资专属权能可不是为了降低所有欧洲投资者的保护标准，所以如果欧盟不能建立一个专门处理投资争端的机制，无法统一欧盟内部征收和补偿的权利及程序，欧盟内部 BITs 恐怕还不能退出舞台。

事实上，有一点在《里斯本条约》前已经毫无疑问：成员国须承担保证其条约与欧盟法协调一致的义务，内部 BITs 当然也不例外。《里斯本条约》不会对欧盟在这一问题上的既有主张有太大的影响，只会更加强化其立场。不过，欧盟委员会坚持欧盟法的优先效力（primacy of EU law）的立场并不被仲裁庭认可。毕竟，欧盟法的优先效力是欧盟国家内部的规则，作为根据国际法享有管辖权的外部仲裁庭完全不受其约束。围绕既存的欧盟成员国之间的双边投资协定，欧盟与成员国之间还需要进一步的协调，当然笔者认为，严格从国际公法的角度研究，欧盟内部 BITs 和其他任何双边投资协定一样，在被正式终止前仍然具有法律效力。而根据目前的状况，欧盟对外国直接投资的专属权能并不能自动、彻底地终止欧盟成员国相互给予的投资待遇。但有一点影响是可以肯定的：《里斯本条约》已经剥夺了成员国继续签订新的欧盟内部 BITs 的权利——当然是在直接投资的范围内。

二　欧盟外部 BITs

（一）欧盟外部 BITs 概况

这里的欧盟外部 BITs（extra-EU BITs）是指欧盟成员国与非欧盟成员国（第三国）之间缔结的 BITs。欧盟老牌成员国一直是双边投资条约实践的"先锋"。且不说第一个真正意义上的 BIT 就诞生在德国，单从联合国贸发会议（UNCTAD）统计的数据看，全球缔结 BITs 的数量居前十位的国家中就有七个来自欧盟，包括德国、意大利、法国、荷兰、比利时和卢森堡，其中德国稳居榜首。[①] 事实上除了爱尔兰，其他所有欧盟成员国

---

① 参见 UNCTAD, "Recent Developments in International Investment Agreements (2008-June 2009)", *IIA Monitor*, No. 3, 2009, p. 36, available at www.unctad.org/en/docs/webdiaeia20098_en.pdf。

都与第三国签订有双边投资协定。时至今日，欧盟外部 BITs 的数量已经超过 1300 个，几乎占全球 BITs 总数的一半，其中与发展中国家签订的双边投资协定数目尤其庞大。

通过这些外部 BITs，成员国获得了第三国对投资者和投资待遇的特定承诺，如禁止不公平和歧视性的待遇，及时、充分、有效的征收补偿等。这些投资保护的承诺为投资决策中的法律安全性奠定了信心的基础，因此被视为促进和吸引投资的有效手段，特别是在那些本国的当局和经济政策不足以提供此类保护的国家。然而，并非所有的成员国都握有这样的保护伞，也并非所有的 BITs 都规定了一致的高标准保护。成员国目前的投资保护系统显著不均衡：2/3 的成员国签订了至多 70 个 BITs，而同时截至 2010 年 1 月，德国已有 127 个生效 BITs。相应地，因为缺少投资协定，一些成员国吸引外资的能力远远落后于他国。这一情况导致在外投资的欧盟企业无法在公平的环境（一致高度的平台）中经营，它们能享受到的待遇完全取决于在特定成员国的双边投资协定中，这些企业是否被视为本国人（national）。

欧盟外部 BITs 的另一特点是这些条约仅仅规定了投资者进入市场后或准入后的相关待遇，而缺乏与市场准入条件有关的约束性承诺——不管是第三国对成员国投资者，还是成员国对外国投资者。这一做法明显与美国、日本、加拿大不同，这三国近年来均将市场准入的条款加入其所签订的双边投资协定中。

在《里斯本条约》生效以前，欧盟从未与第三国缔结任何投资条约或主要规范投资关系的国际协定。事实上从前文提到的第 1/94 意见开始，就普遍认为共同体的共同商业政策不会延伸至涉及第三国的外国直接投资。欧共体只能与成员国一起合作，与第三国或地区缔结几个含有投资内容的国际协定。如《欧共体—智利联系协定》、《欧盟—加非太经济伙伴协定》、《欧盟—加拿大的全面经济贸易协定（CETA）》以及还在进行谈判的《欧盟—印度自由贸易协定》，都不同程度地规定有 FDI 的内容。欧共体的作用也仅限于此，除此之外，可以说成员国在欧盟与第三国的投资关系中起着决定性的作用。不过，由于欧盟委员会在某些投资事项上与成员国有关权能存在重合和冲突，在相关成员国签订的双边投资协定中，有些内容也涉嫌与欧盟法相悖，这一时期的成员国在缔结、修订和维护它们 BITs 的权力方面也遭到质疑。

（二）关于欧盟外部 BITs 的司法实践

2009 年 3 月 3 日，欧洲法院就欧盟委员会针对奥地利和瑞典提出的违约之诉作出判决。该案以奥、瑞两成员国与众多第三国缔结的 BITs 为焦点，主要围绕 BITs 规定的投资者可保证享受与其投资相关的资本自由移转问题展开争辩。

"9·11" 恐怖袭击让西方意识到，在反恐战中控制甚至限制资本的自由移转非常有必要。在过去的十几年，联合国安全委员会（the UN Security Council）通过许多方法来冻结全球范围内被怀疑是为恐怖主义提供资助的个人和机构的金融资产。欧盟为了执行联合国安委会的要求，也规定了自动冻结措施。为了保障冻结措施的执行力，欧盟委员会开始将目光投向成员国对外签订的 BITs 中的资本自由移转条款，在委员会看来，此类条款是执行冻结措施的最主要障碍。

委员会认为，奥地利与瑞典在加入欧盟前与第三国缔结的双边投资协定中关于资本自由移转的约定，已经对欧盟专享的在特定情形下采取限制性措施限制欧盟和其他国家之间自由移转的权力构成挑战。鉴于这些 BITs 都早在两国加入欧盟前缔结，故须受《欧共体条约》第 307 条（现为《欧洲联盟运行条约》第 351 条）的约束，即"对于拟加入联盟的国家而言，在其加入之前缔结的协议所产生的权利和义务，不受两部条约的影响"。但"在上述协议与两部条约不一致的情况下，有关成员国应采取一切适宜措施，消除已存在的不一致之处"。欧洲法院曾在 1979 年布尔格瓦（Burgoa）案[①]中表态：这一规定符合国际法的原则，其适用不影响成员国对于与第三国在先前缔结的协定下应尽的义务，在尊重成员国法律的原则下，新加入的成员国应与第三国协商修改协定，若无法达成修改的共识则以单方面解约作为最后的手段。欧盟委员会据此认为奥地利和瑞典违反该项义务，因为它们的协定缺乏强制执行冻结措施的明文法律依据，没有规定《欧共体条约》第 57 条第 2 款、第 59 条和第 60 条第 1 款中提到的"假设性"[②] 的限制资本自由流动的措施——即使欧盟委员会尚未采取

[①]　Rs. 812/79, Burgoa, Slg. 1980, S. 2787.

[②]　《欧共体条约》一般允许资本和支付广范围地自由流动，但也授权欧盟部长理事会（Council of Minister）在例外情形下可以采取某些措施，限制资本自由流入或流出于非欧盟成员国家，此为"假设性"之意。

任何具体的冻结措施，其后也未采取行动予以纠正。①

如果成员国限制本国与第三国之间的资本流动，成员国将违反在 BITs 下应承担的国际义务，相对地，如果成员国决定不执行限制措施，尊重 BITs，则它们无法履行欧盟法的义务。奥地利和瑞典辩称，除非限制资本流动的政策措施在现实中通过，否则"不一致"无从谈起。

欧洲法院在判决中作出如下分析：首先承认 BITs 中的自由移转条款原则上符合共同体法；同样地，也同意根据《欧共体条约》第 307 条第 1 款，成员国加入联盟前缔结的条约原则上继续有效，不受其后共同体法要求的义务的影响；但同时认为 BITs 没有规定同意相关成员国采取限制资本自由移转的做法与共同体法不符，因此认定两成员国未能履行其在《欧共体条约》第 307 条第 2 项下承担的义务。② 2009 年 11 月 19 日，欧洲法院在针对芬兰的平行诉讼中重申了这一立场，并强调成员国不仅有义务移除实际已经与欧盟法的规定相冲突的条款，同时也要移除可能会抵触欧盟法的条款，必须保证欧盟法律秩序适当地发挥作用这一优先的利益。③ 欧洲法院此举无疑扩大了成员国在《欧共体条约》第 307 条第 2 项下承担的义务——在冲突还未实际"成形"时，就强加给成员国负担是否妥当呢？

这些案件的影响力并不仅仅限于案件中的当事国，事实上约 1300 个欧盟外部 BITs 都可能因含有类似的资本自由移转条款而不同程度地违反《欧共体条约》，而对于新加入的成员国，欧盟也具有"某种权力"迫使它们检视加入前缔结的国际协定是否与欧盟法律秩序相抵触。联盟在外部 BITs 案件中的获胜也验证了欧盟法的一项基本原则：欧盟法效力优于成员国法——成员国缔结的 BITs 被认为是其国内法律体系的一部分。或者正如欧洲法院在 MOX plant 一案中一样反驳了国际法下的义务可以替代或修改成员国在欧盟法下的义务。

为避免冲突，某些第三国赶在问题发生前采取了更加谨慎的行动。如 2003 年，美国与欧盟委员会以及 8 个准备加入欧盟的中东欧国家成功签

---

① 《欧洲联盟运行条约》第 258 条规定，如成员国在委员会规定的时间内未遵守其意见，委员会可将事项提交欧洲法院。

② ECJ, C-205/06, Commission v. Austria, not yet in the official reports; ECJ, C-249/06, Commission v. Sweden, not yet in the official reports.

③ ECJ, C-118/07, Commission v. Finland, not yet in the official reports.

署了一份谅解备忘录（Memorandum of Understanding），保证美国和这些国家签订的 BITs 与欧盟的法律规定及管理措施相一致。尽管这份文件并不具有国际法上的约束力，欧盟委员会仍得出结论，这将排除农业、视听产品、交通、金融服务、渔业以及能源等领域。① 不久之后，加拿大也效仿美国与欧盟达成了类似内容的协定。②

虽然《欧洲联盟运行条约》第 207 条第 1 项规定将直接投资权能转移给欧盟，但在超过 1300 个由成员国与第三国缔结的双边投资协定中，关于成员国在欧盟法和国际法层面应承担的义务仍然存在诸多不惑。《里斯本条约》生效后，欧盟外部 BITs 将何去何从？已经肯定的是，无论是从一般国际法还是欧盟法的角度，这些 BITs 都不会被立刻叫停。前者有"有约必守"原则与《维也纳条约法公约》第 30 条第 4 项"两当事方之间的条约不会被一当事方与第三方的后订条约所取代"的支持；后者则可能间接受到《欧洲联盟运行条约》第 351 条（原《欧共体条约》第 307 条）的影响。③ 尽管如此，根据新修订的《欧洲联盟运行条约》第 4 条 3 款所奉行的忠诚合作原则，成员国应采取任何普遍的或特定的适当措施，以保证履行源于两部条约的或由联盟机构的法令所产生的义务。成员国应促进联盟任务的完成，并避免采取任何可能损害联盟目标实现的措施，成员国应自动采取适当的措施消除外部 BITs 与欧盟法不一致的内容。如果成员国最终无法完成这种调整，按照欧洲法院的明确说法，就必须承担宣布废除 BITs 的义务。④

（三）后里斯本时代欧盟对外部 BITs 的安排

《里斯本条约》运行到今日，已不存在任何争议的是：成员国再也不能独立决定与第三国缔结双边投资条约，未来的国际投资条约须由欧盟进行谈判或在欧盟的主导下签订，从而替代成员国现有的 BITs。但人们对

---

① Press release by the Delegation of the European Union to the USA, EU/NR 59/03, 23 September 2003.

② 参见 "Canada-Europe Union Reach Deal to Amend Six Investment Treaties", INVEST-SD, *Investment Law and Policy Weekly News Bull*, 13 Oct. 2004, available at www.iisd.org/pdf/2004/investment_investsd_oct13_2004.pdf.

③ 由于第 351 条适用的范围是成员国与第三国在 1958 年 1 月 1 日以前或拟加入欧盟的国家在加入前缔结的协议，所以对于成员国与第三国在 1958 年 1 月 1 日以后缔结的协议还存在疑问，故不能直接适用第 351 条。

④ ECJ, Case c-264/09, Commission v. Slovak Republic, 2011, ECR I-0000, para. 44.

这些外部 BITs 在被正式的欧盟投资协定取代之前会面临怎样的命运仍有疑问。2010 年 7 月，欧盟委员会发布了《关于欧盟成员国与第三国之间双边投资条约过渡性安排的条例草案》，① 2011 年 5 月 10 日，欧洲议会在全体大会上通过了该草案。② 至此，现存的欧盟外部 BITs 终于有了明确的解决方案。

该条例共包括四章，在首章即明确规定条例适用于欧盟成员国与第三国维持、修订或缔结的与投资相关的双边条约，即欧盟外部 BITs。条例不规范欧盟内部 BITs。欧盟委员会详细地规定了成员国与第三国之间维持既有双边投资协定继续有效的条件和程序规则，主要包括：

（1）通知义务：要求成员国必须向欧盟委员会通知（根据条例的规定）它们希望保留的所有协定（已缔结尚未生效的同受约束）。

（2）授权原则：欧盟可以授权准许这些协定在条例生效后继续有效，但未履行通知义务的除外。

（3）审查程序：欧盟委员会必须对被通知的协定进行审查，评定这些条约是否与欧盟法发生冲突，是否不利于欧盟与第三国之间投资协定的谈判或欧盟投资政策，包括在共同商业政策中的特别规定等，但委员会的审查并不涉及欧盟与成员国在投资议题上的权限分配。

（4）撤回授权：有以下情形之一，欧盟委员会可以收回允许这些协定继续有效的授权：当协定与欧盟法发生冲突时，协定与欧盟和第三国的生效协定部分或者全部重合，并且这种特定的重合在后一协定中没有具体说明，③ 协定对欧盟投资政策的发展与执行构成障碍（这些协定的存在阻碍了第三国与欧盟议定条约的意愿），或者在委员会依据《欧洲联盟运行条约》第 208 条第 3 项提交建议的一年内，理事会还没有决定授权启动投

---

① Proposal for a regulation of the european parliament and of the council establishing transitional arrangements for bilateral investment agreements between Member States and third countries, available at http://eur-lex.europa.eu/LexUriServ/LexUriServ.do?uri=COM:2010:0344:FIN:EN:PDF.

② report on the proposal for a regulation of the European Parliament and of the Council establishing transitional arrangements for bilateral investment agreements between member states and third countries, available at http://www.europarl.europa.eu/sides/getDoc.do?pubRef=-//EP//NONSGML+REPORT+A7-2011-0148+0+DO.

③ 比如说，欧盟与第三国缔结了一份自由贸易协定，协定包含与投资有关的条款，六个欧盟成员国签订有规定同样投资条款的条约。如果欧盟与第三国缔结的该协定没有规定将取代成员国与第三国签订的六个协定，这种情况下就适用该条。

资谈判。

此外，欧盟也可以赋予成员国与第三国为修订现存 BIT 或缔结新投资协定进行谈判的权利。成员国应书面通知委员会其谈判的意图（intention），并提供与谈判相关的所有文件。欧盟委员会可以要求以观察员的身份参与成员国与第三国间的投资谈判，协定在签署前应提交至委员会，由委员会评定该协定是否有碍于即将或正在进行的欧盟投资谈判或与欧盟法下的成员国义务相冲突。

在唐克沃克诉共和国检察官（Donckerwolcke v. Procureur de la Republique）一案中，欧洲法院认为即使欧盟根据共同商业政策享有排他性的专属权能，当欧盟具体授权成员国行动时，也允许对欧盟权能的减损。[①]因此，欧盟可以授权成员国继续谈判和缔结 BITs，但应尽早出台一份最终成员国不再享有该项权力的明确时间表。

尽管《里斯本条约》没有为欧盟外部 BITs 规定任何类型的过渡期限，但这并不妨碍欧盟委员会作这样的考虑。2010 年 11 月，条例草案的听证报告建议把对欧盟外部 BITs 的授权时间限制在 8 年以内，最多可延长 5 年。欧盟可通过此举清楚地表达自己的长期目标：欧盟保留有关外国投资方面的专属权能，但会暂时性地偏离该项政策以确保实现向专属权能体系更平稳的过渡。这种过渡期的安排也会使非欧盟成员国国家对该项政策更加了解，使欧盟成员国和外国投资者有充分的时间为即将发生的情况做准备，避免给已经建立的制度体系带来破坏性的改变。通过逐渐淘汰 BITs，欧盟将有机会进一步发展其自身的外国投资政策，缔结为外国投资者提供充分保护的国际投资条约。但在随后正式提交给欧洲议会的草案中，这一过渡条款又被删除，仅仅规定当欧盟与特定第三国签订的条约对欧盟生效后，则该第三国与成员国原有的 BIT 将被撤销授权从而失效。

为了给投资者创造稳定的法律环境，条例规定的审查与核准程序值得肯定，不过在极为有限的时间内要完成约 1300 个协定的审查工作，对于欧盟委员会来说可谓是一项工程浩大的"作业"，况且这一核准更多体现的是一种法律上的宣示意义，而并不具有《欧洲联盟运行条约》第 2 条"专属权能"的效果。鉴于此，欧洲议会对草案进行了修改，包括将欧盟委员会审查 BITs 的权力从强制性改为自由裁量性质、对委员会审查 BITs

---

[①] Donkerwolke v. Procureur de la République, Case 41/76, 1976, ECR 1921.

是否与欧盟法冲突的案件范围进行了限制、对委员会决定撤销授权的案件范围进行了限制。目前条例的草案还在等待欧盟理事会（Council of EU）的审议，不过欧盟委员会作为欧盟法的"护法使者"，在既有的欧盟法体制下，促使成员国的国际协定符合欧盟法规定应是其本职工作，所以过渡条例出台的必要性也的确令人怀疑。不管怎样，欧盟成员国与第三国之间BITs 的明朗前景仍然可以提前预测。

第四节 后里斯本时代欧盟共同投资政策的探索

一 欧盟国际投资条约的谈判与缔结

在作出一项投资决策时，投资者会首先基于市场因素的考虑，如可预期的收益，但也深受经济、政治和法律环境的影响。稳定、健全和可预见的环境才能为投资者创造活跃的投资气氛。共同的国际投资政策并非 FDI 内流或外流的决定性因素，但它可以保证投资者在一个开放、合理和公平规范的商业环境中经营。在《里斯本条约》前，欧盟虽有谈及投资事项的国际条约，但没有任何一个属于专门、综合性的投资协定。与 BITs 为外国投资提供的实质性和程序性的保护相比，欧盟对外签署的条约在投资问题上不成体系，难成气候。随着后里斯本时代的到来，欧盟开始凭借外国直接投资的专属权能着手布局欧盟的共同投资政策。考虑到欧盟此前缺乏谈判和缔结双边投资条约的经验，普遍认为应利用过渡期逐步形成欧盟的投资政策。

2010 年 7 月 7 日，作为欧洲共同投资政策发展的第一步，除上文谈到的关于欧盟外部 BITs 过渡安排的条例草案，欧盟委员会还公布了《关于迈向全面的欧洲投资政策的通报》（"Towards a Comprehensive European International Investment Policy"，以下简称《共同投资政策通报》）。[①] 文件将投资视为共同商业政策的新重点，初步探究了欧盟应如何出台一套共同的国际投资政策，预示今后欧盟将改变 27 个成员国各自为政的局面，作

---

① 参见欧盟委员会向欧盟理事会、欧洲议会、欧洲经济与社会委员会以及地区委员会提交的通报，"Towards a comprehensive European international investment policy"，available at trade. ec. europa. eu/doclib/html/147884. htm。

为一个整体与第三国缔结投资协定，从而提高谈判的筹码。无疑，通报将加强欧盟在国际投资问题上的一致性，提升欧盟的竞争实力，实现智慧（smart）、永续（sustainable）、包容（inclusive）性增长的发展目标。①

欧盟国际投资协定范本，被不少人视为未来欧盟谈判、缔结投资条约的基础，但不难想象，这一颇具诱惑力的想法无论在实体法部分还是程序性规则上都面临诸多现实的挑战，如投资和投资者的定义，授予东道国的"政策空间"范围，可持续发展的要求以及最重要的投资争端解决的程序机制。从一定意义上看，《欧盟自由贸易协定投资最低纲领》就颇具欧盟投资协定范本的雏形。但是正如《共同投资政策通报》所言，一个"一刀切"（one-size-fits-all）的投资协定范本既不可行也不可取。和第三国的每一次谈判都有特定的背景，很难想象一个范本能同时满足不同经济体的要求。即使有这样的投资协定范本，其是否能成为谈判的有效工具也颇受质疑。典型的例子就是挪威曾满怀雄心地出台了一套 BIT 范本（内容包括环境保护和劳工标准），但在实践中从未被第三国接受。从积极的角度看，范本可能会在不断推进的实践中慢慢成形，但至少目前欧盟并没有将国际投资协定范本作为其开展新投资政策的首选，而是将实用主义作为未来与第三国谈判的基本策略。当然，对欧盟 BIT 范本的设想建立在欧盟有权也有能力以自己的名义谈判、缔结条约的前提下，为此欧盟要面对来自成员国与现行欧盟法的诸多挑战，譬如签署同时包括直接投资和间接投资的条约时，欧盟与成员国就间接投资议题如何协调的问题。或许在后里斯本时代，欧盟正如德国宪法法院的判决中所写，会继续与所有成员国共同作为缔约一方与第三方达成混合协议（mixed agreement），如欧盟与韩国之间的自由贸易协定。

可见，对于欧盟的共同投资政策来说，条约有无范本以及采用何种形式并非头等大事。真正的首要问题是：（1）切实完善投资保护的标准。这需要明确许多概念的定义，创设新的权利和义务，在规则制定时大胆革新，给国际投资制度注入新生的活力；（2）转变对投资自由化的态度，优先考虑"设立权"模式，使欧盟的政策范式向投资自由化转变。

---

① 欧盟委员会在 2010 年 3 月发布的《欧盟 2020 战略》首次提出了智慧、永续、包容性增长的目标，详见 http://ec.europa.eu/europe2020/index_en.htm。

（一）完善国际投资协定的实体性条款

1. 提高投资保护的标准

欧洲议会在 2011 年 4 月 6 日发布关于未来欧洲国际投资政策的决议，决议案要求欧盟委员会尽早出台对投资保护的明确标准，如"公平公正待遇"、"全面的保护和安全"、"征收条件"以及"非歧视标准"等。这些标准为投资者和投资建立了实质性的保护，但在不同 BITs 中的规定参差不齐，加上仲裁庭对此有很大空间的解释权，使得在法律可预见性方面不能满足投资者的基本需求。

（1）公平公正待遇

公平公正待遇广泛存在于目前的大多数国际投资协定中，但对这一待遇标准却没有明确的定义，因而成为最具争议性的条款之一。近年来 ICSID 的仲裁案例中，普遍认为公平公正待遇的要点包括：要求提供稳定和可预见的法律与商业环境、不影响投资者的基本预期、不需要有传统国际法标准所要求的专断和恶意、违反公平公正待遇条款必须给予赔偿。[1]

有关学说和实践对公平公正待遇的概念与范围一直存在分歧。这些不同的解释在欧盟各国的条约实践中也体现得淋漓尽致：有些成员国的 BITs 认为公平公正待遇是包括所有渊源在内的国际法的一部分，它不限于习惯国际法，还应考虑一般法律原则、现代条约以及其他公约的义务；另一些成员国的 BITs 则将公平公正待遇视为仅仅是习惯国际法最低待遇标准的一部分。因此，欧盟必须应对与此相关的两项挑战：一是逐步实现与第三国在公平公正待遇问题上的和谐共识，例如中国对公平公正待遇有不同的定义，欧盟就必须为两方达成统一的定义作出努力；二是当务之急是如何在欧盟投资条约中对公正公平待遇加以最合适的定义，这一点对欧盟来说更具挑战性，因为无论是成员国国内法还是欧盟法体系都没有像公平公正待遇一样广泛、综合的国际法义务。

在投资条约中，由于缔约谈判的历史与背景不同，条约的具体措辞不同，缔约双方的意图不同，公平公正待遇在条约中的意义也不尽相同。鉴于仲裁庭不仅仅负责投资争端的解决，也参与规则的解释甚至创造规则，

---

[1] 余劲松、梁丹妮：《公平公正待遇的最新发展动向及我国的对策》，《法学家》2007 年第 6 期。

欧盟很可能采取较为谨慎的做法，将习惯国际法的最低待遇标准纳入投资条约，反面列举违反公平公正待遇的行为类型，从而降低仲裁庭任意宽泛解释的危险。

(2) 间接征收

对于间接征收，欧盟成员国在实践中并没有形成一致的做法。英国、法国、德国的 BITs 不包含间接征收，而其他国家的一些 BITs 则同时覆盖直接和间接征收。在这种背景下，未来的选择尤为重要：一旦欧盟将间接征收纳入投资条约，就意味着 BIT 将为外国投资者提供保护以应对无法合理预测的投资环境的剧烈变化。

即使是已经包含间接征收的 BITs，也存在实施的现实障碍。一方面，间接征收缺乏明确清晰的定义；另一方面，近年来越来越多的仲裁庭裁决无法将间接征收与政府免于补偿的管制措施区分开来，现在这一区别仍需依据个案的实际情况判断，使得这一领域的诉讼往往无法预测。为此，美国和加拿大最新一代的投资规范（多为自由贸易协定中的投资专章）都引进了专门的语言和确定的标准，如《多米尼加—中美洲自由贸易协定》（DR-CAFTA）就走在前沿，明确规定了"间接征收测试"，在传统标准的基础上添加三项参数：(1) 明确将"间接征收"和"相当于征收或国有化的措施"（measures tantamount to expropriation or nationalization）合并为一个概念；(2) 以附录的形式对征收条款补充规定，专门列举间接征收标准；(3) 明确允许非歧视的政府管制。美国、加拿大的率先尝试为欧盟委员会提供了未来条约设计的灵感来源，欧盟很可能将在自己的投资条约中澄清间接征收的概念，加入比例测试，提供覆盖直接和间接征收的高标准保护，避免仲裁庭作任意宽泛的解释。

尽管根据《欧洲联盟运行条约》第 345 条，欧盟法不应以任何方式有损成员国规范其财产权制度的规则，但欧洲法院的判例说明，这一规定并不影响根据条约基本规则而豁免征收措施，包括设立自由和资本流动自由。① 欧盟委员会在此强调了较高标准的征收保护：欧盟的征收措施必须非歧视且与立法目标相称即充分地补偿。因此，欧盟必须在它自己未来的投资或混合协定中加入有关这一事项的确切条款。

2. 转变投资自由化的政策范式

传统上，美国、加拿大的 BITs 都含有"设立权"（right of establish-

---

① ECJ, Judgment of 6 November 1984, Fearon, C-182/83, ECR, 1984, p.3677.

ment）的规定，即在外国投资设立阶段和设立之后给予外国投资者以国民待遇和最惠国待遇，并附有例外和保留。此类条款旨在促进投资自由化，减少东道国对外国直接投资的控制。严格来说，美式 BIT 并不区分投资的设立前和设立后阶段，因为在许多情形下，二者之间的区别很难划分出来，尤其是当"投资"采用非常广泛的定义时。此外，在国际投资协定中，国民待遇和最惠国待遇在外国投资的进入问题上更显重要，但并不影响东道国禁止私人投资进入某些特殊性质的部门领域，如金融服务等。与之相反，欧盟 27 个成员国签订的大多数 BITs 采用的是"准入条款"（admission clause）模式，即允许东道国实施对外国投资的准入和审查机制，由此确定外国投资准入的条件。这类协定主要关心的是投资者进入东道国后能够享有的待遇，因此对外国投资并不提供自动的准入和设立，而更强调东道国政府对外国投资拥有自行决定的控制权力。

《共同投资政策通报》强调，"全面"的共同投资政策应更好地反映投资者的需求——覆盖从企划到盈利或者说从准入前到准入后的整个阶段，因此投资自由化和投资保护的统一十分必要。这一说法虽没有明确的直言，但也暗示了欧盟委员会希望改革的方向：欧盟的国际投资协定应该摒弃对准入条款的依赖，而充分借鉴美国 BIT 范本的做法，即赋予外国投资者设立前的权利（pre-establishment rights）。通报指出，欧盟已开始在多边和双边条约中弥补"准入"模式的缺陷：在多边层面，GATS 规定了通过商业存在提供服务的履行承诺框架（GATS 第 1 条模式 3）；在双边层面，2010 年欧盟与韩国达成了自由贸易协定，包含投资者进入市场和设立的规定。与成员国 BITs 形成强烈对比的是，欧盟在处理与发展中国家的投资关系时，投资协定均规定有设立前的权利，这体现了在国际经济竞争中，欧盟力争保持其相对美国、日本的竞争优势。

从单纯的设立后到设立前和设立后的统一模式的转变，欧盟承诺坚持开放的投资环境，欢迎外国投资者和投资大规模入驻欧洲的经济和社会。同时，欧盟也力求保证欧洲的投资者在国外享受到公平的竞争环境，积极推动取消对投资的限制，为投资创造统一优化的条件。通报指出未来欧盟与第三国伙伴之间的投资关系是"双向行驶的车道"（two-way street）——互利互助为其本意。这样的认识也是对现实的反应：欧盟成员国不再仅仅是向发展中国家输出 FDI 的母国了，越来越多情况下以吸引新型投资者（如中国的主权财富基金）投资的东道国身份出现。

3. 促进投资者与东道国的利益平衡

当代国际投资法的一个趋势是综合平衡政府行政以及维护发达国家、发展中国家与投资者之间的利益。作为一直困扰国际投资法的两难命题，投资者的权利与东道国的监管权益（state regulatory interests）之间的平衡也是未来欧盟投资政策面临的棘手问题之一。一方面，投资者期望的是法律的确定性、对其投资的保护以及利润的实现；另一方面，投资东道国通常都希望保留最大限度的管理自由以应对来自本国或全球的挑战。越来越多的支持者也认为，离开具有约束力的监管，实在无法轻信跨国公司会以"良好企业公民"的标准自觉行事，也很难相信第三世界国家的发展不需要政府坚持必要的政策空间以维护本国的人民利益与基本需求，更不必说实现公司取代政府的职能。

新权能使欧盟拥有了足够的权力对某些政策（如国家安全、公共秩序、环境保护政策）实施干预，但也必须保证对欧盟投资者的保护不会低于《里斯本条约》之前成员国投资协定的规定。欧盟必须在二者之间寻找到一个平衡的位置——当然这绝非易事，尤其是考虑过往一些公民社会组织对欧盟投资政策在某些方面的反对态度。根据《欧洲联盟运行条约》第205条的规定，共同投资政策必须遵循联盟在国际舞台上行动所一贯坚持的原则与目标——《欧洲联盟运行条约》第五编第一章规定的原则、目标和一般条款，如促进法治、人权和可持续发展等，在这一方面，OECD 正努力更新的《跨国企业准则》可以成为平衡投资者权利与义务的参考。

《共同投资政策通报》客观地认识到，在可预见的未来，只在欧盟权能力所能及的范围内实现如此全面、超越国界的投资协定选择缺乏现实的考虑，所以部门性的条约（sectoral agreements）可能是更现实、接受度和操作度更高的选择。同时，《里斯本条约》可能为欧盟重拾之前未能成功的多边投资协定提供一次机会，多边行动的可行性在长期计划中可以进一步考虑。

整体而言，欧盟目前对共同投资政策的规定较为笼统，对于许多的法律与政策问题并未提及或浅尝辄止，还无法为投资者勾画出明晰的投资法律图景。根据《共同投资政策通报》的设想，其短期目标是在正在进行的贸易谈判中实现将投资一体化融入共同商业政策。2011 年 9 月 12 日，欧盟总务理事会（General Affairs Council）批准了欧盟—加拿大、欧盟—印度、欧盟—新加坡特惠贸易协定（PTAs）的谈判授权，预示欧盟将用综合性的贸易协定替代内容单一的传统 BITs。尽管欧盟及其谈判伙伴都有意扩大谈判的议题范围，使其涵盖整个投资领域，但这些谈判目前仅仅关注了投资者的市场准入问题。显然，欧盟不会轻率地缔结双边投资协定，《共同投资政策通报》在中期计划中才提及当情况允许且必要时，欧盟才会考虑缔结单独的投资协定，并将缔约的对象圈出——必须是对欧洲投资策略有重大影响的国家，如拥有大比例新建投资（greenfield investments）的中国、充满机遇与挑战的俄罗斯等。不论以何种形式，欧盟力求为外国投资者建立一个更加稳定、开放、健全、可预见的商业环境不会改变。否则，第三国恐怕很难愿意与欧盟缔结投资条件远远比不上原成员国 BITs 的投资协定。

（二）关于投资争端解决机制

国际投资保护的有效性很大程度取决于是否具备一个争端解决的有效平台。投资争端解决条款在投资条约中具有基础性的地位以至于它的缺失会削弱投资者对东道国的信心，进而影响东道国吸引外资的实力。在这一关键问题上，欧盟在《能源宪章条约》（ECT）的实践颇具启发性（欧盟及其成员国均为《能源宪章条约》的成员）。在国际投资领域，ECT 的争端解决机制走在前列，代表了国际投资争端解决方式发展的趋势。条约规定了投资者与国家之间的争端解决程序（第 26 条）和国家之间的争端解决程序（第 27 条）两种形式，形成有机联系的整体，其中前者适用于东道国促进与保护投资方面的义务，后者适用于关于条约的适用和解释。预计未来欧盟也将在国家—国家和投资者—国家这两个层面打造属于自己的国际投资争端解决机制。

1. 国家与国家之间的争端解决程序

近些年来，欧盟在谈判时对共同商业政策领域的国际协定给予了更多法律执行力上的考虑。最直接的体现是欧盟最近缔结的自由贸易协定中都含有便利、有效的国家与国家之间（state-to-state）的争端解决机制。欧盟委员会也指出，在自由贸易协定（FTA）中纳入投资条款，有一点对投资东道国有利：自由贸易协定通常并不赋予投资者针对国家的诉权，而仅规定国家与国家之间的仲裁程序。

2. 投资者与东道国之间的争端解决程序

除了通过国家与国家之间的机制，为了保证投资条款执行的有效性，国际投资协定一般的做法是规定投资者—东道国的争端解决机制，允许投资者直接将国家（政府）诉至有约束力的国际仲裁庭，这是欧盟目前最大的"软肋"。在《关于迈向全面的欧洲投资政策的通报》中，欧盟称将力争在成员国实践的基础上将投资者—东道国争端解决机制发展到新的高度，主要的着力点有：

(1) 透明度问题

欧盟将秉承其在 WTO 的做法，保证投资者—东道国争端解决程序以透明的方式进行，包括公开如仲裁申请等有关的文书、召开听证会、听取法庭之友的意见（amicus curiae briefs）以及公布仲裁裁决等。

(2) 争端和解释的一致性与可预测性

在晚近的国际投资仲裁中出现了相同或类似投资条约条款或条款涉及相同或类似投资权利被不同仲裁庭作出不同甚至完全相反的解释，损害了投资者对投资条约所能提供的保护的预期。[①] 为了解决或减少这一现象，欧盟认为在某一特定的投资协定下，应考虑采用常设仲裁员（quasi-permanent arbitrators）和创设呼声不断的仲裁上诉机制。

(3) 仲裁进行的规则

BITs 框架下争端解决选择的主要平台是国际投资争端解决中心（ICSID），但不论是欧共体还是欧盟都不是 ICSID 的缔约国。ICSID 公约第 67 条规定："公约应开放供国际复兴与开发银行的成员国签字，也向参加国际法院规约和行政理事会根据其成员的 2/3 多数票邀请签署公约的任何其他国家开放签字。"欧盟作为一个超国家性质的主体，缺乏取得 ICSID 公约（即《华盛顿公约》）成员资格的可能性。有学者认为，除非修改《华盛顿公约》的规定，否则 ICSID 争端解决机制对欧盟未来缔结的国际投资协定根本无能为力，但考虑到《华盛顿公约》成员国数量众多，如果欧盟委员会要与利益相关方一一探讨欧盟寻求加入 ICSID 公约的可能性，恐怕绝非易事。联合国工业发展组织（the United Nations Industrial Development Organization）的顾问彼得·翁德鲁谢克（Peter Ondrusek）认为，欧盟变成国际投资争端仲裁机制中的一方并不存在任何理论上的障碍，相反，部分现有的国际投资者—东道国仲裁制度才真正需要扫清阻碍以切实适应欧盟的特殊性。[②] 当然，也有学者认为欧盟在 ICSID 遇挫并不代表欧

---

① 刘笋：《国际投资仲裁裁决的不一致性问题及其解决》，《法商研究》2009 年第 6 期。

② Peter Ondruskek, *EC and Investor-State Dispute Settlement: Some Thoughts*, BIICL, Investment Treaty Forum: European Law and Investment Treaties: Exploring the Grey Areas, Dec. 4, 2008.

盟的投资者—东道国争端仲裁成为一个现实的难题，它可以与谈判对方国家商议，约定同意外国投资者将争端提交临时仲裁（如根据 UNCITRAL 规则设立的仲裁庭）。①

（三）关于欧洲议会的影响

《里斯本条约》一方面为欧盟开展对外一致的投资政策提供了法律依据，另一面也增添了某些新的干扰因素，如欧洲议会的实质性参与。《里斯本条约》对欧洲议会的权力给予了极大的关注和立法保障，使其成为《里斯本条约》最大的赢家。②

在《里斯本条约》生效前，欧洲议会对欧盟外交政策只有原《欧共体条约》第 238 条规定的"咨询权"，即欧盟理事会在缔结联系协定前应当与欧洲议会协商，真正负责制定和执行外交政策的是欧盟委员会，有批准权的是欧盟理事会。虽然在实践中，欧洲议会"似乎"有时通过联系协定或合作伙伴协定在共同商业政策领域拥有某种事实上的影响力，但也仅能在个案中实现，且其正当性随时可遭到欧盟委员会和理事会的质疑，远不能与法律明文规定的权力相比。不论是 1987 年的《单一欧洲法案》，还是 1993 年的《欧洲联盟运行条约》或者是 1997 年的《阿姆斯特丹条约》，在不断扩大欧洲议会权力时，都将共同商业政策排除在外。③ 彼时欧洲议会"人微言轻"，影响力十分有限，既不能参与贸易政策的立法，也不能染指欧盟对外贸易谈判。总之，欧洲议会在共同商业政策问题上几乎没有任何话语权，更不要说进一步干涉投资议题了。

有《欧洲宪法条约》屡遭欧洲"民主赤字"重创的前车之鉴，《里斯本条约》改变了这一切。为了强化欧盟的民意基础，提高决策过程的透明度，条约推出了共同决定程序（co-decision process）④ 的"升级版"——普通立法程序（ordinary legislative procedure），并扩大了适用范围（共有 85 处

---

① Wenhua Shan, Sheng Zhang, "The Treaty Of Lisbon: Half Way Toward a Common Investment Policy", *European Journal of International Law*, November 2010, p. 13.

② Yearbook of the EPP-ED Group in the European Parliament 2008, p. 324.

③ 《单一欧洲法案》增加了欧洲议会的同意权、合作程序；《欧洲联盟运行条约》引入了共同决定程序；《阿姆斯特丹条约》简化了共同决定程序，增强了欧洲议会的否决权。

④ 欧盟立法程序的一种，与"咨询"（consultation）、"同意"（assent）不同，在共同决定程序中，欧洲议会不仅仅提出自己的看法，它拥有和欧盟理事会同等的立法权力，建议草案在欧洲议会可能要经过三读，如果该草案在欧洲议会遭到拒绝，理事会就不得采纳。

可适用，其中41项为新增），延伸到了联盟几乎所有重要领域。① 这一做法很大程度上增强了欧洲议会的权力，也使其在决定欧盟未来投资政策中扮演一个新的重要角色——赋予其决策参与权。在《里斯本条约》下，依据《欧洲联盟运行条约》第207条第2款的规定，确定共同商业政策的框架，必须在欧洲议会的参与下，并且按照普通立法程序、以条例的形式进行。这意味着《里斯本条约》生效后，欧盟理事会不能再以决议等形式，单独落实共同贸易政策，共同贸易政策的实施措施必须以普通的立法程序，由欧洲议会进行完全、实质性的监督，才能合法有效。第218条第6款第1项又规定，欧盟理事会在通过缔结协议的决定时，如果是涉及适用普通立法程序领域的事项的协议，则应获得欧洲议会的同意。这意味着以后欧洲议会对共同商业政策领域的国际条约有批准的权力。根据《欧洲联盟运行条约》第13条第2项规定的有限制个别授权原则，欧盟不能再采取裁量的个别贸易政策。而且以"条例"的形式立法，不需要成员国的转换立法，增加了共同贸易政策施行的确定性，提高了执行的效率。

目前还不清楚欧洲议会将如何行使它的新权力，但随着欧盟一体化的持续推进，这一权力的影响不断深化当是一种必然。鉴于议会缺乏与对外贸易政策有关的经验，预计仍需要一段时间的积累。不过，在对未来的欧洲投资政策进行展望时，我们可以预见到欧洲议会会根据自己的"口味"为共同商业政策引入一些从前没能引起重视的"新鲜元素"，如社会权利、人权、环境保护等主题。在未来的欧盟双边投资协定或自由贸易协定的投资专章中，这些新元素的分量越来越重将不足为奇，因为考虑到欧洲议会享有的共同决定投票权（co-decision voting power），欧盟委员会和成员国不得不慎重考虑这些问题以获得来自欧洲议会的充分支持。这一点在现实中已有所体现。欧洲议会负责欧盟投资政策的委员会就已经针对成员国现有的BITs表达了强硬的观点，称其为"新殖民"（neo-colonial）主义，是发达成员国国家"剥削"（exploit）发展中国家的工具。毫无疑问，欧洲议会的态度是立即终止成员国现有的BITs，尽早出台更具公平意义的欧盟BITs。② 近些年，许多非政府组织也一直呼吁重视企业的社会责任

---

① European Parliament Seminar, *Codecision Procedure after the Lisbon Treaty*, 17 November 2009.

② Nikos Lavranos, "New Developments in the Interaction between International Investment Law and EU law", *The Law and Practice of International Courts and Tribunals*, No. 9, 2010, pp. 430 – 431.

(corporate responsibility),强调在 BITs 中应体现人权保护和可持续发展理念的必要性。这些组织的作用也不容小觑,它们对欧洲议会的游说能力非常强大,很可能抓住这次机会向欧盟施压,要求出台新的更公平的投资政策。

值得注意的是,欧洲议会一直以来对中国的态度都不友善,有人担忧《里斯本条约》对欧洲议会的"器重"可能会对中欧未来新的伙伴协定或投资协定造成冲击不无道理。如果欧洲议会在这些协定谈判过程中高举"人权"的大旗——近年来在国际投资法领域人权问题本就是关注的热点,那么欧盟的国际投资条约势必带有越来越浓的政治化色彩,对投资协定谈判的阻碍作用不难想象。虽然眼下不能夸大这种负面的影响,但对《里斯本条约》带来的这一可能性也要有所准备,毕竟欧洲议会的参与必然会使欧盟对外谈判更加复杂化。

二 中欧国际投资法律框架

(一)中欧直接投资关系概况

虽然中国和欧盟互为对方的第一大贸易伙伴,① 但两地区间的投资交流并不平衡。一方面,如果从历年累计投资金额看,欧盟是中国第四大外资来源地。不考虑中国的香港和台湾地区,欧盟事实上已经是中国最大的外资来源地,领先于日本和美国。除了投资额度,更重要的是欧盟对华直接投资一直是中国通过吸引外国直接投资获取先进技术和设备的重要来源,投资领域从传统的制造业向更高端的产业拓展。② 另一方面,作为投资目的地,欧盟对于中国投资者来说,仍是一块开发不足的热土。受税率、监管、文化和语言阻碍等多种因素的影响,中国对欧盟的投资一直以来并不是很多。在中国对外直接投资存量中,欧盟所占比例一直低于3%。从流量上看,一直都低于4%。2009 年,受对卢森堡投资激增的影响,欧盟在中国对外直接投资流量中达到5.3%,却已是历史最高水平。③

---

① 2004 年欧盟取代日本成为中国最大的贸易伙伴,2011 年 7 月中国取代美国,成为欧盟第一大贸易伙伴。

② 谢九:《中国欧洲互为最大贸易伙伴 欧债危机影响显著》,http://news.ifeng.com/shendu/slshzk/detail_2011_11/23/10843205_1.shtml,2012 年 2 月 10 日访问。

③ 李众敏:《欧洲主权债务危机与中国对欧盟投资》,http://www.iwep.org.cn/info/content.asp?infoId=4822。

当然，这与中国的直接投资主要流向发展中国家（地区）有直接关系，在对发达国家（地区）的投资存量中，欧盟占比居首位。[①]

近年来，欧盟对中国企业的吸引力不断上升，投资流量增长迅猛，尤其是次贷危机和欧洲主权债务危机的爆发为中国对欧洲的直接投资提供了更多发展的契机。在经济增长放缓、失业率居高不下的背景下，欧盟各成员国纷纷放松对外资的审批。加上欧债危机对于欧洲企业和一些以欧美为基地的跨国企业影响较大，给中国企业创造了低成本收购的机会。不过，欧盟成员国对中国国有企业在欧洲的投资，尤其是对一些战略性产业的收购相当敏感，疑虑重重。总体而言，欧盟作为中国企业的直接投资目的地仍具有很大的开发潜力。

虽然中欧之间的相互投资正蓬勃发展，但迄今尚无一个整体指导和保护中欧投资关系的最基本的且具有法律约束力的文件，这与中欧全面战略伙伴关系的现状和发展趋势不相适应。尽早启动中欧投资协定的谈判，成为双方共同的需要。

（二）中欧国际投资法律新框架的展望

目前欧盟有 26 个成员国与中国签署有双边投资协定，[②] 为未来中欧双边投资法律框架提供了现实参考的基础。从可能性角度出发，构建这一框架大致有三种形式的选择：涵盖市场准入和投资保护的综合性投资协定；单独的投资保护协定，用以替代现有的成员国与中国之间签订的 BITs；非单独的投资协定，采用含有投资内容的综合性协定，如中欧伙伴合作协定。

《里斯本条约》生效前，欧盟就曾表示中国肯定是欧盟开展双边投资谈判的优先目标国家。这一说法在《迈向全面的欧洲投资政策的通报》中也得到印证。2011 年 7 月 14 日中国商务部部长陈德铭在与欧盟委员会负责贸易事务的委员德古赫特进行中欧经贸混委会会谈后表示，中国和欧盟同意就双边投资协议进行谈判。2011 年 9 月，德古赫特在中国欧盟商会发布《2011/2012 年欧盟企业在中国建议书》的研讨会上透露，最早将

---

① 参考商务部、国家统计局、国家外汇管理局发布的《2010 年度中国对外直接投资统计公报》，http：//hzs.mofcom.gov.cn/accessory/201109/1316069604368.pdf，2012 年 2 月 10 日访问。

② 根据商务部条法司数据，在 27 个欧盟成员国中，爱尔兰没有与中国签订双边投资协定。该数据缺少 2004 年 4 月 15 日签订的《中华人民共和国政府和拉脱维亚共和国政府关于促进和保护投资的协定》，http：//tfs.mofcom.gov.cn/aarticle/Nocategory/201111/20111107819474.html，2012 年 2 月 10 日访问。

于 10 月正式启动中欧投资协定谈判。① 这一说法最终未能如愿,但在 2012 年 2 月第十四次中欧峰会联合公报中,中欧双方从以往单一强调双边贸易的重要性逐渐转向更关注双边投资,中欧投资协定的谈判也指日可待。

根据目前的消息可知,欧盟主要的疑虑是中国缺乏透明度的环境以及规则难以执行贯彻的现实;而中方最大的质疑是欧盟成员国双边投资协定和欧盟法之间的关系导致的法律的不确定性。中欧双方围绕双边投资协定的具体内容表达了不少看法:

1. 在建立投资前(pre-establishment)的敏感性问题

中方强调,作为发展中国家,其希望在投资领域保留充分政策空间。同时也直言,中国在市场准入路径的进一步发展以及修改或制定一个目标清晰的投资目录的政策方面还没有做好准备。中方的态度似乎是很难在机构建立前的进一步自由化上作出妥协,中国依然对外商投资进行指导。

欧盟认为欧洲投资者在华遭遇到诸多壁垒,特别是在当前经济危机的背景下,没有理由限制外商直接投资。此外,国际投资协定正从促进和保护投资向为投资提供自由化和便利化发展,因此,包含市场准入的综合性投资协定是更优的选择。

2. 有关争端解决的问题

在投资争端解决的问题上,中方对欧盟内部的差异以及与国际仲裁程序相关的不确定性存有疑问。现行的投资者—东道国争端解决机制不平衡,东道国的权益没有得到充分的重视。欧洲学者则建议为投资者—东道国争端解决过程设定固定的时间框架,以保证东道国不会拖延程序。

3. 劳工标准

在欧盟贸易部社会团体对话机制(DG trade civil society dialogue)中,不少 NGO 的代表都希望在中欧投资协定中加入劳工标准(labour standards),要求双方承诺不会为了吸引投资而降低社会和劳工标准,以保证统一和高水平的工作环境,并建议可以参考国际工会组织标准或 OECD 的《跨国公司指南》。但也有人提醒,目前的讨论应仅仅是围绕投资协定,

---

① 路透社:《中欧投资协定谈判最早或于 10 月启动》,http://cn.reuters.com/article/CNIntlBizNews/idCNCHINA-4948520110921,2011 年 9 月 30 日访问;阿思达克通讯社 2013 年 11 月 21 日讯,中欧双边投资协定(BIT)谈判今天在第 16 次中欧领导人会晤期间正式宣布启动。

而不是变成引发其他主题（如劳工保护）讨论的工具，因为还有其他的平台和文件专门关注此类问题。

由此可知，谈判将会主要围绕市场准入方面遭到限制、政府决策透明度、政府审批效率以及知识产权等问题。欧盟希望在确保投资自由化、对征收的充分补偿以及投资争端国际仲裁等问题上取得实质性进展，也可能提议把诸如人权、劳工权利、可持续发展等在晚近双边及区域性投资法律文件中出现的"时髦"问题纳入协定；对于欧盟十分积极的人权等问题，可能因其敏感性只能暂时搁浅，即使投资协定能够涉及，最多也只是软性的义务，当然这只是笔者根据双方的立场、主张作出的猜测。

受经济全球化浪潮的冲击和金融危机的影响，欧盟国家经济增长速度缓慢。欧盟一直存在的一些内部矛盾如南北之争等在经济繁荣时尚可被部分掩盖，但在持续的经济低迷时期，则会凸显。欧盟内部国家之间由于自身状况的不同而有不同的政策需求，导致许多问题不能达成一致而进展缓慢或被搁置。如在爱尔兰全民公投时，反对《里斯本条约》的人士就认为，欧盟 FDI 政策的制定可能偏向于欧盟内部的欠发达国家，爱尔兰未来的政策改变将会使其失去经济竞争的相对优势。相信中欧投资协定一旦签署成功，以上问题将会得到妥善解决，为投资者提供更好的投资方面的保障和互动，中国与欧盟的关系将进入新的时代。总体而言，《里斯本条约》为中欧投资关系带来的影响既有积极的一面，也有消极的可能性。从积极的角度看，条约迫使欧盟整合对外关系，提高效率、增加透明度，加强对外一致性和协调性，这些将有利于中国以更简化、更直接、更清楚的方式与欧盟打交道。欧盟外国直接投资的法律与政策将更加自由化，在国际投资问题上更加一致和一贯，通过欧盟内部协调可以减少中欧投资关系中的不稳定因素与局部的变量，有利于中欧投资关系的稳步发展。从消极角度考虑，《里斯本条约》生效可能会对中国产生更大的压力，欧盟对外机制的大幅度调整，需要中国作出相应调试，特别是有学者担心，欧洲议会本身是一个非常政治化的机构，极其强调人权、民主、劳工标准等所谓的"欧洲价值观"，欧洲议会全程参与欧盟贸易谈判可能拖延谈判时间，影响谈判进展。凭借新获得的立法权，欧洲议会可能借此提出超出贸易、投资技术性问题的要求，增加欧盟与中国达成妥协的难度。[①]

---

① 张健：《〈里斯本条约〉对欧盟贸易政策影响探析》，《现代国际关系》2010 年第 3 期。

主要参考文献

一 中外文著作

1. 李小霞：《国际投资法中的根本安全利益例外条款研究》，法律出版社2012年版。
2. 张薇：《国际投资中的社会责任规则研究》，中国政法大学出版社2011年版。
3. 余劲松：《跨国公司法律问题专论》，法律出版社2008年版。
4. 陈安主编：《国际投资法的新发展与中国双边投资条约的新实践》，复旦大学出版社2007年版。
5. 卢进勇、余劲松、齐春生主编：《国际投资条约与协定新论》，人民出版社2007年版。
6. 陈安主编：《国际投资法的新发展与中国双边投资条约的新实践》，复旦大学出版社2007年版。
7. 张庆麟主编：《国际投资法问题专论》，武汉大学出版社2007年版。
8. 曾华群：《WTO与中国外资法的发展》，厦门大学出版社2006年版。
9. 丁伟主编：《经济全球化与中国外资立法完善》，法律出版社2004年版。
10. Chester Brown ed., *Commentaries on Selected Model Investment Treaties*, Oxford University Press, 2013.
11. Kate Miles, *The Origins of International Investment Law*, Cambridge University Press, 2013.
12. Leon E. Trakman and Nicola W. Ranieri eds., *Regionalism in International Investment Law*, Oxford University Press, 2013.
13. Rudolf Dolzer & Christoph Schreuer, *Principles of International Investment law (second edition)*, Oxford University Press, 2012.

14. Andreas Kulick, *Global Public Interest in International Investment*, Cambridge University Press, 2012.
15. Tarcisio Gazzini & Eric De Brabandere eds., *International Investment Law: The Sources of Rights and Obligations*, Martinus Nijhoff Publishers, 2012.
16. Kulick, Andreas, *Global public interest in international investment law*, Cambridge University Press, 2012.
17. Marc Bungenberg, Joern Griebel, Steffen Hindelang eds., *International Investment Law and EU Law*, Springer, 2011.
18. Jose E. Alvarez, *The Public International Law Regime Governing International Investment*, Martinus Nijhhoff Publishers, 2011.
19. Kenneth J. Vandevelde, *Bilateral Investment Treaties*, Oxford University Press, 2010.
20. Jeswald W. Salacuse, *The Law of Investment Treaties*, Oxford University Press, 2010.
21. Kyla Tienhaara, *The Expropriation of Environmental Government: Protecting Foreign Investors at the Expense of Public Policy*, Cambridge University Press, 2009.
22. Evaristus Oshionebo, *Regulating Transnational Corporations in Domestic and International Regimes: An African Case Study*, University of Toronto Press, 2009.
23. Kenneth J. Vandevelde, *U. S. International Investment Agreements*, Oxford University Press, 2009.
24. Stephan W. Schill, *The Multilateralization of International Investment Law*, Cambridge University Press, 2009.
25. Peter Muchlinski, Federico Ortino and Christoph Schreuer eds., *The Oxford Handbook of International Investment Law*, Oxford University Press 2008.
26. Philippe Kahn and Thomas W. Walde eds., *New Aspects of International Investment Law*, Martinus Nijhoff Publishers, 2007.
27. Jose E. Alvarez and Karl P. Sauvant eds., *The Evolving International Investment Regime: Expectations, Realities*, Options, Oxford University Press, 2007.
28. Gus Van Harten, *Investment Arbitration and Public Law*, Oxford University

Press, 2007.

29. Jennifer A. Zerk, *Multinationals and Corporate Social Responsibility*, Cambridge University Press, 2006.

二 联合国贸发会议和经合组织主要出版物

30. UNCTAD, *World Investment Reports*, 1990—2014.
31. UNCTAD, *International Investment Agreements: Flexibility for Development.*
32. UNCTAD, *Denunciation of the ICSID Convention and BITs: Impacts on Investor-State Claims.*
33. UNCTAD, *The Practice of Responsible Investment Principles in Larger-Scale Agricultural Investments-Implications for corporate performance and impact on local communities.*
34. UNCTAD, *International Investment Instruments: A Compendium*, Vol. 1—14.
35. UNCTAD, *Foreign Investment and Development.*
36. UNCTAD, *Lessons from the MAI.*
37. UNCTAD, *National Treatment.*
38. UNCTAD, *International Investment Agreements: Flexibility for Development.*
39. UNCTAD, *Incentives.*
40. UNCTAD, *Investment Provisions in Economic Integration Agreements.*
41. UNCTAD, *International Investment Rule-Making: Stocktaking, Challenges and the Way Forward.*
42. UNCTAD, *The Protection of National Security in IIAs.*
43. UNCTAD, *The Rise of Regionalism in International Investment Policymaking: Consolidation or Complexity?*
44. UNCTAD, *National Treatment.*
45. OECD, *National Treatment for Foreign-Controlled Enterprises.*
46. OECD, *National Treatment: New Developments.*
47. OECD, *Declaration and Decisions on International Investment and Multinational Enterprises.*
48. OECD, *National Treatment Restrictions and Review of Bilateral Investment Treaties.*
49. OECD, *National Treatment for Foreign-Controlled Enterprises.*